Katharina Elisabeth Goethe

Briefwechsel von Katharina Elisabeth Goethe

Verlag
der
Wissenschaften

Katharina Elisabeth Goethe

Briefwechsel von Katharina Elisabeth Goethe

ISBN/EAN: 9783957007179

Auflage: 1

Erscheinungsjahr: 2016

Erscheinungsort: Norderstedt, Deutschland

Hergestellt in Europa, USA, Kanada, Australien, Japan
Verlag der Wissenschaften in Hansebooks GmbH, Norderstedt

Frau Rath.

Frau Rath.

Briefwechsel von Katharina Elisabeth Goethe.

Nach den Originalen mitgetheilt

von

Robert Keil.

> Im Versemachen habe nicht viel gethan,
> Das sieht man diesen wahrlich an,
> Doch hab' ich geboren ein Knäbelein schön,
> Das thut das alles gar trefflich verstehn.
>
> Katharina Elisabeth Goethe.

Leipzig:

F. A. Brockhaus.

1871.

Inhalt.

Katharina Elisabeth Goethe . . . . Seite 1

Briefwechsel.

(Die hier überhaupt zum ersten male oder doch zum ersten male in dieser Vollständigkeit erscheinenden Briefe sind mit * bezeichnet.)

*1.	Von Kalb an Goethe's Eltern. 16. März 1776 . . .	51
2.	Frau Rath an Klinger. 26. Mai 1776	55
*3.	Klinger an Kayser. 27. Mai 1776	56
*4.	Klinger und Lenz an Kayser. 26. Juni 1776 . . .	62
*5.	Wieland an Merck. 5. Juli 1776	64
6.	Frau Rath an Schönborn. 24. Juli 1776	68
*7.	Wieland an Frau Rath. 31. Dec. 1776	70
8.	Frau Rath an Crespel. 5. Jan. 1777	74
9.	Frau Rath an Crespel. 1. Febr. 1777	76
10.	Frau Rath an Philipp Seidel. 7. März 1777 . . .	78
*11.	Goethe an seine Mutter. 28. Juni 1777	80
*12.	Wieland an Frau Rath. 30. Sept. 1777	82
*13.	Goethe an seine Mutter. Nov. 1777	86
*14.	Wieland an Frau Rath. 1. Dec. 1777	89
*15.	Wieland an Frau Rath. 10. Dec. 1777	94
*16.	Wieland an Frau Rath. 23. Dec. 1777	96
*17.	Wieland an Frau Rath. 12. Jan. 1778	99
*18.	Philipp Seidel an Frau Rath. 14. Jan. 1778 . . .	101
19.	Joh. Friedr. Kranz an Frau Rath. 16. Feb. 1778 .	104
*20.	Fräulein von Göchhausen an Frau Rath (Gedicht). Febr. 1778	108

		Seite
*21.	Frau Rath an Fräulein von Göchhausen (Gedicht). Febr. 1778	110
*22.	Wieland an Frau Rath. 26. Juli 1778	111
*23.	Herzogin Anna Amalie an Frau Rath. 29. Aug. 1778.	113
*24.	Fräul. von Göchhausen an Frau Rath. 25. Oct. 1778.	116
*25.	Anna Amalie an Frau Rath. 4. Nov. 1778.	122
26.	Merck an Wieland. 21. Nov. 1778.	124
27.	Frau Rath an Wieland. 24. Nov. 1778	126
*28.	Wieland an Frau Rath. 4. Dec. 1778	128
*29.	Wieland an Frau Rath. 1. Jan. 1779	130
30.	Frau Rath an Anna Amalie. 11. April 1779	133
*31.	Fräul. von Göchhausen an Frau Rath. 12. April 1779.	136
*32.	Anna Amalie an Frau Rath. 21. April 1779	138
*33.	Fräul. von Göchhausen an Frau Rath. 21. Mai 1779 mit Nachschrift von Wieland und Anna Amalie	140
*34.	Goethe an seine Mutter. 9. Aug. 1779	144
*35.	Goethe an seine Mutter. Aug. 1779	147
*36.	Karl August an Frau Rath. 2. Oct. 1779	150
*37.	Wieland an Frau Rath. 3. Oct. 1779	152
*38.	Wieland an Frau Rath. 13. Oct. 1779	155
*39.	Wieland an Frau Rath. 1. Nov. 1779	158
*40.	Wieland an Frau Rath. Dec. 1779	160
*41.	Karl August an Frau Rath. 19. März 1780	163
*42.	Karl August an Frau Rath. 24. Juni 1780.	166
*43.	Anna Amalie an Frau Rath. 9. Juni 1781.	167
*44.	Anna Amalie an Frau Rath. 13. Juli 1781	169
*45.	Goethe an seine Mutter. 11. Aug. 1781	171
*46.	Karl August an Frau Rath. 15. Nov. 1781	175
*47.	Anna Amalie an Frau Rath. 23. Nov. 1781	176
*48.	Frau Rath an Fräulein von Göchhausen (Gedicht). Dec. 1781	178
*49.	Fräul. von Göchhausen an Frau Rath. 27. Dec. 1781.	181
*50.	Anna Amalie an Frau Rath. 17. Oct. 1782	183
51.	Frau Rath an Anna Amalie. 22. Oct. 1782	185
52.	Frau Rath an Merck. 21. Febr. 1783	188
53.	Frau Rath an Anna Amalie. 1. März 1783	189
54.	Frau Rath an Anna Amalie. 5. Oct. 1783	193

		Seite
*55.	Goethe an seine Mutter. 7. Dec. 1783	196
56.	Frau Rath an Friedrich von Stein. 9. Jan. 1784.	200
57.	Frau Rath an Friedrich von Stein. 12. Feb. 1784.	202
*58.	Fräulein von Göchhausen an Frau Rath (Gedicht) zum 19. Febr. 1784	204
*59.	Anna Amalie an Frau Rath. 22. Febr. 1784	206
*60.	Frau Rath an Fräul. von Göchhausen. 1. März 1784 (Gedicht)	209
61.	Frau Rath an Friedrich von Stein. 22. März 1784	213
62.	Frau Rath an Friedrich von Stein. 30. März 1784	215
63.	Frau Rath an Friedrich von Stein. Ostern 1784	217
64.	Frau Rath an Louise Schlosser. 21. April 1784	218
65.	Frau Rath an Anna Amalie. 13. Juni 1784	220
66.	Frau Rath an Friedrich von Stein. 2. Juli 1784	223
67.	Frau Rath an Friedrich von Stein. 9. Sept. 1784.	224
68.	Frau Rath an Friedrich von Stein. 23. Dec. 1784.	226
*69.	Fräulein von Göchhausen an Frau Rath (Gedicht). Febr. 1785	228
*70.	Frau Rath an Fräul. von Göchhausen (Gedicht). 1785.	230
71.	Frau Rath an Friedrich von Stein. 16. Mai 1785.	233
*72.	Schauspieler Stegmann an Frau Rath. 28. Juni 1785	235
73.	Frau Rath an Luise Schlosser. 14. Sept. 1785	238
*74.	Goethe an seine Mutter. 3. Oct. 1785	239
*75.	Friedrich von Stein an Frau Rath. 3. Oct. 1785	241
76.	Frau Rath an Friedrich von Stein. 20. Oct. 1785.	243
77.	Frau Rath an Frau von Stein. 14. Nov. 1785	245
78.	Frau Rath an Friedrich von Stein. 10. Dec. 1785.	247
79.	Frau Rath an Friedrich von Stein. 18. Dec. 1785.	249
80.	Frau Rath an die Enkelein. 13. Jan. 1786	250
81.	Frau Rath an Friedrich von Stein. 25. Mai 1786.	252
82.	Frau Rath an Goethe in Rom. 17. Nov. 1786	254
83.	Frau Rath an Friedrich von Stein. 17. Dec. 1786.	257
84.	Frau Rath an Frau von Stein. 9. Jan. 1787	259
*85.	Karl August an Frau Rath. 20. Jan. 1787.	261
86.	Frau Rath an Friedrich von Stein. 9. März 1787.	263
87.	Frau Rath an K. Wilh. Ferd. Unzelmann. 13. Febr. 1788	265

		Seite
88.	Frau Rath an Friedrich von Stein. 22. Febr. 1788	267
89.	Frau Rath an Unzelmann. 16. März 1788	268
90.	Frau Rath an Unzelmann. 29. April 1788 . . .	271
91.	Frau Rath an Unzelmann. 9. Mai 1788	273
92.	Frau Rath an Unzelmann. 13. Mai 1788	275
93.	Frau Rath an Unzelmann. 27. Mai 1788	278
94.	Frau Rath an Unzelmann. 24. Juni 1788	280
95.	Frau Rath an Unzelmann. 18. Juli 1788	282
96.	Frau Rath an Unzelmann. 1. Aug. 1788	284
97.	Frau Rath an Unzelmann. 12. Sept. 1788 . . .	287
98.	Frau Rath an Unzelmann. 14. Nov. 1788	289
99.	Frau Rath an Unzelmann. 19. Dec. 1788 . . .	291
100.	Frau Rath an Unzelmann. 3. Febr. 1789	293
101.	Frau Rath an die Enkelein. 23. Febr. 1789 . . .	295
102.	Frau Rath an Unzelmann. 9. März 1789	297
103.	Frau Rath an Luise Schlosser. 14. Oct. 1789 . .	298
104.	Frau Rath an Unzelmann. 11. Mai 1790	300
105.	Frau Rath an Friedrich von Stein. 12. Juni 1790	302
106.	Frau Rath an Friedrich von Stein. 20. Dec. 1790	304
107.	Frau Rath an Unzelmann. 21. Mai 1791	306
108.	Frau Rath an Luise Schlosser. 8. Jan. 1792 . . .	308
*109.	Goethe an seine Mutter. 24. Dec. 1792	309
110.	Frau Rath an ihre Enkel. 31. Dec. 1792	312
*111.	Frau Rath an Goethe. 25. Juni 1793	314
*112.	August Prinz von Sachsen-Gotha an Frau Rath. 25. Juli 1793	315
113.	Frau Rath an Luise Schlosser. 24. März 1794 . .	316
*114.	Frau Rath an Goethe. 19. Jan. 1795	318
*115.	Frau Rath an Goethe. 24. Sept. 1795	319
116.	Frau Rath an Luise verehl. Nicolovius. 30. Jan. 1796	321
*117.	Philotis an Frau Rath (Gedicht). 19. Febr. 1796.	322
*118.	Epilog nach Maske für Maske. 20. März 1796 . .	324
119.	Frau Rath an Luise verehl. Nicolovius. 5. April 1796	328
*120.	Frau Rath an Goethe. 1. Aug. 1796	332
*121.	Frau Rath an Goethe. 4. Dec. 1797	333

		Seite
*122.	Frau Rath an Goethe. 12. März 1798	334
*123.	Frau Rath an Goethe. 20. Juli 1799	336
*124.	Frau Rath an Goethe. 1. Dec. 1799	338
*125.	Frau Rath an Goethe. 31. Jan. 1801	340
*126.	Goethe an seine Mutter. 1. Febr. 1801	341
*127.	Goethe's Genesung, Gedicht. 1801	343
*128.	Frau Rath an Goethe. 7. März 1801	344
129.	Frau Rath an Goethe. 1. Oct. 1802	345
*130.	Frau Rath an Goethe. 12. Oct. 1802	347
*131.	Frau Rath an Goethe. 3. Dec. 1802	348
*132.	Frau Rath an Goethe. 10. Nov. 1803	349
*133.	Frau Rath an Goethe. 13. Jan. 1804	350
*134.	Frau Rath an Christiane Vulpius. 24. Jan. 1804.	351
*135.	Frau Rath an Goethe. 9. März 1804	352
*136.	Frau Rath an Goethe. 9. April 1804	354
*137.	Klinger an Frau Rath. 18. Sept. 1804	355
*138.	Goethe an seine Mutter. 6. Mai 1805	357
*139.	Herzog Georg von Mecklenburg-Strelitz an Frau Rath. 20. Aug. 1805	358
140.	Aus einem angeblichen Briefe der Frau Rath an Bettine Brentano. 14. März 1807	360
141.	Aus einem angeblichen Briefe der Frau Rath an Bettine. 11. Mai 1807	362
*142.	Frau Rath an Goethe's Frau. 16. Mai 1807	364
*143.	Frau Rath an Goethe. 19. Mai 1807	366
*144.	Frau Rath an Goethe. 8. Sept. 1807	368
*145.	Frau Rath an Goethe. 6. Oct. 1807	369
*146.	Frau Rath an Goethe. 27. Oct. 1807	371
*147.	Frau Rath an Goethe's Frau. 14. Nov. 1807	373
*148.	Frau Rath an Goethe's Frau. 25. Dec. 1807	374
*149.	Frau Rath an Goethe. 15. Jan. 1808	375
*150.	Frau Rath an ihren Enkel Aug. Goethe. 28. März 1808	376
*151.	Frau Rath an Goethe's Frau. 22. April 1808	377
152.	Aus einem angeblichen Briefe der Frau Rath an Bettine Brentano. 12. Mai 1808	378
153.	Aus einem angeblichen Briefe der Frau Rath an Bettine Brentano. 25. Mai 1808	379

		Seite
*154.	Frau Rath an Goethe's Frau. 3. Juni 1808	380
*155.	Frau Rath an Goethe. 3. Juni 1808	381
*156.	Frau Rath an Goethe. 1. Juli 1808	382
157.	Aus einem angeblichen Briefe der Frau Rath an Bettine. 28. Juli 1808	383
158.	Aus einem angeblichen Briefe der Frau Rath an Bettine. 1808	384
159.	Aus einem angeblichen Briefe der Frau Rath an Bettine. 1808	386

Uebersicht.

I.

Briefe der Frau Rath

an Goethe: Nr. 82. *111. *114. *115. *120. *121. *122. *123. *124. *125. *128. *129. *130. *131. *132. *133. *135. *136. *143. *144. *145. *146. *149. *155. *156.

an Christiane Goethe geb. Vulpius: Nr. *134. *142. *147. *148. *151. *154.

an August von Goethe: Nr. *150.

an Luise Schlosser, nachher verehl. Nicolovius: Nr. 64. 73. 103. 108. 113. 116. 119.

an die Enkelein: Nr. 80. 101. 110.

an Herzogin Anna Amalia: Nr. 30. 51. 53. 54. 65.

an Fräulein von Göchhausen: Nr. *21 (Gedicht). *48 (Gedicht). *60 (Gedicht). *70 (Gedicht).

an Frau von Stein: Nr. 77. 84.

an Friedrich von Stein: Nr. 56. 57. 61. 62. 63. 66. 67. 68. 71. 76. 78. 79. 81. 83. 86. 88. 105. 106.

an Klinger: Nr. 2.

an Schönborn: Nr. 6.

an Crespel: Nr. 8. 9.

an Philipp Seidel: Nr. 10.

an Wieland: Nr. 27.

an Merck: Nr. 52.

an K. Wilh. Ferd. Unzelmann: Nr. 87. 89. 90. 91. 92. 93. 94. 95. 96. 97. 98. 99. 100. 102. 104. 107.

an Bettine (??): Nr. 140. 141. 152. 153. 157. 158. 159.

II.

Briefe an Frau Rath

von Goethe: Nr. *11. *13. *34. *35. *45. *55. *74. *109. *126. *138.
von Herzogin Anna Amalie: Nr. *23. *25. *32. *33. *43. *44. *47. *50. *59.
von Herzog Karl August: Nr. *36. *41. *42. *46. *85.
von Fräulein von Göchhausen: Nr. *20 (Gedicht). *24. *31. *33. *49. *58 (Gedicht). *69 (Gedicht).
von Wieland: Nr. *7. *12. *14. *15. *16. *17. *22. *28. *29. *33. *37. *38. *39. *40.
von von Kalb: Nr. *1.
von Klinger: Nr. *137.
von August Prinz von Sachsen-Gotha: Nr. *112.
von Herzog Georg von Mecklenburg: Nr. *139.
von Philotis: Nr. *117 (Gedicht).
von Philipp Seidel: Nr. *18.
von Joh. Friedr. Kranz: Nr. 19.
von Schauspieler Stegmann: Nr. *72.
von Friedrich v. Stein: Nr. *75.

III.

Klinger an Kayser: Nr. *3.
Klinger und Lenz an Kayser: Nr. *4.
Wieland an Merck: Nr. *5.
Merck an Wieland: Nr. 26.
Goethe's Genesung (Gedicht): Nr. *127.
Epilog nach Maske für Maske: Nr. *118.

Verzeichniß
der in den Briefen vorkommenden Personen.

(Die Zahl weist auf die Nummer des Briefes, E auf die biographische Einleitung „Katharina Elisabeth Goethe".)

Albrecht, Legationsrath, 43.
Anna Amalie, Herzogin, E. 22. 23. 24. 25. 28. 29 Not.*).
  30. 32. 33. 38. 39. 40. 43. 44. 47. 49. 50. 51. 53. 54. 59.
  65. 85 Not.*).
August, Prinz von Sachsen-Gotha, 112.
Bertuch, 24.
Bode, 65. 68.
Bölling, 29. 33. 34. 38.
Brentano, Maximiliane, 8. 26. 54.
——, Bettine, E. 140. 141. 142. 143. 144. 147. 148. 149. 152.
  153. 154. 155. 156. 157. 158. 159.
——, Meline, 148. 149.
Bürger, 81.
Constantin, Prinz, 18. 43.
Crespel, 8. 9.
Dalberg, 104. 150. 151.
Eckhof, Konrad, 18.
von Einsiedel, 18. 23. 24. 31. 33. 47.
Elisabeth (Lieschen), verehl. Hoch, E. 101. 152.
Fahlmer, Johanna, 7. 8. 9. 13. 17. 22.
Georg, Herzog von Mecklenburg-Strelitz, 123. 139.
von Gerning, 117. 118. 151.

von Göchhausen, Fräulein, E. 18. 20. 21. 23. 24. 25. 30. 31. 32. 33. 38. 39. 44. 48. 49. 55. 58. 60. 65. 69. 70. 85 Not.*). 149.
Görz, Graf von, 5.
Göschen, 96. 102.
Goethe, Joh. Wolfgang, E. 1—5. 7. 9. 11—15. 18. 19. 21. 23—25. 27. 30—36. 38. 40. 41. 44. 45. 47. 49. 50. 54. 55. 56. 57. 59. 61. 65. 66. 70. 71. 74. 75. 81—86. 88. 96. 102. 105. 109. 112. 115. 117. 118. 121—129. 131. 132. 134—136. 138. 139. 141—147. 149. 150. 153—156. 158. 159.
——, Rath Johann Kaspar, E. 14—16. 19. 23. 25. 26. 28—30. 32—36. 38. 41. 45.
——, Frau Rath Katharine Elisabeth, E. 3. 6. 8—10. 12. 14. 16. 19—21. 23—33. 35—39. 41. 44—126. 128—159.
——, Christiane geb. Vulpius, E. 111. 121. 123. 125. 126. 129. 134. 142. 147. 148. 151. 154.
——, August v., E. 114. 115. 121. 126. 129. 138. 150. 151.
Graf, 78.
Großmann, Schauspieler, 53. 71.
Herder, 47. 53. 68. 86.
Hoch, Elisabeth s. Elisabeth.
Hollweg-Bethmann, Frau, 78.
Hufeland, 122.
Jacobi, F. H., 7.
——, Betti, 55.
Isenburg, Gräfin von, 106.
von Kalb, 1.
Karl August, Herzog, E. 1. 5. 18. 34—36. 38. 40—42. 46. 68. 84. 85. 109. 126.
Karl Friedrich, Großherzog, 52. 53.
Kaufmann, Christoph, 7.
Kayser, 3. 4.
von Klettenberg, Fräulein, E. 82.
Klinger, 2—5. 12. 137.
Klopstock, 14.
von Knebel, 18. 47. 84.
Kranz, 14—17. 24—26. 28. 29.
Kraus, 24. 25. 33.

La Roche, Frau, 30. 32. 38. 124.
Lavater, 4. 53.
Lenz, 3—5. 7.
Lotte (in Wetzlar), 3.
Luise, Herzogin, 29.
Luise, Königin von Preußen, 123. 139.
von Luck, 24.
von Lyncker jun., 24.
May, Maler, 33.
Merck, 5. 14. 16. 19. 25—27. 29. 31—35. 38. 41. 42. 46. 52. 81. 85 Not.*). 145.
Moritz, Fräulein, 78.
Müller, Maler, 5. 17.
Musäus, 18. 24.
Neuhaus, Marie, Salome Philippine, 24.
Nicolai, 46.
Nicolovius, G. H. L., E. 113. 119.
——, Johann Georg Eduard, E. 119.
Paulsen, 41.
Probst, Wilhelmine, 24.
Reichardt, 81.
Riemer, E. 149.
Riese, 137.
Salzmann, 6 Not.*)
Schalling, 24.
Schiller, 63. 136.
Schlosser, 11. 13. 22. 27.
——, Cornelia, geb. Goethe, 11. 13. 113.
——, Luise, nachher verehl. Nicolovius, 64. 73. 101. 103. 108. 110, 113. 116. 119.
Schönborn, 6.
Schröter, Corona, 24. 33.
Schwarzkopf, 135.
von Seckendorf, 24. 33. 41. 47.
Seidel, Philipp, 7. 9. 10. 18. 19. 23. 24. 32. 33. 54. 55.
Seidler, Heinrich, 24.
von Staël, Frau, E. 133—135. 156.
von Staff, 24.

Stegmann, Schauspieler, 72. 87. 99.
von Stein, Frau, 23. 55. 61. 68. 77. 84. 86.
——, Friedrich, E. 55—57. 61—63. 66—68. 71. 74—76. 78. 79. 81. 83. 86. 88. 105. 106.
Steinhardt, Johann Friedrich, 24.
——, Friederike, 24.
Stock, Frau, 78.
Tabor, 95.
Thurneisen, 78.
von Todtenwarth, 24.
Unzelmann, K. Wilh. Ferd., 87. 89. 90—100. 102. 104. 107.
——, Friederike, später verehl. Bethmann, 87. 93. 98. 99. 100. 104. 107.
von Wedell, 34. 35.
Werner, Zacharias, 156.
Wezel, 5.
Wieland, E. 1. 4. 5. 7. 12. 14—17. 19. 22. 23. 26—29. 31. 33. 37—41. 47. 53. 55. 60. 61. 67. 68. 70. 86. 106.
Willemer, 135. 137.
Willmann, Schauspielerin, 99.
von Wöllwarth, Fräulein, 18. 24. 33.
Wolf, Karoline, 18. 24.

Katharina Elisabeth Goethe.

Katharina Elisabeth Textor, geb. am 19. Febr. 1731, vermählt am 20. Aug. 1748 mit dem Rath Johann Kaspar Goethe (geb. 31. Juli 1710), Mutter von Johann Wolfgang Goethe am 28. Aug. 1749 (gest. 22. März 1832), und von Cornelia Goethe, nachher verehel. Schlosser, am 7. Dec. 1750 (gest. 8. Juni 1777), Wittwe seit 27. (?) Mai 1782, gest. am 13. Sept. 1808.

Vom Vater hab' ich die Statur,
Des Lebens ernstes Führen,
Vom Mütterchen die Frohnatur
Und Lust zu fabuliren.

Mit diesem bekannten Verse hat Goethe selbst die Haupteigenthümlichkeiten bezeichnet, welche er von seiner Mutter ererbte. Wenn man eine klare und wahre Anschauung vom Wesen der Frau Rath gewinnen will, muß man sich gleichfalls zunächst an den Sohn wenden, welcher sie besser als irgendjemand kannte, inniger als irgendwer liebte. Viermal hat er in seinen Dichtungen die Mutter zu zeichnen versucht, und es gewährt ein eigenthümliches Interesse, diese Bilder nebeneinanderzustellen und näher ins Auge zu fassen.

Zuerst als Elisabeth im „Götz von Berlichingen" vornehmlich in folgenden Stellen dieses Schauspiels:

(Erster Act. Herberge im Wald.)

Bruder Martin. Auf Gesundheit Eurer Frau! Ihr habt doch eine?

Götz. Ein edles, fürtreffliches Weib!

(Erster Act. Götzens Burg.)

Elisabeth. Ich will gleich 's Essen zurechtmachen. Hungrig werdet ihr doch alle sein. — Nimm den Kellerschlüssel und hol vom besten Wein! Sie haben ihn verdient.

(Erster Act. Jaxthausen.)

Elisabeth. Was schafft ihr?

Götz. Du sollst deine Hand auch dazu geben und sagen: Gott segne euch! Sie sind ein Paar.

Elisabeth. So geschwind!

Götz. Aber nicht unvermuthet.

Elisabeth (zu Weislingen). Möget Ihr Euch so immer nach ihr sehnen, als bisher da Ihr um sie warbt. Und dann! Möchtet Ihr so glücklich sein, als Ihr sie lieb behaltet!

(Dritter Act. Jaxthausen.)

Götz (zu Sickingen und Marien). Gott segne euch, geb euch glückliche Tage und behalte die, die er euch abzieht, für eure Kinder.

Elisabeth. Und die laß er sein wie ihr seid: rechtschaffen! Und dann laßt sie werden was sie wollen.

(Dritter Act. Jaxthausen.)

Götz. Ich trieb sie, und da sie geht möcht' ich sie halten. Elisabeth, du bleibst bei mir!

Elisabeth. Bis in den Tod.

Götz. Wen Gott lieb hat, dem geb er so eine Frau!

(Vierter Act. Wirthshaus zu Heilbronn.)

Götz. Was für Nachrichten, Elisabeth, von meinen lieben Getreuen?

Elisabeth. Nichts Gewisses. Einige sind erstochen, einige liegen im Thurn. Es konnte oder wollte niemand mir sie näher bezeichnen.

Götz. Ist das Belohnung der Treue? des kindlichen Gehorsams? — Auf daß dir's wohl gehe, und du lange lebest auf Erden!

Elisabeth. Lieber Mann, schilt unsern himmlischen Vater nicht. Sie haben ihren Lohn, er ward mit ihnen geboren, ein freies edles Herz! Laß sie gefangen sein, sie sind frei!

(Vierter Act. Jaxthausen.)

Götz. Der Müßiggang will mir gar nicht schmecken und

meine Beschränkung wird mir von Tag zu Tag enger; ich wollt' ich könnt' schlafen, oder mir nur einbilden, die Ruhe sei was Angenehmes.

Elisabeth. So schreib doch deine Geschichte aus, die du angefangen hast. Gib deinen Freunden ein Zeugniß in die Hand, deine Feinde zu beschämen; verschaff einer edeln Nachkommenschaft die Freude dich nicht zu verkennen.

(Vierter Act. Jaxthausen.)

Elisabeth. Es fällt in die Zeiten, wie ich die von Miltenberg und Singlingen in der Wirthsstube fand, die mich nicht kannten. Da hatt' ich eine Freude, als wenn ich einen Sohn geboren hätte. Sie rühmten dich untereinander und sagten: Er ist das Muster eines Ritters, tapfer und edel in seiner Freiheit, und gelassen und treu im Unglück.

(Fünfter Act. Heilbronn, im Thurn.)

Elisabeth. Ich bitte dich, lieber Mann, rede mit mir. Dein Stillschweigen ängstet mich. Du verglühst in dir selbst. Komm, laß uns nach deinen Wunden sehen; sie bessern sich um vieles. In der muthlosen Finsterniß erkenn' ich dich nicht mehr Richtet Euch auf, es kann sich vieles wenden.

(Fünfter Act. Gärtchen am Thurn.)

Elisabeth. Darf ich Lersen nach deinem Sohn ins Kloster schicken, daß du ihn noch einmal siehst und segnest?

Götz. Laß ihn, er ist heiliger als ich, er braucht meinen Segen nicht. — An unserm Hochzeittag, Elisabeth, ahnte mir's nicht, daß ich so sterben würde ... Löse meine Seele nun. — Arme Frau! Ich lasse dich in einer verderbten Welt. Lerse, verlaß sie nicht Himmlische Luft — Freiheit! Freiheit! (Er stirbt.)

Elisabeth. Nur droben, droben bei dir. Die Welt ist ein Gefängniß.

So hat der Dichterjüngling in seinem ersten großen Gedicht die Frau mit dem edeln freien Herzen, die verständige, sorgliche, liebevolle, bis in den Tod treue deutsche Hausfrau, und in ihr das Bild seiner eigenen geliebten Mutter — wenn auch nur nach diesen Seiten hin — treu und wahr gezeichnet und ihr ihren Namen Elisabeth gegeben. Frau Rath erkannte sich selbst darin wieder und freute sich allezeit dieses ihres Bildes herzinniglich.

Eine zweite Gelegenheit zur Schilderung seiner Mutter bot dem Dichter der Roman „Wilhelm Meister", in welchen er ja so viele persönliche Erlebnisse kunstvoll verwebt hat. Seine Erzählungen aus den Kinderjahren und das hierbei gegebene Bild der Mutter gehören zu dem Anziehendsten, was die „Lehrjahre" enthalten. Es sei hier nur an die Stellen im Ersten Buch erinnert:

Wie anders ist's, vor dem Theatervorhang zu sitzen! Wenn man noch so lange warten muß, so weiß man doch, er wird in die Höhe gehen und wir werden die mannichfaltigsten Gegenstände sehen, die uns unterhalten, aufklären und erheben."

„Mach' es nur mäßig", sagte die Mutter; „der Vater will auch abends unterhalten sein, und dann glaubt er, es zerstreue dich, und am Ende trag' ich, wenn er verdrießlich wird, die Schuld. Wie oft mußte ich mir das verwünschte Puppenspiel vorwerfen lassen, das ich euch vor zwölf Jahren zum heiligen Christ gab, und das euch zuerst Geschmack am Schauspiele beibrachte!"

„Schelten Sie das Puppenspiel nicht, lassen Sie sich Ihre Liebe und Vorsorge nicht gereuen! Es waren die ersten vergnügten Augenblicke, die ich in dem neuen leeren Hause genoß, ich sehe es diesen Augenblick noch vor mir ... Ich bitte Sie, wo sind die Puppen hingekommen? Ich habe versprochen, sie einem Freunde zu zeigen, dem ich viel Vergnügen machte, indem ich ihn neulich von diesem Kinderspiel unterhielt."

„Es wundert mich nicht, daß du dich dieser Dinge so lebhaft erinnerst: denn du nahmst gleich den größten Antheil daran.

Ich weiß, wie du mir das Büchelchen entwendetest und das ganze Stück auswendig lerntest, ich wurde es erst gewahr, als du eines Abends dir einen Goliath und David von Wachs machtest, sie beide gegeneinander peroriren ließest, dem Riesen endlich einen Stoß gabst und sein unförmliches Haupt auf einer großen Stecknadel mit wächsernem Griff dem kleinen David in die Hand klebtest. Ich hatte damals so eine herzliche mütterliche Freude über dein gutes Gedächtniß und deine pathetische Rede, daß ich mir sogleich vornahm, dir die hölzerne Truppe nun selbst zu übergeben. Ich dachte damals nicht, daß es mir so manche verdrießliche Stunde machen sollte."

„Laßen Sie sich's nicht gereuen", versetzte Wilhelm; „denn es haben uns diese Scherze manche vergnügte Stunde gemacht."

Und mit diesem erbat er sich die Schlüssel, eilte, fand die Puppen und war einen Augenblick in jene Zeiten versetzt, wo sie ihm noch belebt schienen, wo er sie durch die Lebhaftigkeit seiner Stimme, durch die Bewegung seiner Hände zu beleben glaubte. Er nahm sie mit auf seine Stube und verwahrte sie sorgfältig.

Wilhelm selbst erzählt aber aus eigener Erinnerung über jene Entdeckung:

Ich ward immer verwegener und recitirte eines Abends das Stück zum größten Theile vor meiner Mutter, indem ich mir einige Wachsklümpchen zu Schauspielern bereitete. Sie merkte auf, drang in mich, und ich gestand. Glücklicherweise fiel diese Entdeckung in die Zeit, da der Lieutenant selbst den Wunsch geäußert hatte, mich in diese Geheimnisse einweihen zu dürfen. Meine Mutter gab ihm sogleich Nachricht von dem unerwarteten Talente ihres Sohnes, und er wußte nun einzuleiten, daß man ihm ein paar Zimmer im obersten Stocke, die gewöhnlich leer standen, überließ, in deren einem wieder die Zuschauer sitzen, in dem andern die Schauspieler sein, da denn das Proscenium abermals die Oeffnung der Thüre ausfüllen sollte. ...

Besonders lobte die Mutter den freimüthigen Ausdruck, wie ich den Goliath herausgefordert und dem Könige den bescheidenen Sieger vorgestellt habe.

Welch reizende Bilder von dem liebevollen und sinnigen Verhältniß der Mutter zu dem talentvollen Kinde! Und als der zum Mann herangereifte Sohn ihr diese Dichtung nach Frankfurt sandte, wie freudig fühlte sie sich davon angesprochen, wie sehnte sie sich nach der Fortsetzung des Werkes!

Bedeutender noch und lebensvoller ist das Bild, welches Goethe in der vollendetsten seiner Dichtungen, in „Hermann und Dorothea" von der geliebten Mutter entworfen hat. Die Mutter Hermann's ist die Mutter des Dichters selbst; wenn man es auch nicht aus der Entstehungsgeschichte des kleinen Epos wüßte, man würde es aus jedem Wort, das von Hermann's Mutter oder über sie gesprochen wird, herausfühlen. Auch aus diesem Gedicht mögen einige der betreffenden Stellen hier folgen:

(Kalliope.)

Und es versetzte darauf die kluge, verständige Hausfrau:
„Vater, nicht gerne verschenk' ich die abgetragene Leinwand;
Denn sie ist zu manchem Gebrauch und für Geld nicht zu haben,
Wenn man ihrer bedarf. Doch heute gab ich so gerne
Manches bessere Stück an Ueberzügen und Hemden;
Denn ich hörte von Kindern und Alten, die nackend dahergehn."

„Möcht' ich doch auch in der Hitze nach solchem Schauspiel so weit nicht
Laufen und leiden! Fürwahr, ich habe genug am Erzählten."

Sorgsam brachte die Mutter des klaren herrlichen Weines,
In geschliffener Flasche, auf blankem zinnernem Runde,
Mit den grünlichen Römern, den echten Bechern des Rheinweins.
Und so sitzend umgaben die drei den glänzend gebohnten,
Runden braunen Tisch, er stand auf mächtigen Füßen.

(Thalia.)

Und es versetzte sogleich die gute verständige Mutter:
„Immer bist du doch, Vater, so ungerecht gegen den Sohn! und
So wird am wenigsten dir dein Wunsch des Guten erfüllet.
Denn wir können die Kinder nach unserem Sinne nicht formen;
So wie Gott sie uns gab, so muß man sie haben und lieben,
Sie erziehen aufs beste und jeglichen lassen gewähren.
Denn der eine hat die, die anderen andere Gaben;
Jeder braucht sie, und jeder ist doch nur auf eigene Weise
Gut und glücklich. Ich lasse mir meinen Hermann nicht schelten;
Denn, ich weiß es, er ist der Güter, die er dereinst erbt,
Werth und ein trefflicher Wirth, ein Muster Bürgern und Bauern,
Und im Rathe gewiß, ich seh' es voraus, nicht der Letzte.
Aber täglich mit Schelten und Tadeln hemmst du dem Armen
Allen Muth in der Brust, so wie du heute gethan hast."
Und sie verließ die Stube sogleich und eilte dem Sohn nach,
Daß sie ihn irgendwo fänd' und ihn mit gütigen Worten
Wieder erfreute; denn er, der treffliche Sohn, er verdient' es.

Hieran schließt sich im vierten Gesang die Scene unter dem Birnbaum — vielleicht das Schönste, was von Goethe gedichtet worden. Und was ist es, was so mächtig das Herz ergreift, was beim Vorlesen des Gesanges selbst dem Dichter Thränen in die Augen trieb? Die wunderbare Wahrheit in der Charakterzeichnung sowol Hermann's als der Mutter. Wie tritt namentlich letztere schon beim Gang nach dem Weinberg und dann bei dem Gespräch mit dem Sohne wahrhaft plastisch hervor!

(Euterpe.)

Da durchschritt sie behende die langen doppelten Höfe,
Ließ die Ställe zurück und die wohlgezimmerten Scheunen,
Trat in den Garten, der weit bis an die Mauern des Städtchens
Reichte, schritt ihn hindurch und freute sich jeglichen Wachsthums,
Stellte die Stützen zurecht, auf denen beladen die Aeste
Ruhten des Apfelbaums, wie des Birnbaums lastende Zweige,

Nahm gleich einige Raupen vom kräftig strotzenden Kohl weg;
Denn ein geschäftiges Weib thut keine Schritte vergebens.

„Wie? du weinest, mein Sohn?" versetzte die Mutter betroffen:
„Daran kenn' ich dich nicht! ich habe das niemals erfahren!
Sag', was beklemmt dir das Herz? was treibt dich, einsam zu sitzen
Unter dem Birnbaum hier? was bringt dir Thränen ins Auge?"

„Fahre nur fort", so sagte darauf die verständige Mutter,
„Alles mir zu erzählen, das Größte wie das Geringste;
Denn die Männer sind heftig und denken nur immer das Letzte,
Und die Hinderniß treibt die Heftigen leicht von dem Wege;
Aber ein Weib ist geschickt, auf Mittel zu denken, und wandelt
Auch den Umweg, geschickt zu ihrem Zweck zu gelangen.
Sage mir alles daher, warum du so heftig bewegt bist,
Wie ich dich niemals gesehn, und das Blut dir wallt in den Adern,
Wider Willen die Thräne dem Auge sich bringt zu entstürzen."

An der Mutter Brust gesteht weinend der Jüngling seine Gefühle, und die Mutter vervollständigt sein Geständniß:

„Sohn, mehr wünschest du nicht die Braut in die Kammer zu führen,
Daß dir werde die Nacht zur schönen Hälfte des Lebens,
Und die Arbeit des Tags dir freier und eigener werde,
Als der Vater es wünscht und die Mutter. Wir haben dir immer
Zugeredet, ja dich getrieben, ein Mädchen zu wählen.
Aber mir ist es bekannt, und jetzo sagt es das Herz mir:
Wenn die Stunde nicht kommt, die rechte, wenn nicht das rechte
Mädchen zur Stunde sich zeigt, so bleibt das Wählen im Weiten,
Und es wirket die Furcht, die falsche zu greifen, am meisten.
Soll ich dir sagen, mein Sohn, so hast du, ich glaube, gewählet;
Denn dein Herz ist getroffen und mehr als gewöhnlich empfindlich.
Sag' es gerad nur heraus, denn mir schon sagt es die Seele:
Jenes Mädchen ist's, das vertriebene, die du gewählt hast."

Und auf das leidenschaftliche Geständniß, die Verzweiflung des Sohnes versetzt behend die gute verständige Mutter:

„Stehen wie Felsen doch zwei Männer gegeneinander!
Unbewegt und stolz will keiner dem andern sich nähern,
Keiner zum guten Worte, dem ersten, die Zunge bewegen.
Darum sag' ich dir, Sohn: noch lebt die Hoffnung in meinem
Herzen, daß er sie dir, wenn sie gut und brav ist, verlobe,
Obgleich arm, so entschieden er auch die Arme versagt hat.
Denn er redet gar manches in seiner heftigen Art aus,
Das er doch nicht vollbringt; so gibt er auch zu das Versagte.
Aber ein gutes Wort verlangt er, und kann es verlangen,
Denn er ist Vater! Auch wissen wir wohl, sein Zorn ist nach
Tische,
Wo er heftiger spricht und anderer Gründe bezweifelt,
Nie bedeutend; es reget der Wein dann jegliche Kraft auf
Seines heftigen Wollens und läßt ihn die Worte der andern
Nicht vernehmen, er hört und fühlt alleine sich selber,
Aber es kommt der Abend heran, und die vielen Gespräche
Sind nun zwischen ihm und seinen Freunden gewechselt.
Milder ist er fürwahr, ich weiß, wenn das Räuschchen vorbei ist,
Und er das Unrecht fühlt, das er andern lebhaft erzeigte.
Komm, wir wagen es gleich; das Frischgewagte geräth nur,
Und wir bedürfen der Freunde, die jetzo bei ihm noch versammelt
Sitzen; besonders wird uns der würdige Geistliche helfen."

Es folgt die reizende Scene, in welcher die Mutter für den Sohn die Zustimmung des Vaters erbittet.

Im letzten Gesang (Urania) die liebevolle Ungeduld, die herzliche Freude der Mutter — überall das treue Bild der eigenen Mutter des Dichters, deren Namen sogar, Lieschen, er Hermann's Mutter gegeben. Nur Ein Charakterzug fehlt, wie in den frühern Bildern so auch hier, und gerade derjenige Zug, welcher im Wesen der Frau Rath ganz besonders hervorsticht: der frische Humor, der gesunde naturwüchsige Witz. In der vierten Darstellung sollte auch dieser Zug nicht fehlen.

Im Jahre 1808 waren Goethe und sein vertrauter Freund Riemer in Karlsbad. Am 28. August, am Geburtstag des Dichters, wurde er dort von Riemer ermuntert, seine Geschichte und Bekenntnisse zu schreiben. Er setzte es auf das nächste Jahr fest. Im September kam er nach Weimar zurück. Hier wurde er von der Nachricht überrascht, daß Kaiser Napoleon nach Erfurt komme, und gleichzeitig von der brieflichen Nachricht schmerzlichst ergriffen, daß in Frankfurt seine geliebte Mutter am 13. Sept. gestorben sei. Goethe's Sohn, August, hatte von Heidelberg aus die Trauerkunde an seine Mutter gemeldet. Dies der Wortlaut des bis jetzt unbekannten Schreibens:

Heidelberg, d. 16. Sept. 1808.

Liebe Mutter!

Soeben erhalte ich durch einen Brief des Landrath Schlosser die traurige Nachricht von dem unerwarteten Tode unserer lieben und verehrten Großmutter. Da Sie nun beste Mutter äußerten daß Sie auf so einen Fall selbst nach Frankfurth kommen würden so wünschte ich wirklich durch einen Brief von Ihnen zu erfahren ob dieser traurige Zufall mir durch Ihre baldige Ankunft in Frankfurth etwas versüßt werden mögte. Schreiben Sie mir doch mit umlaufender Post ob diß der Fall ist oder nicht, weil ich banach meine Ferien einrichten werde, denn wenn Sie beste Mutter nach Frankfurth kommen, so würde ich natürlich so lange es meine Zeit erlaubt bei

Ihnen in Frankfurth zubringen. Weiter weiß ich Ihnen in der Eil nichts zu schreiben. Dem Vater viele Grüße.

Grüßen Sie alles im Hause und auch den guten Deny und Riemer.

Ihr treuer Sohn
J. A. W. v. Goethe.

Goethe's Frau, welche die Schwiegermutter aufrichtig geliebt hatte, wurde durch diese plötzliche Trauerkunde in größte Betrübniß versetzt. Mit mehr Fassung empfing er selbst die Nachricht, aber wie beim Tode seiner Schwester Cornelia, im Jahre 1777, war sein Schmerz um so tiefer, seine Trauer um so nachhaltiger. Er sandte seine Frau nach Frankfurt, um die Erbschaftsangelegenheiten möglichst „glatt und nobel" abzumachen, und schrieb an die Tochter Corneliens, Luise Nicolovius: „Unsere gute Mutter hat uns immer noch zu früh verlassen; doch können wir uns dadurch beruhigen, daß sie ein heiteres Alter gelebt, und daß sie sich durch den Drang der Zeiten selbständig durchgehalten hat. Ich danke Ihnen und Ihrem lieben Gatten, daß Sie durch Ihr Schreiben ein neues Band anknüpfen wollen, indem sich das alte auflöst."

In seiner Selbstbiographie „**Wahrheit und Dichtung**" versuchte nun Goethe zum vierten male die geliebte Mutter zu zeichnen. Er beschrieb aus den Erinnerungen seiner Kindheit und seines Jünglingsalters eine Reihe der anziehendsten Scenen, in welchen das Wesen der Frau Rath nach ihrer ernsten und nach ihrer heitern Seite hervortritt; aber ein vollständiges und abgerundetes Lebens- und Charakterbild der Mutter zu geben, gestattete auch hier der Zweck des Ganzen, die Anlage und Gestaltung des Werkes nicht. Das fühlte er wohl, und er dachte darum an eine besondere Feier ihres Andenkens. Wie er einst nach dem Tode seiner Schwester, „des geliebten, unbegreiflichen Wesens, genugsamen Anlaß fühlte, sich ihren Werth zu vergegenwärtigen, und so bei ihm der Begriff eines dichterischen Ganzen entstand, in welchem es möglich gewesen wäre ihre Individualität darzustellen", so trug er sich nach dem Tode der Mutter, und sogar noch im Herbst 1831 mit dem Plane einer dichterischen Verherrlichung derselben — Aristeia sollte, wie er gegen Riemer äußerte, das Werk heißen. Doch wie ihn von dem erstgedachten, dem Andenken der Schwester gewidmeten „schönen und frommen Vorsatz, wie von so vielen andern, der Tumult der Welt zurückzog und ihm nichts übrigblieb, als den Schatten jenes seligen Geistes nur wie durch Hülfe eines magischen Spiegels auf einen Augenblick heranzurufen", so konnte auch der sinnige Plan einer Verherrlichung der Mutter nicht zur Ausführung kommen, und schon wenige Monate nach jenem Herbst 1831 schied auch Goethe aus dem Leben.

Aber eine Aristeia liegt gleichwol vor — Frau Rath hat sich dieselbe in ihren Briefen selbst geschrieben. Um mit Goethe's eigenen, treffenden Worten zu reden, gehören Briefe überhaupt „unter die wichtigsten Denkmäler, die der einzelne Mensch hinterlassen kann. Lebhafte Personen stellen sich schon bei ihren Selbstgesprächen manchmal einen abwesenden Freund als gegenwärtig vor, dem sie ihre innersten Gesinnungen mittheilen, und so ist auch der Brief eine Art von Selbstgespräch, denn oft wird ein Freund, an den man schreibt, mehr der Anlaß als der Gegenstand des Briefes. Was uns freut oder schmerzt, drückt oder beschäftigt, löst sich vom Herzen los, und als dauernde Spuren eines Daseins, eines Zustandes sind solche Blätter für die Nachwelt immer wichtiger, je mehr dem Schreibenden nur der Augenblick vorschwebte, je weniger ihm eine Folgezeit in den Sinn kam. — Was wir durch Mittheilung älterer Briefe gewinnen, ist: uns in einen frühern, vorübergegangenen, nicht wiederkehrenden Zustand unmittelbar versetzt zu sehen. Hier ist nicht Relation noch Erzählung, nicht schon durchgedachter und durchgemeinter Vortrag; wir gewinnen eine klare Anschauung jener Gegenwart, wir lassen auf uns einwirken wie von Person zu Person. — Es ist der schönste unmittelbarste Lebenshauch." Gilt dies von Briefen überhaupt, so gilt es ganz besonders von den Briefen der Frau Rath, welcher beim Schreiben derselben stets nur der Augenblick vorschwebte. Wie sie war und dachte und sprach, so, genau so schrieb sie ihre Briefe, treu und wahr äußerte sie ihre Gedanken und Gefühle so unmittelbar, als ob sie zu einem Anwesenden redete; und so kommt es, daß, wie Goethe in einem Briefe an seinen Freund Zelter sehr richtig bemerkte, in jeder Zeile ihr Charakter sich ausspricht.

Wol war sie öfters zum Briefschreiben nicht aufgelegt, ja litt bisweilen, wie sie es selbst bezeichnete, an „Tintenscheu". Zu anderer Zeit aber fand sie, daß es „um das Schreiben eine herrliche Sache sei", und war förmlich schreibselig. Und nach wie vielen Seiten, mit wie vielen Hohen und Niedern, Gelehrten und Ungelehrten stand sie in stetem Briefwechsel! Sie konnte sich rühmen, daß eine solche „lächerliche" Correspondenz nicht leicht jemand außer ihr haben möchte, und konnte, wenn sie allmonatlich ihr Schreibpult aufräumte, dies niemals ohne Lachen thun. Wol war ihre Handschrift mitunter, namentlich in späterer Zeit, stellenweise unleserlich und gekritzelt, wenn auch Bettine viel zu weit geht, indem sie die Hand der Frau Rath eine recht garstige, häßliche Hand, eine wahre Katzenpfote nennt. Auch nahm sie es mit dem Satzbau und der Orthographie niemals genau, sodaß allerdings ihre Briefe zu stilistischen Musterbriefen sich schlecht eignen würden. Trotz alledem aber spiegelt jede Zeile ihrer Briefe den Geist und Charakter der seltenen Frau treu und frisch wider, die stilistischen und orthographischen Incorrectheiten verstärken noch das originelle Gepräge des Ganzen; und so gestalten sich die Briefe der Frau Rath im Zusammenhalt mit den ihr zugegangenen Briefen, also ihr Briefwechsel in chronologischer Ordnung, zu einem ganz eigentlichen Lebens- und Charakterbilde.

Bisjetzt waren aber nur einzelne ihrer Briefe an die Herzogin Anna Amalie, ihre Briefe an Frau von Stein und Friedrich von Stein, an die Enkelein und an Unzelmann, endlich einige Fragmente von Briefen an den Sohn (in Riemer's „Mittheilungen"), und andererseits nur ein vollständiger Brief von Kranz an die Frau Rath und eine Reihe Bruchstücke von Briefen der Herzogin Anna Amalie, Goethe's und des Fräuleins von Göchhausen an Frau Rath (bei Riemer a. a. O.) bekannt geworden und in verschiedenen Werken zerstreut. Es ist nun gelungen, eine größere Zahl Briefe sowol von als an Frau Rath, theils im Original theils in sorgfältiger Copie, aufzufinden, wodurch nicht nur jene Fragmente zu einem bedeutsamen Ganzen vervollständigt, sondern auch ganz neue Beiträge zur Charakteristik der Frau Rath, ihres Sohnes und der ihnen befreundeten Persönlichkeiten, neue Urkunden zur Geschichte unserer classischen Literaturperiode gegeben werden können: im ganzen 34 neue Briefe von Frau Rath und 53 neue Briefe an dieselbe. Um eine möglichst zusammenhängende Folge herzustellen, wurden auch von den bereits gedruckt erschienenen Briefen die bedeutendern, unter Angabe der Quelle, in chronologischer Ordnung hier mit eingeschaltet. Die nach vorliegenden Originalen aufgenommenen neuen Briefe sind mit * bezeichnet und mit genauer Beibehaltung der Orthographie abgedruckt. Die übrigen Briefe, welche dieses Zeichen * nicht tragen, sind bisher ungedruckte Copien und Auszüge, wie sie in Riemer's Nachlaßpapieren sich vorgefunden; ihre Treue ist über jeden Zweifel erhaben. Erläuterungen, welche hier und da nöthig erschienen, sind als Anmerkungen beigefügt.

Im einzelnen sei noch Folgendes bemerkt. Bisjetzt fehlen alle Briefe der Frau Rath aus der Zeit vor Goethe's Fortgang nach Weimar, und somit auch alle die Briefe, welche der leipziger und strasburger Student von der Mutter empfangen. Es ist dies um so mehr zu bedauern, als gerade sie über Wesen und Leben der Frau Rath in ihrem jüngern Alter wie auch über manchen noch dunkeln Punkt im Jugendalter des Dichters das beste Licht verbreiten würden.

Was aber die spätere Zeit (seit 1775) anlangt, so gereicht es uns zur besondern Freude, 10 Briefe Goethe's an seine Mutter — theils ganz neu, theils doch zum erstenmal vollständig — hier mittheilen zu können. Die

Mutter war allezeit Goethe's innigste Vertraute, seine Briefe an sie sind rückhaltslose Bekenntnisse seiner geheimsten Gedanken und Gefühle. Sie geben zugleich Aufschluß über die Beziehungen des Dichters zum Herzog Karl August und dessen Persönlichkeit. Man lese z. B. die Instructionen, welche Goethe nach Frankfurt schrieb für die mit dem Herzog projectirte Reise und den Besuch im Vaterhause. Charakteristisch erscheint die auffallende große Umwandlung, welche die Briefe Goethe's vom 11. August 1781 ab hinsichtlich des Stils zeigen; ja selbst im Aeußern, in der ruhigern, schönern Handschrift weichen sie von den frühern wesentlich ab. Ein Brief der Frau Rath an Goethe ist bereits durch den Briefwechsel Goethe's mit Zelter (welchem er auf seinen Wunsch mitgetheilt worden war) bekannt geworden. Es folgen hier noch 23 Briefe der Frau Rath an Goethe, 6 Briefe derselben an die von ihr herzlich geliebte Frau Goethe's, und 1 Brief an seinen Sohn August, theils vollständig, theils in den wesentlichsten Stellen.

Von dem Briefwechsel, in welchem die Frau Rath mit dem weimarischen Hofe stand, waren bisjetzt — theils durch das zur vierten Säcularfeier der Buchdruckerkunst erschienene „Weimar-Album", welchem das großherzogliche Haus aus seinen Briefschätzen einiges zur Veröffentlichung überlassen hatte, theils durch Dorow's Sammlungen — fünf Briefe der Frau Rath an die Herzogin Anna Amalie bekannt geworden. Mehrere andere dergleichen Briefe sollen neuerer Zeit im großherzoglichen Archiv aufgefunden und deren baldige Veröffentlichung zu hoffen sein. Immer würde aber — wenigstens hinsichtlich einzelner Stellen — der Schlüssel zum völligen Verständniß fehlen, wenn nicht ein glücklicher Zufall auch solche Briefe erhalten hätte, welche die Frau Rath von ihren fürstlichen Correspondenten aus Weimar empfangen hat. Von solchen Briefen folgen hier, neben den obgedachten fünf Briefen der Frau Rath, neun Briefe der Herzogin Anna Amalie und fünf Briefe des Herzogs Karl August an dieselbe, in wortgetreuer Wiedergabe nach den Originalen. Sie kennzeichnen nicht nur das innige Verhältniß, das zwischen der Frau Rath und dem weimarischen Hofe bestand, sondern auch die Persönlichkeit des Herzogs und seiner geistvollen Mutter selbst. Fern von aller Etikette athmen diese Briefe wahre aufrichtige Verehrung und Liebe, und insbesondere gehören die Briefe, mit denen die den Künsten, den Vergnügungen und der Freundschaft lebende, heitere und lebhafte Herzogin Anna Amalie (Amélie, wie sie sich zu schreiben pflegte) die ihr geistesverwandte, nur acht Jahr ältere „liebe Mutter" oder „liebe Frau Aja" begrüßt, ihr Neuigkeiten vom Hätschelhans (Goethe) und von den Hoffestlichkeiten mittheilt, auf ihre Ideen eingeht, ihr Bilder „für das Weimarische Zimmer" und ihr eigenes Bild, sowie Arien und selbstgefertigte Geldbeutel, selbstgefertigte Strumpfbänder schickt, zu dem Reizendsten und Liebenswürdigsten, was jemals eine deutsche Fürstin geschrieben.

Es schließen sich hieran sieben Briefe der witzigen und lebenslustigen weimarischen Hofdame Luise von Göchhausen (mit dem Scherznamen Thusnelda), worin sie bald in Prosa, bald in Versen die „gute liebe Herzensmutter" begrüßt und eifersüchtig, daß nicht etwa andere ihr zuvorkommen möchten, über das fürstliche Liebhabertheater und über den Hätschelhans, sein Befinden und seine poetischen Producte humoristischen Bericht erstattet. Es haben diese Briefe und Scherze des geistvollen Hoffräuleins aber noch die weitere Bedeutung, daß sie die Frau Rath veranlaßten, sich ebenfalls poetisch zu versuchen. Vier Gedichte der Frau Rath, in Knittelversen, bilden Antworten auf poetische Ansprachen des Fräuleins, sie lassen in ihrer originellen Form, in ihrer lebensheitern, zum Theil echt poetischen Färbung, womit sie selbst als das treueste unmittelbarste Bild der Frau Rath erscheinen, keinen Zweifel übrig, von wem Goethe sein Dichtertalent ererbt hat.

Ein anderer, sehr wichtiger Correspondent in Weimar war Wieland, welcher mit seiner „allerliebsten Mutter" als treuer Sohn vom Ende des Jahres 1776 ab wenigstens bis zum Ende des Jahres 1779 den lebhaftesten Briefwechsel unterhielt. Leider ist außer Einem bereits veröffentlichten Briefe der Frau Rath an ihn kein weiterer frankfurter Brief aufzufinden gewesen; bei den wiederholten Umzügen Wieland's nach und von Oßmannstedt mögen die Briefe der Frau Rath verloren gegangen, vielleicht auch, wie seine Erben vermuthen, von Wieland selbst wie andere Correspondenz vernichtet worden sein. Anders steht es zum Glück mit den Wieland'schen Briefen. Vierzehn dergleichen sind noch erhalten und folgen nachstehend in wortgetreuem, zum ersten mal vollständigem Abdruck nach den Originalen. Wie sie einestheils — sowol nach ihrem Inhalt als auch nach ihrem klaren gewandten Stil — zum Verständniß von Wieland's Eigenthümlichkeit und Entwickelung und der Entstehungsgeschichte seines Meisterwerks „Oberon" dienen, so bilden sie anderntheils urkundliche Belege gerade für den bedeutsamsten und interessantesten Abschnitt aus Weimars und Goethe's Leben, für die sogenannte Genieperiode von 1775—79.

Außer einzelnen bisher unbekannten Briefen an Frau Rath von August Prinz von Gotha, Herzog Georg, Klinger, Ph. Seidel, Stegmann u. a. und außer dem Briefe von Kalb's an Goethe's Aeltern vom 16. März 1776, welcher ebenfalls zum ersten male vollständig mitgetheilt wird, habe ich wenigstens Einen von den zahlreichen Briefen auffinden und mitaufnehmen können, die von Friedrich von Stein nach Frankfurt geschrieben wurden. Mögen die andern und mit ihnen wol auch das Tagebuch, welches Friedrich auf den Wunsch der Frau Rath über die weimarischen Vorkommnisse führte und ihr sandte, leider verloren sein, so charakterisirt doch schon dieser eine Brief den kleinen Liebling der Frau Rath und ihres Sohnes. Aus den edirten Briefen der Frau Rath an ihn und seine Mutter sind die wesentlichsten in der chronologischen Aufeinanderfolge mit eingeschaltet, auf die übrigen durch Anmerkung hingewiesen.

Eben dies ist auch hinsichtlich der bereits veröffentlichten Briefe der Frau Rath an ihre Enkelein und an den Schauspieler Unzelmann geschehen. Eine wesentlich andere Haltung aber war gegenüber dem Briefwechsel Bettina's mit Frau Rath, wie erstere ihn in ihrem „Briefwechsel Goethe's mit einem Kinde" mittheilt, einzunehmen. Ist dort, bei den von Ebers, Kahlert, Dorow u. s. mit großer Sorgfalt und Liebe herausgegebenen Briefen der Frau Rath an Friedrich von Stein, Frau von Stein, Unzelmann und die Enkelein die Echtheit der Briefe über jeden Zweifel erhaben, so gilt dies doch keineswegs auch von dem Briefwechsel zwischen Frau Rath und Bettinen. Wir sind weit entfernt, die Lichtseiten jenes Romans, den Geistesreichthum und das poetische Talent der Verfasserin, die sprudelnde Phantasie, die reiche Erfindungsgabe derselben zu verkennen. Aber wollte denn der Roman Roman sein? Nein, er trat mit der Prätension auf, Wahrheit, historische Wahrheit zu sein; und wohl fühlend, daß dies unmöglich und daß jene Fiction vor der literarhistorischen Kritik nicht bestehen könne, erklärte die Verfasserin in der Vorrede sehr naiv: dieses Buch sei für die Guten und nicht für die Bösen, und wandte sich an Fürst Pückler in der Widmung mit den Worten: „Die Menge ist nicht dazu geeignet, die Wahrheit, sondern nur den Schein zu prüfen; den geheimen Wegen einer tiefen Natur nachzuspüren, das Räthselhafte in ihr aufzulösen ist ihr versagt, sie spricht nur ihre Täuschungen aus, erzeugt hartnäckige Vorurtheile gegen bessere Ueberzeugung. So treten Sie abermals hier zwischen mich und das Vorurtheil derer, die schon jetzt, noch eh sie es kennen, dies Buch als unecht verdammen und sich selbst um die Wahrheit betrügen." Vielen ist damit Sand in die Augen gestreut worden, aber andere, die „Bösen", die literarhistorischen Kritiker haben sich nicht abhalten lassen, sowol Schein als Wahrheit zu prüfen und das Buch als unecht zu verdammen. Wohl hatte man bald die im Wesen Bettinens und ihres Buches liegenden grellen Contraste klar erkannt; eine damalige satirische Charakteristik sprach sie scharf genug aus: „Halb Hexe, halb Engel; halb Priesterin, halb Bajadere; halb Prophetin, halb Lügnerin; halb Katze, halb Taube; halb Vogel, halb Schlange; halb Eidechse, halb Schmetterling; halb Morgenthau, halb Fischblut; halb keuscher Mondenschein, halb übermüthiges Fleisch; halb Blume, halb Kröte; halb Sphinx, halb Gurli; halb Ganymed, halb deutscher Student mit Reitpeitsche und Kanonen; halb Kabale, halb Liebe; halb Sibylle, halb Amazone; halb Kind, halb Schauspielerin; halb Mignon, halb Philine; halb Sylphe, halb Ratte; halb Diplomat, halb Unschuld vom Lande; halb Mistkäfer, halb Nachtigall; halb Jungfrau von der, halb Diogenes in der Tonne; halb Jakobiner mit der Freiheitsfahne, halb Katholik mit dem Rosenkranz; halb schwärmende Mänade, halb gelehrtes Weib; halb Siegwart, halb Regimentstambour; halb Marketenderin, halb Elfenkönig; halb Aventurier, halb Nonne; halb Somnambule, halb Kokette; halb gottbegnadete Pantheistin, halb leichtfertige Tänzerin." Doch auch die Hauptsache, das Wesentlichste, konnte in Deutschland nicht auf die Dauer verkannt bleiben: das Factum, daß das Buch die größte Mystification, die größte Fälschung des 19. Jahrhunderts war. Bettine, das bejahrte Kind, welches in heißer phantastischer Liebe zu Goethe schwärmt, dabei den Ring mit seinem Bilde in ihre Brust drückt, ihn neben sich auf ein hartes Kopfkissen, mit dem Kopf auf seiner Brust zu ruhen, seinen Athem zu fühlen wünscht und in seltsamer Eifersucht und Anmaßung ihm zuruft: „Verliebt bist du, und zwar in die Heldin deines neuen Romans, und das macht dich so eingezogen und so kalt gegen mich, Gott weiß, welches Muster dir hier zum Ideal diente; ach du hast einen eignen Geschmack an Frauen, Werthers Lotte hatte mich nie erbaut, wär ich nur damals bei der Hand gewesen, Werther hätte sich nicht erschießen dürfen, und Lotte hätte sich geärgert, daß ich ihn so schön trösten konnte. So geht mir's auch im Wilhelm Meister, da sind mir alle Frauen zuwider, ich möchte sie alle zum Tempel hinausjagen, und darauf hatte ich auch gebaut, du würdest mich gleich lieb gewinnen, wenn du mich kennen lerntest, weil ich besser bin und liebenswürdiger wie die ganze weibliche Comitee deiner Romane, ja wahrhaftig das ist nicht viel gesagt, für dich bin ich liebenswürdiger, wenn du, der Dichter, das nicht herausfinden willst, für keinen andern bin ich geboren u. s. w." — dieses mixtum compositum von Egmont's Klärchen und dem Mädchen in Salomo's Hohem Liede, mit all der eingebildeten mystisch=phantastischen Liebe zu Goethe, hat zu Goethe niemals in einem innigen Verhältniß gestanden. Riemer hat das Verdienst, ihr zuerst die Maske vom Gesicht genommen zu haben. Es ist das Ganze nur eine in genial=barocker Form ausgeführte Fiction, der hin und wieder ein Wahres umgehängt ist, und die wunderbar schönen Goethe'schen Sonette, welche Bettine als angeblich von ihr eingegeben und ihr gewidmet sich zueignet, wie z. B. „War unersättlich nach viel tausend Küssen ꝛc.", „Ein Strom entrauscht ꝛc.", „Warum ich wieder zum Papier ꝛc." u. a. m. — von denen einige im Original=entwurf von Goethe's Hand, mit seinen eigenhändigen Umänderungen mir vorliegen — galten überhaupt nicht Bettinen, sondern Mienchen Herzlieb, und sind nicht von Bettinen dem Dichter eingegeben, sondern umgekehrt von ihr nachher erst in ihre eigenthümliche Poesie=Prosa aufgelöst worden. Daß sie, in Eitelkeit und Willkür, auch die Briefe Goethe's gefälscht hat, wurde durch einen zufällig aufgefundenen echten Brief Goethe's an Bettinen bestätigt. Auf der berliner Goethe=Ausstellung 1861 kam auch ein damals im Besitz des Herrn Hermann Grimm in Berlin befindlicher eigenhändiger Brief Goethe's an Bettina Brentano vom 5. Februar 1810 zur Vorlage. Denselben Brief hat Bettinens Briefwechsel, aber mit so vielfachen Umgestaltungen, lächerlichen Einschiebseln und erlogenen Zusätzen, daß aus dem einfachen Briefe durch unverantwortliche Fälschung etwas ganz anderes geworden ist. Herr von Loeper in Berlin, der verdienstvolle Goethe=Commentator, hat durch Abdruck des echten Briefs und durch Vergleichung mit dem, was Bettine daraus zu machen sich erdreistet hat, in den „Blättern für literarische Unterhaltung" vom 7. November 1861 Bettinens Fälschung auch dem blindesten Verehrer bewiesen. (Vgl. auch: „Der echte und der unechte Briefwechsel zwischen Goethe und Bettine von Arnim" in der Beilage zur augsburger „Allgemeinen Zeitung" vom 19. Juli 1865, Nr. 200).

Muß schon die kolossale Täuschung, welche sich Bettine hinsichtlich Goethe's und seines Andenkens erlaubt hat, gerechte Zweifel auch gegen die Echtheit des in demselben Buch befindlichen Briefwechsels zwischen Frau Rath und Bettinen erwecken, so treten hier noch besondere Momente hinzu. Sie gibt in ihrem Buche selbst sehr ungenirt zu erkennen, wie wenig wahrhaft sie überhaupt und insbesondere hinsichtlich der Frau Rath ist. „Der Mutter schreib ich alles, was unglaublich ist"; „die Mutter höret mit Lust alle kleinen Abenteuer an, ich mache dann nicht selten aus Klein Groß und diesmal war ich reichlich damit versehen", so sagt sie selbst und nennt das „ihrer Phantasie Luft machen". Die Frau Rath läßt sie das erkennen und ihr schreiben: „wenn's nur auch wahr ist u. s. w. in solchen Stücken kann man Dir nicht wenig genug trauen.

Du hast mir ja manchmal hier auf Deinem Schemel die Unmöglichkeiten vorerzählt, denn wenn Du, mit Ehren zu melden, ins Erfinden geräthst, dann hält Dich kein Gebiß und kein Zaum. Ei, mich wundert's, daß Du noch ein End' finden kannst und nicht in einem Stück fortschwäzst, blos um selbst zu erfahren, was alles noch in Deinem Kopf steckt. Manchmal mein' ich aber doch es müßt wahr sein, weil Du alles so natürlich vorbringen kannst u. s. w." Form und Inhalt der Briefe, welche Bettine als angeblich von ihr an Frau Rath geschrieben mittheilt, beweisen, daß diese Briefe erst nachträglich verfaßt sind; es wäre auch wunderbar, woher sie diese angeblich nach Frankfurt geschriebenen Briefe haben sollte, da doch die Briefe selbst jeden Gedanken daran, daß sie erst im Concept entworfen worden, oder daß eine Copie zurückbehalten worden sei, entschieden ausschließen. Was ferner die neun von Bettina abgedruckten, angeblich von Frau Rath empfangenen Briefe anlangt, so mag ja wol die Frau Rath dem ihr befreundeten Mädchen dann und wann ein paar Zeilen geschrieben haben, gewiß aber nicht die Briefe, wie Bettine sie mittheilt. Man braucht die letztern nur mit den unzweifelhaft echten Briefen der Frau Rath zu vergleichen, um dies sofort zu erkennen: ein ganz verschiedener Stil, verschiedener Satzbau, verschiedene Orthographie, vor allem aber ein ganz verschiedener Ton und Charakter, und zwar hier einestheils eine schwärmerische Sentimentalität à la Bettine, anderntheils ein excentrisches Wesen à la Bettine. Offenbar hat das phantasiereiche „Kind" ganze Briefe selbst erfunden und zu den von Frau Rath empfangenen wenigen Zeilen das übrige hinzugedichtet. Die nachstehenden echten

Briefe der Frau Rath, namentlich auch aus ebendieser letzten Periode ihres Lebens, und die darin enthaltenen Bemerkungen über ihr wahres Verhältniß zu Bettinen lassen keinen Zweifel daran übrig. Und sollten gleichwol noch weitere Belege erforderlich scheinen, so werden zwei Thatsachen der eclatantesten Art als solche Beweise dienen können. Die eine Thatsache ist, daß Bettine Briefe der Frau Rath noch nach dem 13. September 1808, also aus einer Zeit anführt, zu welcher dieselbe bereits gestorben war. Der andere Beleg ist die Erzählung Bettinens von der Scene zwischen der Frau Rath und Frau von Staël. Nach Bettinens Bericht war die Entrevue bei Bethmann-Schaaf in den Zimmern des Hrn. Moritz Bethmann. Frau Rath hatte sich wunderbar geschmückt, mit deutscher Laune, nicht mit französischem Geschmack, drei Federn auf dem Kopf, die nach drei verschiedenen Seiten hinschwankten, eine rothe, eine weiße und eine blaue, die französischen Nationalfarben, welche aus einem Feld von Sonnenblumen emporstiegen. Sie war mit großer Kunst geschminkt; ihre großen, schwarzen Augen feuerten einen Kanonendonner; um ihren Hals schlang sich der goldene Schmuck der Königin von Preußen; Spitzen von altherkömmlichem Ansehen und großer Pracht, ein wahrer Familienschatz, verhüllten ihren Busen. So stand sie mit weißen Glacéhandschuhen, in der einen Hand einen künstlichen Fächer, mit dem sie die Luft in Bewegung setzte, die andere, welche entblößt war, ganz beringt mit blitzenden Steinen, dann und wann aus einer goldenen Tabatière mit einem Miniaturbild Goethe's eine Prise nehmend. Endlich kam Frau von Staël, begleitet von Benjamin Constant. Als sie auf die Frau

Rath losschritt, deren wunderbarer Putz ihr vorzugsweise auffallen mochte, breitete die letztere mit der linken Hand ihr Gewand aus, mit der rechten salutirte sie mit dem Fächer, und indem sie sich mehrmals sehr herablassend neigte, sagte sie mit lauter sehr vernehmlicher Stimme: „Je suis la mère de Goethe", worauf die Schriftstellerin erwiderte: „Ah, je suis charmée" und eine feierliche Stille folgte. Als darauf Benjamin Constant und die andern Begleiter der Staël der Mutter Goethe's ihre Höflichkeiten darbrachten, beantwortete sie dieselben mit einem französischen Neujahrswunsche, den sie mit feierlichen Verbeugungen zwischen den Zähnen hermurmelte. Bald winkte Frau Rath Bettinen herbei; sie mußte den Dolmetscher in dem Gespräche machen, welches beide Frauen über Goethe führten. Frau Rath konnte kaum erwarten, daß Bettine am andern Tage kam, um alles mit ihr zu recapituliren. Bettine war empfindlich, daß Frau Rath auf ihre Bekanntschaft mit der Staël so großen Werth legte; Frau Rath aber nannte Bettinen kindisch, albern und eingebildet; dem, was zu schätzen sei, müsse man die Achtung nicht versagen, man könne über eine solche Frau nicht wie über eine Gosse springen und weiter laufen; es sei allemal eine ausgezeichnete Ehre vom Schicksal, sich mit einem bedeutenden und berühmten Menschen zu berühren. — So erzählt Bettine, und so haben es hundert und aberhundert Bücher nacherzählt, sogar Bilder jener Scene sind gezeichnet worden, obwol Dünzer in seiner ebenso gründlichen als geistvollen biographischen Studie über Frau Rath („Frauenbilder aus Goethe's Jugendzeit", S. 578) bemerkte, daß er an die ganze Beschreibung dieses Zusammentreffens der Frau von Staël mit Goethe's Mutter und dessen, was damit in Verbindung steht, keinen rechten Glauben habe. Und in der That, diese ganze Geschichte, welche Bettine als historisch treu mit solchen Details erzählt, die Geschichte von dem närrischen Aufputz der Frau Rath, ihrem Benehmen, ihren Reden, das ganze Zusammentreffen mit Frau von Staël ist durchweg erfunden! Es ist nur eine phantastische Dichtung einer Romanschreiberin, welche dabei nicht vermuthete, daß sich Beweise der Unwahrheit erhalten würden. Es läßt sich nachweisen, daß zur Zeit, als Frau von Staël in Frankfurt war, Bettine sich gar nicht dort aufhielt, sondern im Rheingau schwärmte. Frau Rath wäre aber auch ganz unfähig gewesen, sich so absurd zu benehmen. Im Gegentheil. Sie, die klar und gesund denkende und empfindende Frau, fühlte sich, wie ihre nachstehenden Briefe geradezu sagen, durch Frau von Staël „gedrückt, als wenn sie einen Mühlstein am Hals hängen hätte", sie „ging ihr überall aus dem Wege, schlug alle Gesellschaften aus, wo jene war, und athmete freier da sie fort war; sie freute sich von Herzen wenn sie davon wegbleiben konnte". So im Jahr 1804; und im Jahr 1808, wenige Monate vor ihrem Tode sollte sie jene Komödie aufgeführt haben!

Doch genug der Beweise. Wir haben es eben auch insoweit nur mit phantastischen Producten einer dichterischen Erfindungsgabe, nicht mit historischen Thatsachen zu thun. Die wenigen Sätze in den Briefen der Frau Rath an Bettine, die vielleicht echt sein könnten, haben in der chronologischen Reihenfolge der nachstehenden Briefe mit Hinweis auf ihre immerhin bestehende Verdächtigkeit Aufnahme gefunden, den ganzen übrigen Inhalt der von

Bettinen mitgetheilten Briefe der Frau Rath halte ich für durchweg falsch. Möge das Vorstehende zugleich dazu dienen, das Bild der Frau Rath von den entstellenden Farben zu reinigen, mit welchen diese Erfindungen des „Kindes" es verunstaltet hatten.

Welch anderes Bild der Frau Rath gestaltet sich aus dem historisch-wahren Briefwechsel!

Ihr Aeußeres hat sie selbst darin geschildert. „Von Person bin ich ziemlich groß und ziemlich corpulent, habe braune Augen und Haare und getraute mir die Mutter von Prinz Hamlet nicht übel vorzustellen. Viele Personen, wozu auch die Fürstin von Dessau gehört, behaupten, es wäre gar nicht zu verkennen, daß Goethe mein Sohn wäre. Ich kann das nun eben nicht finden, doch muß etwas daran sein, weil es schon so oft ist behauptet worden." In der That glich sie, wie Kranz aus eigener Anschauung und Vergleichung bemerkte, in Augen, Geberden, Ton und Gesticulation ihrem genialen Sohne.

Körperlich und geistig echt gesund und kernhaft, erhielt sie sich diese Frische ihres ganzen Wesens bis ins höchste Alter. Als Goethe im September 1779 von Weimar zum ersten mal wieder Frankfurt besuchte, fand er zwar seinen Vater verändert, er war stiller, sein Gedächtniß schwächer, aber die „Mutter war noch in ihrer alten Kraft und Liebe". Neun Jahre später, als sie zu ihrem großen Schmerze ihren Freund Unzelmann nicht mehr auf der frankfurter Bühne sah und über das mangelhafte Spiel anderer in ihren Lieblingsrollen sich nicht wenig ärgerte, „bewunderte" sie selbst nichts mehr als ihre gute Natur, das gute Bestandhaben ihrer Gesundheit, die „müsse von Stahl und Eisen sein". Eben dadurch wurde es ihr möglich auch die geistige Munterkeit, Klarheit und Frische sich bis zum letzten Athemzuge zu bewahren.

Wohl fehlte ihr — und zwar zum Vortheil für ihre ganze originelle Persönlichkeit — jene äußere, feine höhere Bildung, und jener feinere Gesellschaftston, welche als das Charakteristikum der höhern Gesellschaftskreise gelten und vor allem damals in der galanten Zeit des vorigen Jahrhunderts galten; aber eine gediegene, wahre, innere Bildung fehlte ihr nicht. Im Hause ihres Vaters, des kaiserlichen Raths und Stadt= und Gerichtsschultheißen Johann Wolfgang Textor in Frankfurt, hatte sie eine bürgerlich einfache aber gute Erziehung genossen. Sie besaß viel Verstand, und mit diesem klaren Verstande und mit der ihr angeborenen geistigen Lebendigkeit, mit alle= zeit offenem, klarem Auge hatte sie sich schon früh und mehr und mehr in ihrem langen Leben viel Lebens= erfahrung und Menschenkenntniß angeeignet und mit be= wundernswürdiger Selbsterkenntniß und scharfem Urtheil sich eine praktische Lebensphilosophie gebildet, welche ihr Richtschnur und Maßstab wurde und sie selbst am besten charakterisirt. „Jeder", meint sie, „hat so seine Art und Kunst. — Wenn die Unglücklichen sich gern aneinander ketten, so ist der Gegensatz ebenso wahr, daß der Glück= liche die Gefühle des Unglücklichen selbst mit dem besten Herzen und Willen doch nicht mitempfinden kann. Ein Armer wird den Druck der Armuth nie stärker fühlen, nie unzufriedener mit seinem Schicksal sein, als in Ge= sellschaft der Reichen, — da erniedrigt, da beugt ihn sein Mangel doppelt, und jedes Wort, sei es noch so un= schuldig, noch so unbedeutend, wird ihm als Spott, als Satire auf seine Armuth vorkommen, jedes Lächeln wird ihm Hohn über sein Elend dünken, denn nie ist der Unglückliche gerecht, sieht alles durch ein gefärbtes Glas, beurtheilt alles schief. — Ich kenne so viele Menschen, die gar nicht glücklich sind, die das arme Bischen von Leben sich so blutsauer machen, und an allen diesem Unmuth und unmusterhaftem Wesen ist das Schicksal nicht im Geringsten Schuld. In der Ungenügsamkeit steckt der ganze Fehler. Seit einiger Zeit bin ich die Vertraute von verschiedenen Menschen geworden, die sich alle für unglücklich halten, und ist doch kein wahres Wort dran. — Sein Gutes und Nichtgutes zu kennen, ist der einzige Weg, edel, groß und der Menschheit nützlich zu werden. Ein Mensch, der seine Fehler nicht weiß oder nicht wissen will, wird in der Folge unausstehlich, eitel, voll von Prätensionen, intolerant, niemand mag ihn leiden, und wenn er das größte Genie wäre. Aber das Gute, das wir haben, müssen wir auch wissen, das ist ebenso nöthig, ebenso nützlich. Ein Mensch, der nicht weiß, was er gilt, der nicht seine Kraft kennt, folglich keinen Glauben an sich hat, ist ein Tropf, der keinen festen Schritt und Tritt hat, sondern ewig im Gängelband geht und Kind bleibt. — Man genieße die kleinen Freuden und prätendire keine großen. Ich suche keine Dornen, hasche die kleinen Freuden; sind die Thüren niedrig, so bücke ich mich, — kann ich den Stein aus dem Wege thun, so thue ich's, — ist er zu schwer, so gehe ich um ihn herum, und so finde ich alle Tage etwas das mich freut. — Da in der ganzen Natur nichts an seiner Stelle bleibt, sondern sich in ewigem Kreislauf herumdreht, wie könnte ich mich da zur Ausnahme machen? Wer wird sich grämen, daß nicht immer Vollmond ist, und daß die Sonne im October nicht so warm macht wie im Julius? Nur das Gegenwärtige gut gebraucht, und gar nicht dran gedacht, daß es anders sein könnte: so kommt man am besten durch die Welt, und das Durchkommen ist doch, alles wohlüberlegt, die Hauptsache. — Vor der Zeit sich grämen oder gar verzagen, war nie meine Sache. Auf Gott vertrauen, den gegenwärtigen Augenblick nutzen, den Kopf nicht verlieren, sein eignes werthes Selbst vor Krankheit bewahren, dabei will ich bleiben." So spricht die echte Frau Rath mit ihrem klaren, von aller Phantasterei freien Blick in Welt und Leben.

Für alles Große und Hohe war sie begeistert, geistige Unterhaltung war ihre größte Lust, und große Menschen um sich zu haben eine „Wollust." Alles Neue in Kunst und Literatur zog sie in hohem Grade an, man schätzte sie mit Recht als Kunstkennerin und Kunstliebhaberin, und Wieland wandte sich an sie und ihr natürliches klares Urtheil mit der Bitte um Lektüre und Kritik einer Klinger'schen Dichtung. Wie richtig sie die Bedürfnisse des Volks und die Bedingungen erkannte, unter welchen Kunst und Poesie auf das Volk einzuwirken vermögen, geht unter anderm daraus hervor, daß sie Goethen vor Benutzung der lateinischen Lettern warnte. Wie ihr mütterlicher Stolz der Ideen und Dichtungen des Sohnes verständnißvoll sich freute, so schätzte und verehrte sie in gerechter Würdigung und Begeisterung auch andere Dichter, vor allen Wieland und Schiller.

Sie war selbst im Grunde eine poetische Natur. Mit einer lebhaften Phantasie oder, wie sie es nannte, „schwärmerischen Einbildungskraft" verband sie die seltene Gabe plastischer Gestaltung ihrer Ideen, die Gabe lebendiger Darstellung. Dies beweisen nicht nur die zahlreichen in ihren Briefen vorkommenden Bilder und Gleichnisse, welche die Sache so unmittelbar und geradezu, so objectiv und treffend vor Augen stellen, dies beweisen vor allem ihre Märchen. Frau Rath war ganz eigentlich zur Märchendichterin und Märchenerzählerin geschaffen, und vielleicht ist ihr noch niemand in dieser anmuthigen, sinnigen Gabe gleichgekommen. Sie war sich dieses Talents auch wohlbewußt und rühmte sich gern ihren Freunden gegenüber, daß sie darin „eine große Stärke habe". Gegen Schönborn machte sie sich anheischig, aus ihrem Schatz von Anekdoten und Geschichten acht Tage in einem fort zu plaudern, und wenn sie in den langen Winterabenden bei den lieben Enkeleins wäre, wollte sie „ihr Licht schon leuchten lassen und ihnen durch anmuthige Geschichten, schöne Märlein die Zeit so vertreiben, daß es eine Art und Schick haben sollte". Sie übte dieses Talent nicht nur mit ihrem kleinen Wolfgang, ihrer kleinen Cornelia, sie erzählte im Jahre 1776 dem gießener Studiosus Klinger ihre Märchen, und der Dichter von „Sturm und Drang" hat dabei „manche Stunde vertraut bei ihr auf den Stuhl genagelt zugebracht". In ihren gesellschaftlichen Kreisen erzählte sie Großes und Kleines, Wahrheit und Märchen; und alles wurde heiter und froh, sobald sie zu erzählen begann. Noch im höchsten Greisenalter „mußte" sie Bettinen, welche außer ihr „niemanden hatte" und fast täglich bei ihr war, erzählen; — von ihrem Sohne, dann Märchen, und Bettine behauptete dann, so erzähle kein Mensch. Das war die Lust zum Fabuliren, welche Goethe von seiner Mutter geerbt haben will. Aber es war bei ihr nicht blos ein Fabuliren im engern

Sinn, ein Märchendichten, es war vielmehr der Ausfluß einer überhaupt poetisch angelegten Natur. Ihre eigenen poetischen Versuche, ihre launigen Briefe in Knittelversen sind die besten Belege dafür. Herzog Georg von Mecklenburg-Strelitz nannte die Frau Rath „die Frau, von der es ihn nie gewundert, daß sie uns Goethen geboren"; und Wieland soll nach einer mit ihr gehabten Unterredung gesagt haben: „Nun begreife ich, wie Goethe der Mann geworden ist." Wer wird an der Richtigkeit dieser Aussprüche noch zweifeln wollen, wenn diese tiefgehende Eigenthümlichkeit von Goethe's Mutter in ihrer ganzen vollen Bedeutung zu Tage liegt?

Frau Rath trug ein weiches, warmes Herz im Busen, ein freundliches, tiefes, echt deutsches Gemüth von reicher Fülle, womit sie Welt und Menschheit liebevoll umfaßte. Sie hatte „die Menschen sehr lieb, ging ohne Prätension durch die Welt, bemoralisirte niemanden, suchte immer die gute Seite auszuspähen und überließ die schlimme dem, der die Menschen schuf und der es am besten versteht, die scharfen Ecken abzuschleifen". Herzliches Mitgefühl bei fremdem Geschick, Freude an anderer Freude, und die Lust, heimlich Freude zu bereiten, war ihr Element.

Hierzu trat ein anderer bedeutsamer Zug ihres Wesens, ihr festes Gottvertrauen. Ihr Sohn nannte sie in einem Briefe an Zelter eine Frau, die in alttestamentlicher Gottesfurcht ein tüchtiges Leben voll Zuversicht auf den unwandelbaren Volks- und Familiengott zugebracht. Und das war bei ihr kein Schein, keine Phrase, wie sie damals und jetzt leider so oft vorkommen, sondern innigste, festeste Ueberzeugung. Durch einige ihr zur rechten Zeit begegnende Stellen aus den Psalmen und Propheten bestärkte sie sich in ihrem biblischen Glauben, ja es galt ihr die Bibel als eine Art Stechbüchlein oder Spruchkästlein, das sie am Morgen durch einen Nadelstich zu befragen liebte. Am 9. December 1777 schrieb Goethe darüber an Frau von Stein: „Es ist eben um die Zeit, wenig Tage auf ab, daß ich vor neun Jahren krank zum Tode war. Meine Mutter schlug damals in der äußersten Noth ihres Herzens ihre Bibel auf und fand, wie sie mir nachher erzählt hat: «Man wird wiederum Weinberge pflanzen an den Bergen Samariä, pflanzen wird man und dazu pfeifen.» Sie fand für den Augenblick Trost und in der Folge manche Freude an dem Spruche." Derselbe wird uns auch in dem Briefwechsel zwischen Mutter und Sohn wiederholt begegnen.

Die Freundin und Vertraute der Frau Rath war das fromme, geistvolle Fräulein von Klettenberg. „An ihr und meiner Mutter", sagt Goethe an anderer Stelle, „hatte ich zwei vortreffliche Begleiterinnen; ich nannte sie nur immer Rath und That: denn wenn jene einen heitern, ja seligen Blick über die irdischen Dinge warf, so entwirrte sich vor ihr gar leicht was uns andere Erdenkinder verwirrte, und sie wußte den rechten Weg gewöhnlich anzudeuten, eben weil sie ins Labyrinth von oben herab sah und nicht selbst darin befangen war; hatte man sich aber entschieden, so konnte man sich auf die Bereitwilligkeit und auf die Thatkraft meiner Mutter verlassen. Wie jener das Schauen, so kam dieser der Glaube zu Hülfe, und weil sie in allen Fällen ihre Heiterkeit behielt, fehlte es ihr auch niemals an Hülfsmitteln, das Vorgesetzte oder Gewünschte zu bewerkstelligen." Als Goethe im „Wilhelm Meister"

Briefe und Gespräche des Fräuleins von Klettenberg zu den „Bekenntnissen einer schönen Seele" verarbeitet hatte, schrieb Frau Rath ihrem Sohne eine Recension dieser Blätter aus den „Theologischen Annalen" eigenhändig ab und setzte folgende Worte hinzu: „Meine Recension ist die Psalm I, V. 3: «auch seine Blätter verwelken nicht.» Das ist der lieben Klettenbergern wohl nicht eingefallen, daß nach so langer Zeit ihr Andenken noch grünen, blühen und Segen den nachkommenden Geschlechtern bringen würde. Du, mein lieber Sohn, warst von der Vorsehung bestimmt zur Erhaltung und Verbreitung dieser unverwelklichen Blätter. Gottes Segen und tausend Dank davor; und da aus dieser Geschichte deutlich erhellt, daß kein gutes Samenkorn verloren geht, sondern seine Frucht bringt zu seiner Zeit, so laßt uns Gutes thun und nicht müde werden, denn die Ernte wird mit vollen Scheuern belohnen."

Dieses Vertrauen auf Gott, dieser Glaube an die Vorsehung verließ sie nie und tritt namentlich in ihren Briefen aus der spätern Zeit, an die Enkelin Luise bei deren Verlobung und Verheirathung, in ihrer jubelnden Begrüßung des Urenkels, in ihrem herzlichen Muttersegen an Goethe auf das rührendste hervor.

Liebe zur Menschheit und echtes unerschütterliches Gottvertrauen waren es, welche ihr die eigenthümliche innere Ruhe, den Frieden der Seele, die Zufriedenheit mit Gott, mit sich und mit den übrigen Menschen — wie sie selbst es bezeichnet — verliehen. Sie waren es, welche, im Verein mit dem klaren Verständniß von Leben und Welt, ihre ganze Haltung bestimmten, sie treulich durch das Leben geleiteten und sie die Sprüche:

Erfahrung macht Hoffnung

und

Lerne zu leben,
Lebe zu lernen!

zu ihrer eigentlichen Lebensweisheit wählen ließen. Sie waren es endlich, welche mit dem Frieden der Seele zugleich dem lebhaften heitern Temperament der Frau Rath die Möglichkeit ungestörter Entfaltung gaben.

Wer bei der Frau Rath auch nur eine Spur von Sentimentalität finden wollte, würde vergeblich zu suchen haben. Dagegen waren ihr ein lebhafter, leichter, heiterer Sinn, kecker und doch natürlicher und gutmüthiger Humor, Naivetät und Mutterwitz, unverwüstliche Lebenslust und Lebensfrische eigen. Sie war, wie Goethe selbst bemerkt, nicht so ernsthaft als ihr Sohn, sondern stets vergnügt und fröhlichen Herzens. Fern von aller Prüderie und Steifheit ging es „bei ihr immer den alten Gang fort: gesund, vergnügt, lustig und fröhlich". Der gute Humor blieb ihr allezeit die Hauptsache, sie bewahrte sich ihn selbst während der traurigen Kriegsbedrängnisse, welche Frankfurt zu erleiden hatte, auch da war sie „fröhlich und gutes Muths", „ließ sich über den ganzen Krieg kein grau Haar wachsen", und erhielt sich diese Lebensheiterkeit bis zum letzten Athemzuge.

Doch liebte sie keine Freude, die mit Unruhe, Wirrwarr und Beschwerlichkeit verknüpft war. Die Ruhe war ihr theuer, Ordnung und Ruhe waren, wie sie treffend von sich sagt, Hauptzüge ihres Charakters. Daher „that sie alles gleich frisch von der Hand weg, das Unangenehmste immer zuerst, und verschluckte, nach Wieland's Rath, den Teufel ohne ihn erst lange zu begucken". Daher auch ihre Abneigung gegen alles Beunruhigende und Aufregende, ihre Gleichgültigkeit gegen die politischen Vorgänge und Zeitungsnachrichten, ihre — bei Goethe sich wiederfindende — Scheu vor allen sonstigen heftigen und gewaltsamen Eindrücken. Deshalb pflegte sie beim Miethen ihrer Dienerschaft die Bedingung zu stellen, ihr nichts wiederzuerzählen, was irgend Schreckhaftes, Verdrießliches oder Beunruhigendes, sei es nun im Hause selbst, oder in der Stadt, oder in der Nachbarschaft, vorfalle, sie möge ein für alle mal nichts davon wissen.

Auf diesen Grundlagen entwickelte sich ihr entschiedener, energischer, sich stets gleichbleibender, gerader und aufrichtiger Charakter. Dieser ruhige Gleichmuth und ihr heiteres Temperament halfen ihr über alle Verlegenheiten hinweg. Nur die Sorge konnte sie nicht ertragen, in der Noth aber war sie in Wirklichkeit die That, wie Goethe sie nannte, da wußte sie mit voller Thatkraft und frischem Muthe geschickt anzugreifen und übeln Folgen vorzubeugen.

Diese Eigenschaften bewährte sie in allen ihren Lebensbeziehungen. Zunächst als Gattin. Es ist unbillig, daß man an ihrem Gatten, dem Rath Goethe, immer nur dessen Ernst, seine Trockenheit, Starrheit und knappe Genauigkeit hervorhebt, und es war von Karl August offenbar viel zu weit gegangen, als er am 30. März 1782 an Merck schrieb: „Goethens Vater ist ja nun abgestrichen, und die Mutter kann nun endlich Luft schöpfen. Die bösen Zungen geben Jhnen Schuld, daß Sie wohl gar bei diesem Unglück im Stande wären zu behaupten, daß dieser Abmarsch wohl der einzige gescheite Streich wäre, den der Alte je gemacht hätte." Der Rath Goethe war nicht nur ein Mann von tüchtiger wissenschaftlicher Bildung, ein Kunstkenner und Kunstfreund — was auf den Sohn unverkennbar wesentlichen Einfluß geübt hat —, er war auch, bei allem Ernst, bei aller ängstlichen pedantischen Ordnungsstrenge und einer die Grenzen der Sparsamkeit fast überschreitenden Genauigkeit, ein achtbarer Charakter, ein tüchtiger Mensch, ein braver, sorglicher Gatte und Vater. Frau Rath war ihm, seine Launen und Mängel geduldig tragend und ihre Folgen klug mildernd, allezeit die treue Genossin. Als ihre Enkelin Luise Schlosser sich mit Nicolovius verlobte, rief sie ihr den schönen Segensgruß zu: „Gott segne dich! Sei die treue Gefährtin deines zukünftigen braven Mannes, mache ihm das Leben so froh und glücklich als nur in deinem Vermögen steht, sei eine gute Gattin und deutsche Hausfrau!" Sie selbst war es ihrem Gatten in Wirklichkeit gewesen.

Dieselben Charakterzüge begegnen uns in ihrem Verhalten als Mutter. Mag sie auch in ihrer Nachsicht bei Erziehung der Kinder vielleicht zu weit gegangen sein: sie war es doch, die mit ihrem edeln Geist und Gemüth das Genie des Sohnes weckte und seine Entwickelung förderte, die mit echter Mutterliebe und Mutterstolz für den genialen Sohn von dessen Geburt bis zu ihrem Tode begeistert war, die ihm Mutter, Freundin, Verehrerin in Einer Person gewesen, die all die laute Bewunderung, welche Goethen vom In- und Auslande gespendet ward, mit mütterlichem Hochgefühl, aber auch mit lobenswerther Bescheidenheit nachempfand.

Zugleich stellte sie das Musterbild einer echten deutschen Hausfrau dar, bürgerliche Ehre und guten Namen über alles schätzend, in Ordnungsliebe und sorgsamer Häuslichkeit unablässig thätig. Ihren Dienerinnen war sie eine freundlich milde Herrin, wovon ein Brief von ihr an Friedrich von Stein ein anschauliches Bild gibt. Dafür genoß sie aber auch die unbegrenzte Hingebung und Anhänglichkeit ihrer Bedienung. Eins ihrer Mädchen war Elisabeth Hoch, das „Lieschen". Schon in den Briefen von 1789 wird sie als die Elisabeth erwähnt, die gern den Enkeln wieder gebrannte Mehlsuppen kochen möchte. Lange Jahre stand sie bei der Frau Rath in Dienst und bis zum Tode derselben harrte sie treulich bei ihr aus. Goethen pflegte sie nur „unser junger Herr" zu nennen. Erst nachdem Frau Rath die Augen geschlossen, heirathete ihre treue Dienerin am 6. Febr. 1809 den Instrumenten= schleifer Wolfermann. Sie erlebte noch in hohem Alter die Freude, daß „ihrem jungen Herrn" ein Denkmal in der Vaterstadt gesetzt und ihr bei der Enthüllungsfeier ein Ehrenplatz angewiesen wurde. Auch bewahrte sie werth= volle Zeichen der Erinnerung an Goethe und Frau Rath. Die Brieftasche, welche, als Goethe die Universität Leip= zig bezog, Cornelia ihrem geliebten Bruder gestickt und geschenkt hatte, und zwei Tassen, fürstliche Geschenke an Frau Rath, waren als Andenken an die Goethe'sche Familie in die Hände der treuergebenen Dienerin über= gegangen. Als Riemer seine classischen „Mittheilungen über Goethe" veröffentlicht hatte, empfing er im Novem= ber 1845 von einem dankbaren „Goethe=Enthusiasten" jene Andenken übersandt, mit folgenden brieflichen Notizen: „Ich wohne bei einer alten 84jährigen Frau, die einstens in Diensten bei Goethe's Mutter bis zu deren Tode stand. Daß diese Person in der Goethe'schen Familie bekannt gewesen sein muß, geht daraus hervor, daß sie vor einigen Jahren Besuch von Verwandten Goethe's erhielt. Es ist dieselbe, die unter dem Namen Lieschen mehrmals in den Briefen Bettina's vorkommt, sowie denn überhaupt aus allem hervorgeht, daß sie bei der Frau Rath sehr gut angeschrieben gewesen sein muß. Diese Frau nun war im Besitz dieser Brieftasche und zweier Tassen, von denen die eine, ein Prachtstück, ein Geschenk des Königs von Preußen an Goethe's Mutter. Ich zweifle durchaus nicht an der Echtheit dieser Gegenstände, da die alte Frau eine höchst glaubwürdige Person ist, zugleich aber auch zu ungebildet, um den Werth solcher Reliquien gehörig würdigen zu können, mithin keiner Mystification zugeneigt. Oft schon hatte ich nun diese Frau um die drei Gegenstände angebettelt, immer aber vertröstete sie mich, ich solle warten bis sie gestorben sei, dann solle ich sie als Andenken erhalten. Dieser Tage aber, da ich sie in sehr guter Laune fand, drang ich heftiger in sie, und es gelang mir, diese Reliquien wirklich zu erhalten." Schon ein halbes Jahr später, am 7. April 1846, starb Lieschen in ihrem 87. Jahre. Die Brieftasche und die Tassen sind später in den Besitz des Herausgebers dieser Blätter gelangt.

Wie Frau Rath in Haus und Küche, Stuben und Kammern waltete, wie sie dort z. B. im Jahre 1774 in der Hoffnung auf baldige Vermählung ihres Sohnes die Einrichtung eines zweiten Haushalts vorbereitete, die Leinwand musterte, ja von dem Dichter einmal überrascht wurde, als sie in einer Bodenkammer die alten Wiegen betrachtete: so war nicht minder der Keller und er ganz besonders ein Gegenstand ihrer fortwährenden Fürsorge. Dort lagerten die alten Herren von 1706, 1719, 1726, 1748. Wie oft stieg Frau Rath die (noch jetzt erhaltene) dunkle Treppe hinab, um für die Grafen Stolberg oder andere Freunde des berühmten Doctor Goethe das „Tyrannenblut" heraufzuholen! Diese gaben ihr den Namen „Frau Aja", und wie immer ging sie auch hier auf die Ideen der Jugend fröhlich ein, sie acceptirte den Namen, unterschrieb sich selbst in ihren Briefen bisweilen „Frau Aja", und liebte es, von der Herzogin Anna Amalie, von Wieland und andern Freunden auch brieflich mit ihrem Scherznamen angeredet zu werden.

Stets gastfrei war das Goethe'sche Haus in Frankfurt, so gastfrei wie später das Dichterhaus in Weimar, und wohl konnte Frau Rath sich rühmen, „daß noch keine Menschenseele mißvergnügt von ihr weggegangen, weß Standes, Alters und Geschlechts sie auch gewesen". Mochte sie ihre „Samstagsmädel" um sich haben, mochte sie ihr jährliches „Festin" feiern, oder nur einen kleinen Kreis vertrautester Freunde oder Freundinnen am runden Tische bewirthen, immer schufen unter der Leitung der lebensheitern, gesprächigen, von Humor und Witz sprudelnden Frau köstlicher Wein, Gesang, Musik und lebhafte geistige Unterhaltung die behaglichste, jovialste Stimmung. Wenn sie ihr Leiblied, das Lied ihres Sohnes vom König und seinem Floh: „Es war einmal ein König u. s. w." vorsang, forderte sie die Zuhörer am Schluß jeder Strophe auf, den „Chorus" zu machen, und wenn ihre Gäste „fröhlich und guter Dinge waren", wenn es so recht „in dulci jubilo" zuging, da war es für Frau Rath „ein Hauptspaß", „ein herzliches Gaudium".

Allen, die ihr befreundet und vertraut geworden waren,

war und blieb sie treue Freundin, bieder und gut und vor allem wahr und aufrichtig. Leere Redensarten waren ihr ebenso unmöglich als Verstellung. Immer zu Vermittelung bereit, immer hülfreich mit Rath und That, war sie zugleich verschwiegen, vorsichtig und zuverlässig. Gern nahmen daher auch ihre entfernten Freunde ihre Gefälligkeit zur Besorgung von Wein, von Trauben, von Geldgeschäften u. dgl. m. in Anspruch, und Herzog Karl August ertheilte ihr noch ernstere, discretere Commissionen. Wohin sie auch außer dem Hause kam, in Familien und Gesellschaften, überall entsprang Leben und Freude. Schon ihr immer freundliches Gesicht „vergnügte die Leute", sie war gern lustig und machte gern lustig, und mit ihrem ewig frischen Humor stimmte sie, wo immer sie erschien, alles zur Freude. Solch „großes Vergnügen" anderer war für sie selbst ein „Gaudium und Pläsir".

Musik und Theater waren ihre „Steckenpferde" bis in das Greisenalter. „Den ganzen Winter Schauspiel! Da wird gegeigt, da wird trompetet — ha! den Teufel möchte ich sehen, der Courage hätte, einen mit schwarzem Blut zu incommodiren!" Und natürlich waren es besonders die Dramen ihres Sohnes, welche sie in Begeisterung setzten. „Da geht ganz Frankfurt hinein, alle Logen sind schon bestellt, das ist für so eine Reichsstadt allemal ein großer Spaß." Ja sie betheiligte sich in engerm Kreise selbst an der Lektüre Goethe'scher Dramen mit vertheilten Rollen und schickte noch im Jahre 1804 ihrem Sohne solch ein Rollenverzeichniß vom „Tasso", wobei sie den Antonio gesprochen. Auch hier stoßen wir sonach wieder auf verwandte Neigungen und Talente von Mutter und Sohn.

Aber fassen wir auch alle die bisher hervorgehobenen einzelnen Züge zusammen, zum wahren und treffenden Bilde der Frau Rath fehlen noch ihre originellen Eigenheiten oder Sonderbarkeiten in Anschauung, Haltung und Sprache. Man darf nicht vergessen, daß sie im schönen rebenumkränzten Rhein- und Mainland, in Frankfurt, der altberühmten stolzen Reichsstadt geboren war, sie, die Tochter von Frankfurts erstem Bürger. In allem „den alten Gebräuchen gut", blieb sie bis zum Tode Rheinländerin, blieb sie Frankfurterin mit den provinziellen Eigenthümlichkeiten. Nicht allein daß sie beständig im frankfurter Dialekt sprach, sie war mit der geliebten Vaterstadt ganz eigentlich und so sehr zusammengewachsen, daß sie trotz wiederholten bringenden Einladungen und bei aller Sehnsucht nach dem theuern Sohne sich doch nie zu einer Reise nach Weimar entschließen konnte. Bei ihrem lebhaften Temperament, das sie, wie wir aus den Briefen an Crespel und an Unzelmann ersehen, mitunter auch rasch aufbrausen und in volle Leidenschaft gerathen ließ, bei ihrem entschiedenen, aufrichtigen Charakter und gesundem Humor konnte es der Frankfurterin wohl passiren, daß in ihre Briefe plötzlich ein „Potz Fischen", ein „Potz Fickerment", ein „lirum larum", ein „ehrlicher Kerl" oder ein anderer derber Ausdruck, wol gar ein kräftiges Schimpfwort miteinfloß. Sie gab sich eben auch hier wie sie war, natürlich und geradezu, und die ganze Färbung ihres Stils und Ausdrucks ist die Frankfurts und der Rheinlande. Es läßt sich behaupten: zwischen jeder Zeile rauscht der Main, über jeden Satz schauen Rebenhügel herüber.

Dies war die echte Frau Rath, dies war sie in unverwüstlicher Lebensfrische noch im hohen Greisenalter;

und so begreift man die begeisterte Bemerkung, die jemand unter einen Brief der zweiundsiebenzigjährigen Matrone schrieb: „So hätte Gott alle Menschen erschaffen sollen!"

Die anschaulichste Schilderung vom Wesen der Frau Rath in ihrem glücklichen heitern Greisenalter verdanken wir dem Gatten ihrer Enkelin Luise, Nicolovius. In Veranlassung des Todes seines Schwiegervaters Schlosser war er mit seiner Familie im Jahr 1800 nach Frankfurt gereist und schrieb von dort über die Frau Rath: „Die Großmutter, deren reicher Lebensquell mir ein wahres Labsal ist, hat uns einen kleinen Familienschmaus und gestern, was bei ihr unerhört ist, ein größeres Diner gegeben, wo edler Niersteiner duftete. Ihre Manier, ihr sehr entschiedener Charakter in der Gesellschaft, ihre Sonderbarkeit, ihr aufbrausender Lebensstrom, alles reißt hin und gestattet nicht Muße noch Kälte zum Urtheilen. Wir können ihre Freundlichkeit nicht genug preisen. Ihr Alter ist weder an ihrem Geist noch an ihrem Körper merklich. Möchte ihr Lieblingsspruch «Erfahrung macht Hoffnung» auch der unserige werden. Wo sie erscheint, entspringt Leben und Freude. Sie nimmt uns, zu aller Erstaunen, selbst brillant auf, und vorgestern, als unser kleiner Eduard bei ihr in der Loge war und mit unersättlichem Interesse das Schauspiel verschlang, wurde sie so urgroßmütterlich stolz, daß sie rechts und links den Urenkel auspofaunte, und ich wette, daß jetzt wenig Menschen von Namen mehr in der Stadt sind, die nicht Eduard's Lob aus ihrem Munde angehört haben und wissen, wie der Kleine «von ihr Leidenschaft fürs Theater im Blut habe»."
— Sehr richtig nennt Nicolovius „das Haupt seiner

großen Familie, die Urgroßmutter Goethe, das lebendigste, herzvollste Mitglied derselben."

Wohl kamen die Beschwerden des Alters, aber die Frau Rath trug sie mit Tapferkeit und Lebensfreudigkeit. Nach Falk's Mittheilung sagte sie zu einer Freundin, die sie besuchte, auf deren Frage nach ihrem Befinden: „Gottlob, nun bin ich wieder mit mir zufrieden und kann mich auf einige Wochen hinaus leiden. Zeither bin ich völlig unleidlich gewesen und habe mich wider den lieben Gott gewehrt wie ein klein Kind, das nimmer weiß, was an der Zeit ist. Gestern aber konnt' ich es nicht länger mit mir ansehen; da hab' ich mich selbst recht ausgescholten und zu mir gesagt: Ei, schäm dich, alte Räthin! Hast guter Tage genug gehabt in der Welt und den Wolfgang dazu, mußt, wenn die bösen kommen, nun auch fürlieb nehmen und kein so übel Gesicht machen! Was soll das mit dir vorstellen, daß du so ungedulig und garstig bist, wenn der liebe Gott dir ein Kreuz auflegt? Willst du denn immer auf Rosen gehen und bist übers Ziel, bist über siebzig Jahre hinaus! Schauen's, so hab' ich zu mir selbst gesagt, und gleich ist ein Nachlaß gekommen und ist besser geworden, weil ich selbst nicht mehr so garstig war."

Mit dem ihr eigenthümlichen Talent zu leben genoß sie in bewunderungswürdiger Heiterkeit die letzten Lebensjahre. Jeder neue Triumph ihres geliebten Sohnes, jede neue Anerkennung, die sein Genie im Inland oder Ausland fand, wurde ihr ein neuer Lichtstrahl, eine neue Verklärung ihres Daseins. Mit dieser Herzensheiterkeit und ihrem festen Gottvertrauen sah sie dem Tode getrost entgegen, ja sie ordnete — wie Goethe seinem Freunde

Zelter mittheilt — als sie ihren Tod selbst ankündigte, ihr Leichenbegängniß so pünktlich an, daß die Weinsorte und die Größe der Brezeln, womit die Begleiter erquickt werden sollten, genau bestimmt war. Mit dieser heitern Fassung und Seelenruhe schloß sie am 13. September 1808 die Augen.

Möge ihr Briefwechsel das wahre Bild des harmonisch-schönen, reichen Lebens und Wesens der edelsten Dichtermutter, der echt deutschen Frau entrollen; möge er, von ihr selbst geschrieben, die Aristeia sein, welche ihr genialer Sohn in kindlicher Liebe und Dankbarkeit einst zu schreiben gedachte!

Briefwechsel.

1.

* **von Kalb**[1] **an Goethe's Aeltern.**

Weimar am 16. Merz 1776.

Bis diesen Augenblick habe ich angestanden Ihnen meine Liebsten Eltern über einen Gegenstand zu schreiben in dem sich alle meine Wünsche vereinigen.

Die wechselseitige Neigung des Herzogs gegen Ihren vortreflichen Sohn, das ohnumschränkte Vertrauen so er in ihm setzt, macht es beyden ohnmöglich sich von einander zu trennen.[2]

Nie würde Er darauf verfallen seyn meinen Göthe eine andere Stelle einem andern Charackter alß denn von Seinem Freunde anzutragen, der Herzog weiß zu gut, daß alle andere unter seinem Werthe sind, wenn nicht die hergebrachte Formen solches nöthig machten.

---

[1] Kammerjunker von Kalb, der Goethen von Frankfurt nach Weimar abgeholt hatte. Riemer's Datirung (Mittheilungen über Goethe II., S. 25) ist richtig, unrichtig dagegen das von Dünzer (Frauenbilder aus Goethe's Jugendzeit, S. 460) angenommene Datum vom 16. Mai.

[2] „Göthe kommt nicht wieder von hier los; Karl August kann nicht mehr ohne ihn schwimmen, noch waten", schreibt Wieland am 26. Jan. 1776 an Merck (Wagner, Briefe an Merck, S. 88).

Mit Beybehaltung Seiner gänzlichen Freyheit der Freyheit Urlaub zu nehmen, die Dienste ganz zu verlassen wann Er will, wird unser junger edler Fürst in der Voraussetzung daß Sie unfähig sind Ihre Einwilligung dazu zu versagen, Ihren Sohn unter dem Titel eines Geheimden Legations Raths und mit einem Gehalt von 1200 rthlr. in Sein Ministerium ziehen.

Stellen Sie die Sie mein Herz kennen in welchem meine Freundschafft zu Ihren treflichen Sohne zur Leidenschafft geworden, die Glückseligkeit vor in Zukunfft mein Schicksal mit dem Seinigen vereinigt zu sehen!

Wenn etwas solche hat erhohen können so ist's dadurch geschehen daß mich daß Schicksal zur Mittels Person bey diesen allen von Anfang an bis zur Entwickelung ausersehen gehabt.

Wie gern werden Sie nicht Ihren Sohn, Ihren ältesten Sohn, bey seinem Bruder wissen, einen Theil des Vergnügens Ihm mehr um Sich zu haben aufopfern, wenn Sie daran dencken, von wie viel Tausenden die Glückseligkeit durch diese Aufopferung erhalten wird.

Ihr jüngster Sohn verkennt Seine Eltern nicht so sehr, um nur einen Augenblick zu zweifeln, daß diese Betrachtung alle Selbst Gefühle bei Ihnen überwieget, und mehr alß alle andern Rücksichten Ihre Einwilligung zu einem Schritte vergewissert, der in den Edelsten Zwecken, und auf die edelste Art geschiehet. Nehmen Sie hingegen von Ihren Söhnen die Versicherung an, machen Sie es ihnen zur süßen Pflicht, Sie zu besuchen, die glücklichsten Stunden ihres Lebens bey Ihnen zuzubringen. Gern unternähm ich Ihnen die Verhältnisse meines Bruders zu bezeichnen, wenn ich mich dazu ver=

mögend fühlte. Dencken Sie Sich Ihn alß den vertrau=
testen Freund unsers lieben Herzogs ohne welchen er
keinen Tag existiren kann, von allen prafen Jungen bis
zur Schwermerey geliebt, alles was wieder uns war
vernichtet[1], und Sie werden Sich noch immer zu wenig
dencken.

Machen Sie ich beschwöre Sie darum, daß Glück
Ihrer Söhne dadurch vollkommen, daß Sie Ihren Hand=
lungen Ihren Beyfall geben.

Wieland und mein Vater nehmen an allen den wärmsten
Antheil, und haben mir aufgetragen Sie davon, und
von ihrer treuen Freundschafft zu versichern. Noch einige
Wochen bleibt diese Sache Geheimniß.

---

[1] Daß Goethe während seiner ersten Zeit in Weimar von vielen
Seiten angefeindet wurde, ist bekannt und bricht aus allen da=
maligen brieflichen Nachrichten hervor. Ein unglaublicher aristo=
kratischer Haß gegen ihn war im Schwange, welchen Karl August
mit der actlichen Erklärung abfertigte: „Ich werde nie einen Platz,
welcher in so genauer Verbindung mit mir, mit dem Wohl und
Wehe meiner gesammten Unterthanen steht, nach Anciennität, ich
werde ihn immer nur nach Vertrauen geben. Das Urtheil der
Welt, welches vielleicht mißbilligt, daß ich den Dr. Goethe in
mein wichtigstes Collegium setze, ohne daß er zuvor Amtmann,
Professor, Kammerrath oder Regierungsrath war, ändert gar
nichts. Die Welt urtheilt nach Vorurtheilen; ich aber sorge und
arbeite, wie jeder andere, der seine Pflicht thun will, nicht um
des Ruhmes, nicht um des Beifalls der Welt willen, sondern um
mich vor Gott und meinem eigenen Gewissen rechtfertigen zu kön=
nen." Es war der Minister J. F. Freiherr von Fritsch, der gegen
Goethe's Anstellung 1776 Vorstellungen erhob und jene Erklärung
Karl August's provocirte.

Schreiben Sie mir bald bester Vater über eine Sache, die mich so ganz anfüllt, und seyn Sie versichert daß ich bis an das Ende meines Lebens seyn werde, meine lieben Eltern,

Ihr
treuer Sohn.
Kalb.

N. S.
Der Kasten mit der Wäsche und denen Manschetten ist richtig ankommen.

Kalb.

2.

Goethe's Mutter an Klinger[1] nach Gießen.

26. Mai 1776.

(Riemer, Mittheilungen über Goethe, Bd. II, S. 27).

Der Doctor ist vergnügt und wohl in seinem Weimar, hat gleich vor der Stadt einen herrlichen Garten, welcher dem Herzog gehört, bezogen. Lenz hat denselben poetisch beschrieben und mir zum Durchlesen zugeschickt. Der Poet sitzt auch dort, als wenn er angenagelt wäre. Weimar muß vors Wiedergehen ein gefährlicher Ort seyn, Alles bleibt dort. Nun, wenn's dem Völklein wohl ist, so gesegne's ihnen Gott.

---

[1] Goethe's Jugendfreund (im Nebengebäude des Goethehauses geboren) war damals Studiosus in Gießen.

3.

Klinger an Kayser[1] nach Zürich.

Gießen, 2. Pfingsttag (27. Mai 1776).

Brav Bruder! das Du gleich wieder schriebst. Ich hab die Tage über so ganz in meiner Welt und den gesammelten Lieben die sich um mich stellen gelebt und Dein Brief stimmte mich vollends gut. Wann es aus dem Herzen so der Hand naus geschwind gieng und wie ich wollte, würd ich Dir tausend Dinge mehr schreiben. Aber es hält mir würcklich hart bis ich die Feder nehmen kann, wenn ich so denck daß das all nichts ist, und daß ich den Buchstaben nicht Geist, nicht Herz einhauchen kann, daß sie vor Dir hell brennten. Ich schäme mich deshalb und mach mir oft Vorwürfe, daß Du so alles an mir thust und mir liebes und gutes schreibst und ich doch so mangel an Erkenntlichkeit. Die Welten Schatz in denen ich so oft leb und die ich ganz machen muß daß sie mich schlafen lassen, und meine Trägheit auf der andern Seite — das ist das garstige. Du ganz guter, rechtest nicht mit mir — ach und Du thust wohl wenn

---

[1] Philipp Christoph Kayser, Goethe's Freund, damals Musiklehrer in Zürich.

Du nur denckst was vor Leidenschaften auf und absteigen in diesem wilden Herzen und wie's so oft wirbelt in denen wirren Sinnen — die Poesie ist warlich eine Wohlthat für mich und große Entschädigung, daß ich all das hinschmeißen kann. und so gut!

Ich denck das Paquet mit Arria ist an Dich gelangt, eh Du das kriegst. Und sieh ich Esel, ich Esel! legte keine Zeile bey. Da trabte mein Roß Grisaldo vor meinen Augen! o weh!

Schatz und bin ich nicht auch ohne Dich und ihn! Eben so weit, ebenso hoffnungslos und nicht absehend wies werde. Gestern schrieb mir Goethe's liebe Mutter, von welcher ich manchmal noch was von Goethe erfahr, und ich kann nicht lassen Dir in wenigen Zeilen zu sagen, was das Weib schreibt. Hier ihre eigenen Worte! ich denck es hat Eindruck auf Dich aufs neue, so viel 100 mal Du's auch magst gehört haben. Nur ein Stückchen des Briefs!

„Der Doctor ist vergnügt und wohl in seinem Weimar, hat gleich vor der Stadt einen herrlichen Garten, welcher dem Herzog gehört, bezogen. Lenz hat denselbigen poetisch beschrieben und mir zum Durchlesen zugeschickt. Der Poet sitzt auch dort, als wenn er angenagelt wäre. Weimar muß vors Wiedergehn ein gefährlicher Ort seyn, alles bleibt dort. Nun wenn's dem Völklein wohl ist, so gesegnes ihnen Gott. — Nun lieber Freund, leben Sie wohl, so wohl sichs in Gießen leben läßt. Ich meine immer das wäre vor Euch Dichter eine Kleinigkeit, auch die schlechtesten Orte zu idealisiren. Könnt ihr aus nichts etwas machen, so müßt es doch mit dem sey bey uns zugehen, wenn aus Gießen nicht eine Feen

Stadt zu machen wäre. Darinnen habe ich zum wenigsten eine große Stärke. Jammer Schade! daß ich keine Dramata schreibe, da sollte die Welt ihren blauen Wunder sehn, aber in Prosa müßte es seyn, von Versen bin ich keine Liebhaberin, das hat freylich seine Ursachen. Der politische Kannengießer hatte den nehmlichen Haß gegen die lateinische Sprache. Grüßen Sie Schleierm(acher) von uns und sagen Ihm, er würde künftige Messe Ihnen doch nicht allein hieher reisen lassen, und dann versteht sich das andre von selbst daß wir Ihn und Sie bey uns sehen, manch Stündchen vergnügt verschwatzen, allerley schöne Geschichten erzählen u. s. w."

— Ich laß noch vieles aus, was meine Autorschaft betrifft u. d. Ich dacht' ich würde Dir einen Gefallen mit thun und Du wirsts geheim halten. Du glaubst nicht was das für ein Weib ist und was ich an ihr hab. Wie manche Stunde habe ich vertraut bey ihr auf den Stuhl genagelt zugebracht und Mährchen gehört. — ich kann Dir darüber nicht schreiben. — Ich muß Dir doch auch von mir reden. Meine Finanzen stehen jetzt dumm. Ich bleib höchstens noch 16 Wochen hier und dann absolvir ich meine Studia. So nennen sies denn wenn man die Wissenschaft nun aufgeladen hat und hingeht Geld für saure Müh' und Schweiß einzuärndten. Ich weiß nicht wie das mit mir steht, ich laß mein Gewissen schweigen. Ich schrieb das gestern an Goethe und sagte ferner: Meine Absolution wäre nun hier bald zu Ende. In was für einem Menstruo ich nun ferner solte salvirt werden wüßte ich nicht. Ob die Ingredienzien bitter, sauer, herb, salzigt, süß oder angenehm wären, wollt' ich erwarten. Wenigstens sollten sie mich in Franckf. nicht in Tiegel kriegen. Und das schwör ich Dir auch. Ich hoff es soll in W. geschehen, doch kann ich noch nichts Zuverläßiges sagen. Ich laß das all werden vom wilden Ungefähr, und baue an mir fort und dreist hinauf die Sonne an, Sturz oder Gipfel. Ach lieber! wenn du einmal mich jetzt sehn solltest! und ich Dich! Ich kann Dir nicht zeigen, wie ich so ganz anders worden bin an Körper und Geist, durch Leibes Uebungen gestärkt, und alles einen sichern Umriß hat — und all meine Stärcke gewiß ist. Ich bin im Fechten stark geworden, und ärgre mich oft daß Du nicht diese Dinge, die so große Wirkung auf uns junge Kerls machen, treiben kannst. Wie einem dieß viele Stunden werth macht. Es hat mich demohngeachtet nicht viel gekostet. Ernst lernt alles mit und wir fechten mit dem Fechtmeister noch täglich. Wenn man so seinen Degen zu führen weiß und seine Pistol und Gewähr, und sein Roß gouverniren 2c. ja was will das — ich wollte ich wär bey Dir einmal und ewig. Ich hoff daß das in W. geschehen soll, wenns an einem Orte in der Welt geschieht. Treib selbst darauf bis ich dort bin. Aus Lenzens Worten schließ ich viel. Ich muß mich ganz passiv verhalten und das kann ich mit meinem Glauben an Goethe und mich. Daß ich dir jüngst soviel Dreck schrieb, davor konnte ich weiter nichts — man wird manchmal so vom Aerger über die Hummeln die an der Blumen Natur sich versündigen, hingerissen, daß man wild hinfährt·und dann nichts als Reue überbleibt. Ich verdenk Dir deine Wirthschaft weiter auch nicht mit den Leuten, nur Lieber muß ich Dich warnen was nöthig ist. Dein Herz ist viel zu lieb und ahndet nichts übel von Leuten die einen doch nur mißbrauchen.

Ich weiß nicht, ich geb überhaupt nicht viel vor den Menschen, und solche Leute robiren einen immermehr. Das sey das letzte Wort. Meinst Du denn nicht, daß Du vor mir begrieffen stehst in all Deinem Werth, Deinen Nüancen, in den Dingen wo Du von uns abgehst und mußt. Das laß Dir immer gesagt seyn. Wirst Du mir die Dinge schicken, die Du von Lenzen herausgeben hast? — Lenz als Strephon wird Dich freuen   Die Freunde machen den Philosophen. Hast Du's gelesen?

„Gewisse andre Kerls, wenn sie sich nur mahlten, wie sie sind, es wär noch besser mit ihnen." Erklär mir!

Lenzens Schrift unterschreib ich. Ich bin Wieland längst gut und müßte ein Schurke seyn, da er Goethen so liebt.

Für Lotte dank ich Dir recht sehr. Ich wünschte einmal die Physiognomie zu sehen. Glaubst Du daß ich noch keine Zeilen gelesen hab davon und doch den großen Glauben an das Ding überhaupt hab? Schatz kann ich dafür, wenn ich das Zeug nicht schaffen konnt das Du wolltest, und würd' ich nicht alles thun Dich zu befriedigen. Hat Dir Riese das Geld fürs S. de la Nature geschickt? Meinen Leuten gehts wie immer arm und hinderlich.

Dieser Brief kann Mitwochs erst gehen, weil dann die Post geht. Dann vielleicht noch was.

29. May.

Hab eine Wahlfarth mit E. nach Wezlar gethan und bin wieder hier. Ich wollte du hättest das Bild dieser

Gegenden mitgenommen und so[1] Lottens Vater, Geschwister und Freunde. Es ist gut da und ich bin gut. Ade! und meld mir vieles! Hat dir Lenz weiter nichts von mir geschrieben.

K.

---

[1] Unleserlich.

4.

Klinger an Kayser nach Zürich.

Mitwoch, Weimar (26. Juni 1776).

Lieber Bruder! Hier bin ich seit zwey Tagen unter den großen Himmels Göttern und kann Dir fast nicht reden, so reich, so arm, so voll, so leer bin ich an Worten und Gefühl. Ich packte auf einmal zusammen und machte mich fort und bin jetzt hier gehalten. Was soll ich Dir sagen, von Goethe, von Wieland? Am Montag kam ich hier an — lag an Goethes Hals und er umfaßte mich mit inniger, mit aller Liebe. Närrischer Junge! und kriegte Küsse von ihm. Toller Junge! und immer mehr Liebe. Denn er wußte kein Wort von meinem Kommen, so kannst Du denken wie ich ihn überraschte. O was von Goethe ist zu sagen! ich wollte eher Sonne und Meer verschlingen! Gestern brachte ich den ganzen Tag mit Wielanden zu. Er ist der größte Mensch den ich nach Goethe gesehen habe, den Du nie immaginiren kannst als von Angesicht zu Angesicht. Größe, Liebe, Güte, Bescheidenheit — Steinige den Kerl, der ihn verkennt wenn er ihn gesehen, an seiner Brust gelegen hat, seinen Geist umfaßte und ihn begrif. Hier sind die Götter! Hier ist der Sitz des Großen! —

Auch hab ich einen großen Menschen am Präsidenten von Kalb gefunden. Lenz wohnt unter mir und ist in ewiger Dämmerung. Der Herzog ist vortrefflich und wird ihn bald sehen. Glaub von allem nichts was über das Leben hier geredet wird, es ist kein wahres Wort daran.

Es geht alles den großen simplen Gang und Goethe ist so groß in seinem politischen Leben, daß wirs nicht begreifen — und Wieland! glaub nicht daß ich überspannt bin — ich häng an dem Menschen so stark daß ich's nie möglich hielt an einem Menschen so zu hängen. Er will mich nicht mehr fortlassen. Weiß viel von Dir und liebt dich. — Laß Dich von nichts drücken und quälen — sie werden mich hier ruhig machen. Wo ich hinseh ist Heilbalsam für meinen Geist und Herz — Adieu.

Kl.

Entschuldige mich doch guter Kaiser bey unserm theuren Lavater, von dem ich durch Ehrmann viel erfreuliches gehört, daß ich in einer Seelenlage bin, in der ihm lange nichts werde schreiben können, wo michs aber immer stärken und aufmuntern wird, von andern gute Nachrichten von seinem Befinden zu hören. Ich danke ihm tausendmal für alle Proben seiner Güte gegen mich, die sichtbaren und unsichtbaren, bitte nochmals sobald es möglich seyn wird um das ihm bewußte Päckgen, dessen Adresse er nur an Goethen macht (weil ich aufs Land gehe) und mir zur Stärkung ein Paar Worte von sich und seinem Befinden beylegt   Und behalt auch Du mich lieb.

L. (Lenz).

5.

* Wieland an Merck.

Weimar, den fünften Julii 1776.

Daß ich soviel Geduld — wie Sies nennen, mit Ihnen habe, bester Merck, hat seine guten Ursachen. Z. ex. daß ich prätendire, Sie nun so gut zu kennen, und so herzlich zu lieben als Göthe selbst, der einzige vielleicht, der Sie ehbevor kannte und liebte; daß Sie (außer Ihm, dem Mann nach meinem Herzen) ungefehr der einzige Mann sind, mit dem ich leben möchte' — daß ich Sie also ungern schinde und plage. Indessen aber, da Ihnen Gott nun einmal das herrliche Pfund fürs Recensiren gegeben hat, da ein Mann doch auch nicht bloß für seinen Milchtopf und seine Kohlsträuche leben soll 2c. 2c. 2c. und da wir nun einander einmal auf diese Bedingung zur Eh genommen haben, so füge Ew. Lbden hiermit zu wissen an, daß: „pro Mense Julio, folglich binnen 16 Tagen a dato der Belphegor, ein neuer bifrontischer Roman des Freund Wezels (der ein sehr garstiges und ein sehr hübsches Gesicht hat, viel Schiefes, verdammtes Zeug, die dümmste Composition von der Welt, und doch allenthalben einen Urheber zeigt, der was sehr gutes machen könnte, wenn er entweder mehr Liebe oder mehr Haß hätte ꝛc.) daß, sagen Wir, wohlbesagter Belphegor, binnen anberaumbter Frist, ohne Widerrede noch Ausflüchte und Behelfe, als welche Wir samt und sonders hiemit für ungültig erklären, recensirt, und zwar so meisterlich und großherrlich, wie nur Ew. Lbden, wenns Ihnen ein rechter Ernst, recensiren können, recensirt werden soll und muß. (Andreas Briefe über d. Schweiz schick ich Ihnen mit dem Mercur künftigen Montag. Die könnten mit gehen, wenn's seyn kan).

Dafür versprech ich Ihnen auch, daß ich allen Ihren Ermahnungen, Avisen, Warnungen ꝛc. den Merkur betreffend, getreul. folgen will. Sie sollen die Effecte schon im Junio und noch mehr in den folgenden Monaten sehen. Fahren Sie nur fort, liebster Herr und Freund, mir von Zeit zu Zeit ins Ohr zu raunen, was die Leute vom Merkur sagen, was dies und jenes für Sensation macht ꝛc. ꝛc. Bald werden auch die Abderiten wieder zum Vorschein kommen. Jedermann ist, wie ich höre, begierig darnach, sonderl. die Abderiten selbst.

Göthen hab ich wieder ein paar Tage herrl. genossen; aber seit den lezten 3 Tagen nur 1. mal flüchtig gesehen. Er hat mich in voriger Woche en profil (auf seinem Garten) gezeichnet — In Größe eines nicht gar kleinen Mignaturbildes. Alles was halbweg Menschenaugen hat, sagt, es sehe mir ungemein gleich. Mir kömts auch so vor. Noch kein Maler von Profess. hat mich nur leidlich getroffen. Der Hauptumstand ist, daß es **Göthe** und **con amore** gemacht hat. Er ist aber doch noch nicht zufrieden, wills noch einmal machen. Jenes oder das

Zweyte das er machen will, soll Chodowieky rabiren, nicht wahr?

Wegen Göthen bitt ich Sie ewig ruhig zu seyn. Das Schicksal hat ihn in affection genommen; es ist Caesar und sein Glück; und Ihr werdet sehen, daß er sogar in diesen Hafen der Zeit worin wir leben, große Dinge thun und eine glänzende Rolle spielen wird. Laßt die schäbichten Kerls schwazen. Graf Görz rüstet sich nun auch, in eure Gegenden und nach Maynz und Mannheim zu gehen, und dort alles gegen Göthen und mich aufzuwigeln. Der Elende! — Nichts weiter von dem Geschmeiß. Kommt nur einmal und seht selbst wie wir's treiben. Es gereut euch gewiß nicht.

Nächstens geht Göthe mit dem Herzog auf 14. Tag oder 3 Wochen nach Ilmenau. Das erste was er izt zu thun hat, ist sehen. Bis man 1777 zählt, wird ihm vom detail unsrer Sachen wenig mehr fehlen (denn er ist dahinter wie ein Feind) und dann laßt die Kerlchens kommen! Er hat bey all seiner anscheinenden und würcklichen Naturwildheit, im kleinen Finger mehr Conduite und Savoir - faire als alle Hofschranzen, Bonifaz Schleichers, und Politischen Kreuzspinnen zusammengenommen, in Leib und Seele. So lang C. A. lebt, richten die Pforten der Hölle nichts gegen ihn aus: und fehlte uns der, so sind wir noch da, und die Welt ist weit.

Lenz ist seit 8 Tagen in Eremum gegangen, wo er vermuthl. Heuschrecken und Wildfang frißt, und entweder ein neues Drama, oder ein Project die Welt zu bessern macht, das seit geraumer Zeit seine marotte ist.

Klinger ist auch gekommen, leider! Er ist ein guter

Kerl, ennuyirt uns aber herzl. und drückt Göthen. Was ist mit solchen Leuten anzufangen?

Vergessen Sie mir ja den Mahler Müller nicht!

Für Wein wollen wir Ihnen schon Absaz verschaffen. Leben Sie wohl — und rezensiren Sie, rezensiren Sie für alle T..l!

6.

Die Frau Rath an den dänischen Consulatssecretär Schönborn in Algier.[1]

Nachschrift zum Briefe von Rath Goethe an Schönborn,
d. d. Frankfurt, 24. Juli 1776.
(Aus A. Nicolovius Ueber Goethe, 1. Thl. S. 439).

Lieber bester Freund! Sie müssen doch auch ein Wörtgen Von mir hören, doch auch erfahren daß ich noch lebe, oft oft an Ihnen denke, immer gern wissen mögte Was unser Freund Schönborn in Alschier betribe u. d. m. Sie erinnern Sich doch, daß beynahe drei Jahr Verfloßen sind, da wir so Vergnügt beysammen Waren und Weintrauben assen. Ich dächte Sie wären lang genug in der Barbarey gewesen, hätten lang genung Verschleierte Menschen gesehen; mein Rath, den Ihnen mein Freundschaftliches Herz gibt, ist also der, kommen Sie bald Wieder zu uns. Es war vor mich jederzeit eine Wolust, große Menschen um und bey mir zu haben, aber in meiner jetzigen Lage (da meine Beyden Kinder weit

---

[1] Gottlob Friedrich Ernst Schönborn, der bekannte Dichter, Freund Klopstock's, der Grafen Stolberg und des Goethe'schen Hauses, später lange Jahre in London, dann in Hamburg.

weit von mir entfernt sind) ists Himmel Freude. Folgen Sie mir und kommen je ehender je besser, es soll Ihnen wohl thun, was wollen wir einander erzählen, vor langer Weile dürfen wir uns nicht fürchten, ich besitze einen Schatz von Anectoten, Geschichten u. s. w. daß ich mich anheischig mache, 8 Tage in einem fort zu plaudern, und wenn Sie nun gar anfangen werden — — von Seen und Meeren, Städten und Dörffern, Menschen und Mißgeburten, Elevanten und Schlangen. Das soll ein Gaudium werden. Leben Sie wohl. Dieses wünscht Ihre gantz eigne Freundin

C. E. Goethe.

Antworten Sie uns doch ja bald, damit wir erfahren ob die 4 piesen glücklich in Ihre Hände gekommen sind.[1]

---

[1] An demselben Tag schrieb die Frau Rath an Salzmann, den alten strasburger Freund ihres Sohnes: „Wir hörten gestern sehr viel Schönes und Gutes von unserm Sohne. Ich bin überzeugt, Sie freuen sich unserer Freuden, Sie, ein so alter Freund und Bekannter vom Doctor; nehmen allen Antheil an seinem Glück, können als Menschenfreund fühlen, wenn der Psalmist sagt: «Wohl dem, der Freude an seinen Kindern erlebt!» wie wohl das den Eltern thun muß. Gott regiere ihn ferner und lasse ihn in den Weimarischen Landen viel Gutes stiften! Ich bin überzeugt, Sie sagen mit uns Amen."
(Morgenblatt, 1838, Nr. 38).

7

Wieland an Frau Rath.

Vom 31. December 1776.[1]

Liebe Mutter Aja, es hat mir große Freude gemacht wieder e'mal ein Brieflein von eurer lieben Hand zu kriegen. Bruder Merlin[2] der Zauberer, oder sein getreuer Schildknapp und Geheimschreiber[3] wird Euch unterdessen selbst gemeldet haben, wie es ihm geht. Sie sind alle wohlbehalten, und an Seel und Leib gebessert, denk ich, von Dessau zurückgekommen, wo ein Fürst und eine Fürstin zu sehen sind, von denen niemand der bey ihnen gewesen ist gerne wieder scheidet.

'S ist große Güte von Euch, liebste Mutter, und von Tante[4], daß Ihr euch für den milchsuppichten Kerl Gandalin so viel intressieren möcht. Weil nun dem aber einmal so ist, so wünscht ich wohl zu hören, wie Euch das End vom Lied im lezten Buch gefallen hat, und ob

---

[1] Also schon im Jahr 1776 und nicht erst nach dem Tode von Goethe's Schwester (wie Dünzer, Frauenbilder, S. 466, meint) war Wieland zu der Frau Rath in briefliche Verbindung getreten.

[2] Ist Goethe.

[3] Ist Philipp Seidel. (S. unten).

[4] Johanne Fahlmer.

Ihr nun zufrieden seyd? — Aus der Art wie Ihr mir eure Besorgniße, der Junge möchte noch im VIII. Buch untreu werden, zu erkennen gegeben, sollt einer fast schliessen, das Denouement wär' Euch unerwartet gekommen — welches mir dann, wie billig, ein großes Freudchen wäre.

Das Neue Jahr 1777 werden wir mit einem Lieblein anfangen, das aus einem ganz andern Ton geht, als alles was wir euch noch gesungen oder gelehrt haben. Das Herz weissagt mir, liebe Frau Aja, daß Euch das ganz anders wohl machen soll als Herr Gandalin, der nun freylich beim Licht besehen doch weiter nichts als ein Carnevals-Ritter ist.

Daß Lenzchen bey Euch gewesen, und viel Liebs und Guts von uns gesagt hat, wie er denn auch mit gutem Gewissen thun konnte, war mir lieb zu vernehmen. Der wunderliche träumerische Mensch ist von hier verschwunden, wie er erschienen war — ich wußte eben so wenig wohin er gieng, als woher er kam.

Liebes Mütterchen, wenn's Euch nicht zuviel Mühe macht, so schreibt mir doch im engesten Vertrauen, was meine Base Max la Roche macht, und wie ihrs geht — item was die gescheidten Leute bey Euch zu Allwills Pappieren[1] sagen? — Den Verfasser kennt Ihr doch. Bruder Wolf[2] und Ich beklagen nichts dabey, als daß

---

[1] Vgl. Brief von Wieland an F. H. Jacobi vom 10. Nov. 1775: „Wenn Sie Allwill's Papiere in einem Feuer fortschreiben könnten, sagt Goethe, und Wieland mit ihm, so würde es ein gar herrliches Werk werden. O, daß ich Ihnen nur auf vier Wochen meine Muße geben könnte!"

[2] Goethe.

Bruder Friz nicht Gnade von Gott gehabt hat, eine Composition aus dem herrlichen Stoff zu machen, den er vor sich hat. Wenn man dem wunderbaren Kerl so was davon zu verstehen giebt, so weiß er gar nicht was man ihm sagt; er meynt nehmlich, sein Ding sey eine Composition — das ist eben das Närrische von der Sache. Indessen so wie es ist, kommt mirs immer vor wie ein ganzer Tisch voll Schachteln und Büchsen unter einander her, in denen allen was drinn ist das man gern hat und brauchen kan — Bänder, Spitzen, Confect, Bonbons, Rhabarber, Polychrestpillen, Pomeranzenschaalen, Seiffenkugeln, Schuhwachs und Gott weiß was alles. Ich sehe wohl daß die Vergleichung nicht so ganz paßt, denn würklich sind in diesen Allwills Pappieren herrliche Sachen; und seine Schreibart, sein Ausdruck (die Ungleichheiten abgerechnet) ist meist so lebhaft und glänzend, oft so kräftig und warm und seelvoll daß nichts drüber ist.

Ohnezweifel habt Ihr, eh dies Brieflein ankommt, eine Erscheinung von Kaufmann[1] gehabt. Möchte wohl hören, was der von uns die wir hier so beysammen sind

---

[1] Jedenfalls der Schweizer Doctor Christoph Kaufmann (gestorben als Arzt der Brüdergemeinde zu Herrnhut 1795), der, „alles könnend was er will und alles wollend was er kann", Hohen und Niedern, Fürsten und Herren, Weisen und Gelehrten, eine Zeit lang imponirte, selbst Goethen, der aber bald dahinter kam, ihn gegen Lavater einen Lumpen nannte und auf der Schweizerreise an die Thür Kaufmann's das Epigramm schrieb:

Ich hab' als Gottes Spürhund frei
Mein Schelmenleben stets getrieben;
Die Gottesspur ist nun vorbei
Und nur der Hund ist übrig blieben.

(Riemer, Mittheilungen, II, S. 535.)

sagt. Er ist ein edler, starker und guter Mensch; hat aber noch nöthig, sich in der Welt herum zu wälzen, in 10 Jahren a dato wird erst recht erscheinen was er ist.

Das heißt nun wieder e'mal radottiert! Ade; liebe beste Mutter. Bald kan ichs nicht mehr ausdauern, bis die Zeit kommt, da ich Euch von Angesicht zu Angesicht sehen werde. Nur fürcht ich mir schon zum Voraus vorm Wiederweggehn. Ach! warum können wir nicht alle beysammen seyn! Doch, dieselbe Zeit wird auch kommen.[1] Inzwischen behaltet mir immer ein gutes warmes Plätzchen in euerm Mutterherzen, und lebet recht wohl und gesund und vergnügt zusammen im Jahr 1777.

Am letzten Tag 1776.

Ew. getr. Sohn
Wieland.

---

[1] Wieland an Merck 26. Mai 1777: „Ganz gewiß komme ich binnen Jahr und Tag einmal in Ihre Gegend; denn ich muß Göthens Mutter sehen, da hilft nichts für." (Wagner, Briefe an und von Merck, S. 93).

8.

Frau Rath an Crespel.[1]

Vom 5. Januar 1777.

(Wagner, Briefe aus dem Freundeskreise von Goethe, Herder, Höpfner und Merck, S. 147.)

Frankfurth, den 5. Jenner 1777.

Lieber Sohn! Einen mächtigen großen Lobstrich soll ich Euch im Nahmen des Papas schreiben, wegen der geschwinden Bestellung des Brief an Herrn Herrich. Nun hat der Vater noch eine Bitte. Ihr solt nehmlich die Güte haben, und Euch von ihm in Zeiten die versprochne Anweissung hier in Loco das Geld zu erheben geben lassen, wenn das geschieht, so schickt sie gleich her, daß wir erfahren ob uns der hiesige Bezahler ansteht. Ich weiß Ihr nehmt die viele Mühe so Euch das Ding macht nicht übel; Ihr solt auch davor am runden Tisch sitzen, und über Euer Haupt soll ein gantzes Füllhorn vom Guten ausgeschüttet werden. Gestern[2] wäre es vor Euch

---

[1] Der humoristische Rath Crespel, Goethe's frankfurter Jugendfreund, nun Archivar in Regensburg.

[2] Eines Samstags, wo Frau Rath ihre „Samstagsmädel" um sich hatte.

ein Hauptspaß gewesen, Jammerschade daß Ihr in Regen=
spurg sitzt! 8 junge Mädels waren bey mir, zwey Demoi=
sellen Clermondt, die Mingen Stark u. s. w. Wir spielten,
stirbt der Fuchs so gielt sein Balg, und da gabs Euch
Pfänder daß es eine Lust war. Auch wurden Mährgen
erzählt, Räßel aufgegeben, es war mit einem Wort ein
groß Gaudium. Eure Grüße an die Max[1], Tante[2],
Geroks habe wohl ausgerichtet. Sie haben Euch alle
sampt und sonders lieb und werth, und wünscheten, daß
Ihr wieder da wäret. Nur vor einen gewissen Peter[3]
ist Eure Abwesenheit ein groß Labsal, es ist überhaupt
ein wunderlicher Heiliger. Bis die arme Max ins neue
Hauß kommt, wirds vermuthlich noch manchen Tanz ab=
setzen. Neues giebts hier auf der Gottes=Welt gar nichts,
als daß ein großer Schnee gefallen und die Leute wacker
im Schlitten fahren. Lebt wohl mein Lieber! Behaltet
uns in gutem Angedenken und seyd versichert, daß wir
alle, besonders aber ich bin und seyn werde Eure wahre
Freundin und treue Mutter

C. E. Goethe.

---

[1] Maximiliane Brentano.
[2] Johanne Fahlmer.
[3] Peter Anton Brentano?

9.

Frau Rath an Crespel.
Vom 1. Februar 1777.
(Maria Belli im Anhang zu Meine Reise nach Konstantinopel, nach Düntzer, Frauenbilder u. s. w.)

Lieber Sohn! Auf der einen Seite hat mir Ihr Brief große Freude und Wonne gemacht; denn alles, was von Ihnen, mein Bester, kommt, vergnügt mich. Aber um Gottes willen, sagen Sie nur, was das für ein trauriger Ton ist, der Ihrem Brief das Ansehen vom Propheten Jeremia in seinen Klagliedern gibt. Auf das Regensburg habe ich nun Zeit meines Lebens einen unversöhnlichen Haß; das muß ein garstiger Ort sein, wo man unsern lieben, braven Crespel kränken und seinen trefflichen Charakter verkennen kann. Eine Stange Gold von vierzig Pfund ohne allen Stempel ist doch wahrlich besser, als ein Vierteldukätchen, welches noch so schön geprägt und von Juden und Christen für gäng und gäbe gehalten wird. Verdienste bleiben Verdienste, und werden von allen rechtschaffenen Leuten gefühlt und hochgeschätzt; um der andern seidnen Buben ihren Beifall oder Tadel braucht sich ein ehrlicher Kerl nicht zu bekümmern. Denkt,

durch was alles euer Bruder, der Doktor [1], sich hat durch=
schlagen müssen, was für Gewäsch, Geträtsch, Lügen u. s. w.,
bloß weil die Leute nicht begreifen konnten, wie man,
ohne von Adel zu sein, Verstand haben könnte. Fasset
also eure Seele in Geduld, machet, daß ihr eure Ge=
schäfte bald in Ordnung bringt, alsdann flieget zu uns!
Mit aller freundschaftlichen Wärme sollt ihr empfangen
werden; drauf verlaßt euch! Wir kennen euren innern
Werth, und was ihr wiegt, und wir nicht allein, sondern
andere gute Menschen wissen's auch; unter denen grüßt
euch besonders Jungfer Fahlmern, die Frau Residentin
und die Gerock's. Alle Samstag reden wir vom Bruder
Crespel und bedauern, daß ihr uns nicht lachen helft.
Wir haben jetzt ein Steckenpferd, welches uns ein groß
Gaudium macht: das ist die neue deutsche Opera von
Herrn Professor Klein in Mannheim, Günther von
Schwarzburg; sie ist von der löblichen Samstagsgesellschaft
mit Noten, Anmerkungen, ja sogar mit Handzeichnungen
verbessert und vermehrt worden. Ferner hat uns Phi=
lipp [2] ein Verzeichniß von den Weimarer Karnevalslust=
barkeiten zugeschickt.

---

[1] Goethe.
[2] Philipp Seidel.

10.

Frau Rath an Philipp Seidel.
7. März 1777.

(K. G. Jacob in F. von Raumer's, Historisches Taschenbuch, Neue
Folge, 5. Jahrgang, 1844. S. 435.)

Der Brief, wo Ihr die Aufführung des Schauspiels ohne Namen so schön beschrieben habt, hat uns ein groß Gaudium gemacht; fahret immer fort, uns von Weimar aus gute, neue Mähre zu überschreiben, besonders was es bei Herzog Ferdinand's Dortsein vor Spectakel gegeben hat. — —[1]

---

[1] Herzog Ferdinand von Braunschweig. — „Es liegen uns", schreibt Jacob a. a. O., S. 434, „aus dieser Zeit (1777 und 1778) mehrere Briefe der Frau Rath an Philipp Seidel, den betrauten Diener ihres Sohnes in Weimar, vor, aus denen wir diese Lebendigkeit und Theilnahme der rüstigen Frau auf das Beste ersehen. Mit diesem, der so geschickt ist und ihr alle acht Tage schreibt, bespricht sie zuvörderst wirthschaftliche Angelegenheiten, sie will auf der frankfurter Messe Hemden, Schnupftücher, Kappen einkaufen, sie schickt einen künstlichen Bratenwender, sie verbreitet sich weitläufig über frankfurter Wurst, die nur in Frankfurt so gut gemacht werden könnte, und ist erbötig, sie der Herzogin Amalie wöchentlich zu schicken. Aber auch andere Dinge werden dem ehr=

lichen Seidel zur Mittheilung an seinen Herrn und andere Weimaraner aufgetragen, Bertuch soll ihr die fehlenden Bände von seiner Uebersetzung des „Don Quixote" schicken, Wieland die ausgebliebenen Stücke des „deutschen Merkur" und Seidel ihren Sohn erinnern, «wenn er bei guter Laune ist», ihr Zeichnungen und andere seiner Arbeiten zukommen zu lassen."

11.

* Goethe an seine Mutter.

28. Juni 1777.[1]

Ich kan ihr nichts sagen, als daß das Glück sich gegen mich immer gleich bezeigt, daß mir der todt der Schwester nur desto schmerzlicher ist da er mich in so glücklichen Zeiten überrascht. Ich kan nur menschlich fühlen, und lasse mich der Natur die uns heftigen Schmerz nur kurze Zeit, Trauer lang empfinden läßt.

Lebe Sie glücklich, sorge Sie für des Vaters Gesundheit, wir sind nur Einmal so beysammen. Die Zeich=

---

[1] Goethe's Schwester, Cornelia verehel. Schlosser, starb am 8. Juni 1777. Er erhielt die Nachricht am 16. Juni, und sein Tagebuch aus jener Zeit lautet:

"d. 14. Juni. Abends nach Kochberg. Froher freyer Tag.
d. 15. Sonntag in Kochberg. Aerger über die Zeichnung. Dunkler Tag.
d. 16. Früh zurück. Brief des Todes von meiner Schwester. Dunkler zerrissener Tag.
d. 17. Leiden und Träumen.
d. 19.
d. 20. Conseil in Belvedere 2c."

Am 16. Juni meldete er an Frau von Stein: „Um Achte war ich in meinem Garten, fand alles gut und wohl, und ging mit

nung von Krausen ist fertig und wird bald kommen. Adieu, liebe Mutter. Grüße Sie den armen Schlosser auch von mir. W. d. 28. Jun. 77.

G.

---

mir selbst, mitunter lesend, auf und ab. Um Neun kriegt' ich Briefe, daß meine Schwester todt sei. — Ich kann nun weiter nichts sagen."

Am 17. Juli 1777 schrieb er an Gräfin Stolberg: „Dank Gustgen daß Du aus Deiner Ruhe mir in die Unruhe des Lebens einen Laut herübergegeben hast.

Alles geben Götter die unendlichen
Ihren Lieblingen ganz
Alle Freuden die unendlichen
Alle Schmerzen die unendlichen ganz.

So sang ich neulich als ich tief in einer herrlichen Mondnacht aus dem Flusse stieg, der vor meinem Garten durch die Wiesen fließt; und das bewahrheitet sich täglich an mir. Ich muß das Glück für meine Liebste erkennen, dafür schiert sie mich auch wieder wie ein geliebtes Weib. Den Tod meiner Schwester wirst Du wissen. Mir geht in allem alles erwünscht, und leide allein um andre."

12.

* Wieland an Frau Rath.
30. September 1777.

Liebe Mutter Aja — diesen Augenblik bekomm ich einen Brief von Klinger, der mich in einige Verlegenheit sezt. Er bietet mir ein Werklein an, Apologie der Damen oder Der Neue Orpheus, eine tragische Geschichte [1] — er hab's zum Behuf seiner Mutter geschrieben, sagt er, und es stehe dem Merkur nach und nach zu Dienste, vorausgesezt, daß ich ihm, zum Profit seiner Mutter, soviel dafür gebe als ich jedem andern honnetten Kerl bezahlen würde. Nun ist mir Klinger als ein honnetter gutherziger Kerl lieb, und seiner armen Mutter möcht' ichs auch wohl gönnen, wenn der Neue Orpheus ihres Sohns etwas dazu beytrüge, daß

---

[1] Wieland an Merck. St. Michelstag 1777: „Haben Sie Klingern lang nicht gesehen? Besserts sichs mit dem jungen Mann, — oder säuft er noch Löwenblut? Ich hab' eine Ursache nach ihm zu fragen; denn er hat mir (um die Gebühr) ein Manuscript, Der neue Orpheus oder Apologie der Frauen, eine tragische Geschichte genannt, für den Merkur angeboten. Ich habe aber eine starke Ahnung, daß ich's nicht werde brauchen können." (Wagner, Briefe an und von Merck, S. 106.)

Sie desto besser durch den bevorstehenden Winter käme. Allein — Sie sehen selbst, liebste Frau Aja, daß es damit allein noch nicht ausgerichtet ist. Wenn dies neue Wercklein von dem Schlage der bisherigen tragischen Explosionen unsers Freunds Klinger seyn sollte, so kann ichs für den Merkur nicht brauchen. Ich sollte also, um keine Katze im Sack zu kauffen, vorher wissen was es ist. Sie haben sich sonst des guten Klingers angenommen, liebe Mutter. — Ich weiß nicht wie es izt steht, und ob er indessen nichts gethan hat, das ihm Schaden bey Ihnen gethan hat. Hat er aber, wie ich vermuthe, noch Zutrit bey Ihnen, so möcht' ich Sie wohl bitten, daß Sie Sich das besagte Mscpt. von ihm geben ließen, und mir dann unverhohlen Ihre Meynung davon sagten. Ist Ihnen aber diese Commission nur im mindesten unangenehm und lästig, so nehmen Sie, ich habe Nichts gesagt. Klinger mag mir dann sein Mscpt. selbst schicken, und es drauf ankommen lassen, ob ichs brauchen kann oder nicht.

Diesen Winter, mein liebenswürdiges Mütterchen, sehen wir uns — ich komme den Heil. Christ bey Ihnen zu hohlen. Denn ich muß nach Mannheim und Schweizers [1] Rosamunde hören, wozu ich (wie die Leute sagen) den Text gemacht haben soll. [2] Für die Musikalischen

---

[1] Hoftapellmeister Schweitzer in Gotha, der schon Wieland's „Alceste" componirt hatte.

[2] Wieland an Merck. 24. August 1776: „Ich arbeite wieder an einer Oper, Rosemund genannt. — Sie kennen ja Heinrich II. seine Rosemund und Woodstock's Park 2c. Ich gehe aber mit dem Ding um als mit einer Fabel. Es wird, als ein opus musicum betrachtet, ein gewaltiges opus werden. — Schweizer componirts. Von Alceste soll dann, ob Gott will, die Rede nicht mehr seyn."

Seelen wirds ein großes Fest seyn. Das Beste davon aber ist, daß es mir Gelegenheit giebt, Ihnen zu Franckfurt, und unserm Merck zu Darmstadt einen Besuch zu machen. Ich kan Ihnen nicht ausdrücken, wie ich mich drauf freue.

Ihr Sohn Göthe sitzt, wie D. Luther vor dritthalb hundert Jahren, auf der Wartburg, und zeichnet den Mönch und die Nonne, und läßt sichs unter all den Geistern aus der alten Ritterzeit, die auf dieser edlen Burg ihr Weesen haben, recht wohl seyn, dencke ich — denn mir Armen giebt er kein Lebenszeichen. Vielleicht macht ers Ihnen nicht besser — aber darum liebt er uns doch nicht weniger. Er ist und bleibt halt doch, mit allen seinen Eigenheiten, einer der besten, edelsten und herrlichsten Menschen auf Gottes Erdboden. Und wer sollte nun den Vater und die Mutter eines solchen Mannes nicht persönlich kennen wollen? Empfehlen Sie

---

(Wagner, Briefe an und von Merck, S. 76). Dagegen schreibt Wieland am 26. Mai 1777 an Merck: „Meine Rosamunde ist (Ihnen ins Ohr gesagt) ein dummes Ding, das weder gedruckt, noch anderswo als etwan in Gotha oder Weimar aufgeführt werden kann und darf. Nach dieser lezten mißlungenen Probe erkenne und bekenne ich vor Gott und Menschen, daß ich weder Sinn, noch Talent für dramatische Composition habe, und soll mich dieser und jener ꝛc. wenn ich mich wieder verführen lasse, eine Oper zu schreiben. Man schreibt seine Schande daran, und die Freude, die man an der Musik dafür haben könnte, wird einem doch immer auf mancherley Art verkümmert. Ich werde Noth haben, von Mannheim mit leidlichem Anstand loß zu kommen: aber es muß doch gehn; und hab ich nur erst den Kopf aus der Schlinge, so sollen Sie mich nicht wieder kriegen. Diesmal hat mich bloß und allein wieder meine verwünschte Bonhomie in den Dr. geführt." (Das. S. 93.)

mich dem Ersten aufs beste, und sagen Sie mir gelegen=
heitlich mit einem Paar Zeilen, ob Ihnen Ihr Sohn
Wieland willkommen seyn wird?

Weimar, den 30. Septemb. 1777.

Darf ich bitten, daß Sie den innliegenden Brief an Klingern bestellen lassen?

13.

* Goethe an seine Mutter.[1]
November 1777.

(Adresse):

An Frau Rath Goethe

fr.
nach
Franckfurt
am Mayn.

(gesiegelt mit zierlichem G.)

Sagen kann ich über die seltsame Nachricht Ihres Briefs gar nichts. Mein Herz und Sinn ist zeither so gewohnt daß das Schicksaal Ball mit ihm spielt daß es für's neue es sey Glück oder Unglück fast gar kein Gefühl mehr hat. Mir ists als wenn in der Herbstzeit ein Baum gepflanzt würde, Gott gebe seinen Seegen dazu, daß wir bereinst drunter sizzen Schatten und Früchte haben mögen. Mit meiner Schwester ist mir so eine starcke Wurzel die mich an der Erde hielt abgehauen worden, daß die Aeste, von oben, die davon Nahrung hatten,

---

[1] Sie hatte ihm geschrieben, daß sein Schwager Schlosser sich wieder zu verheirathen gedenke.

auch absterben müssen. Will sich in der lieben Fahlmer[1] wieder eine neue Wurzel, Theilnehmung und Befestigung erzeugen, so will ich auch von meiner Seite mit euch den Göttern dancken. Ich bin zu gewohnt von dem um mich iezzo zu sagen: das ist meine Mutter und meine Geschwister ꝛc. ꝛc.[2] Was euch betrifft, so seegnet Gott, denn ihr werdet auf's neue erbaut in der Nähe und der Riſſ ausgebessert.[3]

Schlosser soll mir das Buch Stuarts Finanz System von Lenzen, auch seine Schrifft über die Gesezgebung schicken. Der Vater kann ihm Poëtas Graecos minores schicken sie stehen noch zu Hause in folio denck ich. Den Sophokles soll er mir schencken, ich hab ihn verlohren,

---

[1] Johanne Fahlmer, welche mit Schlosser am 24. September 1778 vermählt wurde. Goethe schrieb im November 1777 an sie: „Gott segne Dich und lasse Dich lange leben auf Erden, wenn's Dir wohl geht. Mir ist's wunderlich auf Deinen Brief; mich freut's, und ich kann's noch nicht zurecht legen. — Daß Du meine Schwester sein kannst, macht mir einen unverschmerzlichen Verlust wieder neu; also verzeihe meine Thränen bei Deinem Glücke. Das Schicksal habe seine Mutterhand über Dir, und halte Dich so warm, wie's mich hält, und gebe, daß ich mit Dir Freuden genieße, die es meiner armen ersten versagt hat!"

[2] Evang. Matth. 12, 49.

[3] Am 7. September 1778 schrieb die Frau Rath an Ph. Seidel: „Mein Bruder, der Doctor Textor, hat den Einfall gehabt, Euern Herrn um Verse zu Doctor Schlosser's Hochzeit zu bitten. Da ich nun nicht glaube, daß Euer Herr dazu Zeit und Laune hat, so tragt entweder es einem andern dortigen Poeten auf oder macht Ihr Euch dran. — Wenn aber das Alles nicht anginge, so meldet es bei Zeiten, damit die hiesigen Poeten ihren Pegasus besteigen können." Wie seine Mutter richtig voraussah, ließ sich Goethe dazu nicht herbei. (Jacob in Raumer's Historischem Taschenbuch 1844, S. 434).

ober soll ihn zu Geld anschlagen ich will ihn mit dem was ich für Petern[1] restire bezahlen.

Meine Zahn und Backen Wirthschafft will nichts bedeuten es hat sich ein Knötgen in der Kinlade gesezzt gehabt das aber nicht schmerzte und iezt vergeht.

Mein Haushalt fängt an sich zu ordnen, es ist einem in dem Gartenhüttgen, bald wie in einem Schiff auf dem Meere. Adieu. Nov. 77.

G.

---

[1] Peter im Baumgarten, der schweizer Findling, für welchen Goethe Sorge trug.

14.

* **Wieland an Frau Rath.**
1. December 1777.

Unsern Gruß zuvor Liebe Frau Mutter Aja! Daß
Ew. Ebden nicht gerne schreiben, ist recht und billig —
die erste große Frau Aja **konnte nicht einmal lesen und
schreiben**, und war. doch Reinhold's Mutter. Ich, der
nur einer von den geringsten unter den Haymons Kindern
bin, schreibe auch nicht gern, so ungern als Klopstock der
Große immermehr. Aber doch giebts Fälle, wo man
schreiben muß und soll, und ein solcher war die Geburt
meines Sohnes,[1] von welchem Sie, liebe Mutter, in

---

[1] Wieland hat die Frau Rath und Merck als Pathen desselben
einschreiben lassen. „Nun aber, l. Br.", — schreibt Wieland an
Merck — „kommt noch ein Hauptpunkt, und das ist, daß ich, um
den Neuangekommenen unter desto besseren Auspiciis in die Welt
zu introduciren, ihm Dich und Frau Aja zu Pathen gegeben habe,
und Euch beide, ex consensu praesumto, in dieser Qualität ins
Kirchenbuch einschreiben lasse, hoffend, Ihr werdet aus Liebe zu
mir auch diesem meinem Sprößling hold seyn, und so viel Euch

ächtprophetischem Geist weissagen, daß er ein gewaltiger Mann werden solle — wie ich dann selbst hoffe, wünsche, und wenn ich seine Stirne, seinen Augenknochen, seine Nase, und, ne vous deplaise, die edlen Zeichen seiner Mannheit betrachte, es beynahe für gewiß nehme. Mich zu verdunkeln, daran wird er wohl thun: mir wirds immer Ehre genug seyn, in einem Sohn, der größer ist als ich, fortzuleben. Indessen erlauben Ew. Lbden doch zu sagen, daß dies nicht in dem ordentl. Lauf der Natur wäre, vermöge dessen aus den Söhnen der Heroen noch selten was rechts worden ist. Lachen Sie nicht über meinen Eigendünkel! Seit ich Klopstock gelesen habe, fang' ich an merken, wieviel daran gelegen ist, was ein Mann aus sich selbst macht. O! das Kayser air! das Kayserair! Aber wozu izt all das Geträtsche? Ich wollt' Ihnen, l. M. eigentlich nichts schreiben, als

1. Sie bitten (wie ich hiemit gethan haben will) eiligst und unfehlbar Ihr Exemplar von Klopstock (wenn Sie eins haben) an Freund Merck zu communicieren,

2. Sie zu benachrichtigen, daß ich G. G. den 13ten huj. von hier, den 15ten früh aber von Eisenach abreisen, und, meiner Rechnung nach, Donnerstag als den 18ten Decemb. bey guter Vormittags Zeit zu Franckfurt eintreffen und, nach meines Hertzens Trieb und Ihrem Befehl, geradezu vor Ihre Thüre fahren werde. Das übrige wird (wie

---

Gott Gelegenheit und Vermögen geben wird, dazu helfen, daß ein ehrlicher, brauchbarer Kerl aus ihm werde, wofür Ihr auf das Reciprocum bei meinem kleinen Pathen, so lang Athem und Regung in mir ist, rechnen könnt."

das Beste in allen Lustspielen) innerhalb der Thüre, oder intus wie wir Lateiner sagen, agirt werden. Ich werde eine Art von Gesellschafter, Titular=Secretair oder wie Sie's nennen wollen, mitbringen, einen großen, hübschen, wackern, jungen Kerl, Nahmens Kranz,[1] der ein junger angehender Virtuose bey unsrer Capelle ist, und ben der Herzog (welcher viel auf ihn hält) express mit mir nach Mannheim gehen läßt, um dort zu sehen und zu hören 2c. Für diesen meinen Musicalischen Freund und Begleiter bitte ich gleichfalls um Dach und Fach, wenn es (wie ich hoffe) ohne Ihre Ungelegenheit seyn kann. Er soll Ihnen dafür Solo's und wenn Sie wollen, Trios, Quadros und Concerte auf seiner Braatsche geben, die Ihnen in Ohr und Herz wohl thun sollen.

---

[1] Johann Friedrich Kranz war 1754 in Weimar geboren. 1778 spielte er zum ersten male öffentlich und zwar eine eigene Composition für die Bratsche, und wurde darauf als fürstlicher Hofmusikus angestellt. Im Jahre 1781 schickte ihn Karl August (mit Zuschuß von Anna Amalie) zur weitern Ausbildung nach Italien, wo er seinen musikalischen Studien oblag und als Geiger überall großes Aufsehen machte. Nach acht Jahren zurückgekehrt, wurde er zum zweiten Concertmeister in Weimar ernannt, übernahm die Direction der Opern und wurde 1799 Kapellmeister. Er lieferte eine Menge Compositionen für das damalige Hoftheater. Im Jahre 1801 gerieth er in Conflict mit der Sängerin Jagemann, nachherigen Frau v. Heygendorf. Bei der Aufführung von Mozart's „Don Juan" wollten Kapellmeister und Sängerin jedes ein anderes Tempo durchsetzen, bis endlich Donna Anna wüthend die Scene verließ. Von da an durfte er keine Oper mehr dirigiren, in welcher sie sang. Im Jahre 1803 verließ er Weimar und wurde Hofkapellmeister in Stuttgart, starb aber schon 1807. (Pasqué, Goethe's Theaterleitung in Weimar, II, S. 178, 263.)

Bruder Wolf ist mit dem Herzog wieder auf Abentheuer gezogen. In 14 Tagen sollen sie wieder hier seyn. Das gebe Gott! Befinden sich übrigens an Seele und Leib frisch und gesund.

Was mich betrift, liebe Frau Aja, so hat man Sie (wie ich hoffe) schon prevenirt, daß Sie Sich an der Schmächtigkeit meiner Figur und meinen Spindelbeinen nicht ärgern. Ich bin noch aus der Zeit wo es Mode war, daß die Herren Genien so wenig Materie an sich schleppten als möglich, und überhaupt alle ihre Kraft im Kopf hatten. Es ist freylich besser, man sey ein ganzer Kerl. Nachdem ich aber, über alle meine Agathons, Idris, Amadis, Biribinkers, Gerons, und wie die Knaben alle heissen, noch einen lebendigen, selbständigen, und mit Reproductiver Kraft versehenen Buben, dessen Urheber ich ganz unläugbarl. bin, ans Licht gestellt habe, so bin ich nun vollkommen mit mir selbst zufrieden, und das ist, wie Sie wissen, die Hauptsache.

Ich freue mich inzwischen herzlich auf den Tag die Stunde und den Augenblik, wo Wir uns von Angesicht zu Angesicht erkennen werden. Ists möglich, so machen Sie daß Merck auch bey uns ist; denn auf der Hinreise kan ich nicht zu ihm kommen; und länger als bis Sonntag inclusive, i. e. 3 höchstens vierthalb Tage kann ich nicht bey Ihnen weilen; weil ich zu Mannheim mit Schmerzen erwartet werde. Nun, beste Frau Aja, leben Sie indessen wohl, und empfehlen mich Ihrem Herrn und Gemahl aufs Beste. Weib und Kinder halten sich bey mir gar gut, völlig so wie ichs brauche, damit mir meine Abreise leicht gemacht werde. Denn bey mir, lie-

bes Mütterchen, hat (wie billig) die sogenannte Phi=
listerschaft den Geist der Welt überwunden.
 Weimar 1. December 1777.
 Nochmals Ade und wieder Ade von
Ihrem
gehorsamen, treuergebenen
Sohn
Wieland.

15.

* **Wieland an Frau Rath.**
10. December 1777.

Liebe Frau Aja, tausend Danck für Ihre nochmalige Versicherung daß ich eine freundliche Aufnahme in Ihrem gastfreyen Hause finden soll. Den 13ten reise ich von hier ab; und bin fest gewillet schon die Mittwoch und also einen Tag eher als ich lezthin schrieb bey Euch zu seyn. Das beste aber, liebe Mutter, wird seyn, daß Ihr mich nicht erwartet, wie ich denn überhaupt hoffe, und sichs von selbst versteht, daß ich Eure häusliche Ordnung und Zucht in keinem Puncte stören werde. Die größte Ehre die Sie mir erweisen können ist, mich wie einen Sohn zu behandeln. Der Saytenspieler ist ein gar gutes Geschöpf von einem großen tüchtigen Bengel; der soll euch was von seinem sçavoir faire hören lassen.

Weiter kein Wort mehr. Alle meine Gedancken sind schon mit 24 blasenden Postillons vorausgeritten und es ist nichts mehr von mir hier als ein Stückchen Herz und ein wandelnder Schatten.

Adieu, liebe gute Mutter; empfehlen Sie mich Ihrem Herrn und Meister, den ich noch nicht Vater grüßen kann, bis ich sehe, ob Er Lust hat sich zu mir zu bekennen.

Meine Mutter und das Weib meines Herzens grüßen Sie, und die leztere beneidet mich, mit aller ihrer Gutheit und Gleichmüthigkeit, diesmal doch ein wenig. Wenn der Kleine nicht wäre, ich glaube wahrlich, ich brächte sie mit. Aber das kan nun nicht seyn.

Bruder Wolf ist noch nicht da. Er kommt wieder wann ich gehe.

Philipp hat aber das Buch schon. Ich dancke sehr für mein Exemplar. Mündl. ein Mehrers auch hiervon.

Weimar den 10. Decemb. 1777.

Nochmals adieu von

Ihrem
sehnsuchtsvollen Sohn
Wieland.

16.

* Wieland an Frau Rath.
23. December 1777.

M.(annheim) den 23ten Decemb. 1777.

Allerliebste Mutter, da bin ich nun zu Mannheim, und der liebe Himmel weiß wie mir zu Muthe ist. Mein Herz und Sinn ist bey Ihnen und unserm lieben guten Papa und unserm Freund Merck, mit dem ich nun auf immer und allezeit einverstanden bin. Welch ein Fall, liebe Mutter! aus Ihrem Hause in die Grundsuppe des großen Froschgrabens von Abdera! Reden wir nicht davon. Wir wollen sehen wie wir uns mit Ehren wieder herausziehen. Sobald ichs nicht länger aushalten kann, eil ich zu Ihnen zurück. Die famose Oper,[1] die am

---

[1] Außer Wieland und Schweitzer befand sich damals auch Mozart in Mannheim und schrieb am 3. December 1777 seinem Vater über die Oper Rosamunde: „In der zukünftigen Opera sind sehr schöne Sachen, und ich zweifle gar nicht, daß sie gewiß reussiren wird. Die «Alceste» hat sehr gefallen und ist doch nicht halb so schön wie die «Rosamund». Freilich hat das viel beigetragen, weil es das erste deutsche Singspiel war; nur macht es NB. auf die Gemüther, die nur durch die Neuheit hingerissen werden, lange

7. Jenner zum erstenmal gespielt werden sollte, soll nun, dem Vernehmen nach erst den 13ten oder 14ten gegeben werden — Ueber das Volk! — Ich sehe voraus daß ich hier in immerwährender Wuth seyn werde, und meine Freunde können also wegen meiner Bonhommie ganz ruhig sein.

Ade, lieber Papa, liebe Mutter Aja! — Der Himmel vergelte Ihnen die seligen Tage, die ich mit und bey und durch Euch gelebt habe! Kranz beugt seine Kniee. Der gute Mensch weinte wie ein Kind, da wir aus Franckfurt hinaus und wieder im Freyen waren, und sagte von Zeit zu Zeit wunderbare Dinge im Sturm und Drang seines Herzens. Nochmals adieu, beste Mutter! bitte die Inlage auf die Post zu geben und immer lieb zu behalten

Ihren Sohn
Wieland.

Unsern Gruß an Alle die dessen werth sind. [1]

---

den Eindruck nicht mehr." Am 18. December dirigirte Mozart sogar bei einer Probe der "Rosamunde", "als Schweitzer übel auf war, statt seiner die Oper mit etlichen Violinen". (Pasqué a. a. O., II, S. 386.)

[1] Am 27. December 1777 schrieb Wieland von Mannheim aus an Merck: "Wenn uns die Krankheit des Kurfürsten von Bayern keinen schlimmen Streich spielt, so werd' ich, allem Ansehn nach, viel Ehre und Freude an Mannheim erleben. — Verzeihen Sie, m. Bester, daß Sie nur diesen Wisch von mir erhalten. In dem tourbillon, worin ich mich itzt herumschwinge, ist an kein Schreiben zu denken. Ich glaube aber, nach den herrlichen 4 Tagen, die wir zusammen in der wahren Casa santa gelebt haben, braucht's nun zwischen uns keiner weiteren Worterklärungen, und wir wissen nun, was wir einander sind." — (Wagner, Briefe an Merck, 1835, S. 121.) Am 5. Januar 1778 schrieb Wieland von Mannheim aus

an Freiherrn von Gebler in Wien: „Dem hiesigen Publiko und mir selbst hat der Tod Maximilian Joseph's einen großen Spaß verdorben. Meine vom Herrn Schweitzer ganz vortrefflich gesetzte Oper: Rosamunde sollte den 11ten dieses zum erstenmale gegeben werden und das Karnaval durch achtmal wiederholt werden. Alle Anscheinungen versprachen mir einen so großen Succeß, als vielleicht jemals ein Singspiel gehabt hat, als der Tod des Churfürsten von Bayern auf einmal eine Veränderung des Schauplatzes hervorbrachte, deren lugubre Dekorationen die meinigen verdrängen mußten." (Auswahl denkwürdiger Briefe von C. M. Wieland, herausgegeben von Ludwig Wieland, I, S. 58.)

17.

* Wieland an Frau Rath.
12. Januar 1778.

Liebe Mutter

Der Tag meiner Erlösung aus diesem Babylonischen Abdera nähert sich. Eine General Probe der Rosamund mit Decorationen welche künftigen Mittwoch gegeben werden soll, hält mich noch auf, sonst wär ich schon heut abgereißt. Den eigentlichen Tag wenn ich wieder bey Ihnen seyn werde, kann ich darum nicht nennen, weil ich noch nicht weiß ob ich meinen Besuch bei dem Hrn Größschlag von Darmstadt oder Franckfurt aus machen werde. Ich weiß aber, liebste Frau Aja, daß ich Ihnen und unserm lieben Papa willkommen seyn werde, ich mag kommen wann ich will. Von Hause hab ich sehr gute Nachrichten. Adieu, liebe beste Mutter. Wieviel werden wir Ihnen lustiges von diesem holden Mannheim zu erzählen haben!

Kranz macht seinen Salamale in aller Herzensandacht. M.(annheim) den 12. Jenner 1778.

Ihr ganz eigner
W.

Mahler Müller grüßt das liebe Mamachen 1000 mal. Wenn ich nichts von meiner Reise nach M. hätte als die Bekanntschaft dieses herrlichen Kerls, so wär' ich 1000fach bezahlt. Er und ich grüßen Tante Fahlmer und alle gute Geister die unter eurem Schutz leben und Gott den Herrn loben.

18.

* Seidel[1] an Frau Rath.

14. Januar 1778.

Ich würde Ihnen vorgestern schon geschrieben haben, wenn ich nicht den Westindier, der gestern aufgeführt wurde hätte abwarten wollen. Hier sind die Rollen.

Belkour,	Hr. Geh. Leg. R.[2]
Stokwell,	Hr. Ekhof von Gotha.[3]
Stuklei,	Hr. Rothmaler.
Dublei,	Hr. v. Knebel.
Carl do,	Prinz Constant.
Oflaherti,	Herzog.
Fulmer,	Hr. v. Einsiedel.
Fr. do.,	Frl. v. Göchhaußen.

---

[1] Philipp Seidel, der obenerwähnte vertraute Schreiber und Diener, welchen Goethe aus dem älterlichen Hause nach Weimar mitgebracht hatte.
[2] Goethe.
[3] Konrad Ekhof, der geniale Schöpfer deutscher Bühnenkunst, damals Mitdirector des Hoftheaters zu Gotha, wo er wenige Monate später, am 10. Juni 1778, starb.

Rusport,   Mad. Wolf.[1]
Miß Rusport,   Frl. v. Wöllwarth.[2]
Advokat,   Prof. Musaeus.

Alle sind vortreflich (darf man sagen) gespielt worden. Der Hr. Geh. Leg. R. in einem weisen Frak blau seiden West und Beinkleider (NB. von dem Futter des weißen Kleids mit silbernen Knöpfen) mit falschen silbernen Treßen und hübsch roth geschminkt sah so schmuk aus und flink daß die bloße Figur die Rolle schon spielte. Der alte Ekhof war eben der Vater des schönen Belkours und der Herzog war Major Oflaherti u. s. f.

Hr. v. Kalb sagte mir er habe ihnen das Geld schon geschikt, und ihnen noch eine andere Wein Commisision gegeben, sie mogtens nur nicht ungütig aufnehmen.

Der Hr. Geh. Leg. Rath ersucht die Frau Räthin ihme doch aufs Frühiahr wieder einige Bouteillen oder Krüge ganz alten Wein in seinen Keller zu schaffen. Er hat am Sonntag den alten Ekhof zu Gaste gehabt und mit dem alten Wein regalirt und da hat sich gefunden daß er biß auf einige Schoppen zu Ende ist.

Ich empfehle mich ihnen und verharre mit herzlicher Liebe und Hochachtung

Weimar den 14. Jenner 1778.[3]   ganz gehorsamster
                                        Diener
                                     Ph. Fr. Seidel.

---

[1] Karoline Wolf, geb. Benda (Tochter des berühmten Concertmeisters Franz Benda), Gattin des Kapellmeisters E. W. Wolf, Sängerin in Weimar und zugleich Kammerfrau der Herzogin Anna Amalie.

[2] Hofdame.

[3] In diese Monate vom Jahr 1778 fallen zwei für Frau

Rath charakteristische briefliche Aeußerungen Wieland's und von Ein=
siedel's, welche deshalb hier Erwähnung finden mögen. Es ist
der Schluß von dem Briefe
<blockquote>Wieland's an Merck.</blockquote>

<blockquote>Weimar, 15. Febr. 1778.</blockquote>
(Wagner, Briefe an Merck, S. 124):

„Von Frau Aja hab ich, seit ich wieder hier bin, keine
Zeile, das mich schier wundert, weil ich doch auf meinen
von hier aus an sie geschriebenen Brief ein — Victoria!
Da eben langt eine gar schöne Epistola von ihr an. Nun
nichts weiter!" —

und aus demselben Jahre die Aeußerung
von Einsiedel's in einem Briefe aus Düsseldorf an Knebel:

<blockquote>vom 30. Juni 1778.</blockquote>

„Von Goethe's Mutter weiß ich nichts zu sagen: sie ist
über alle Beschreibung erhaben, und Du kennst sie selbst."

19.

Joh. Friedr. Kranz an Frau Rath.

16. Februar 1778.

(Wagner, Briefe aus dem Freundeskreise von Goethe, Herder, Höpfner und Merck, S. 155 fg.).

Weimar, den 16. Febr. 1778.

Liebe Frau Räthin! Erlauben Sie immer einmal, daß ich an Ihnen schreiben darf; es geschiehet nicht aus Prahlerei, nicht daß ich sagen wollte: „Hört, ihr Leute! ich schreibe an die Fr. R. G.!" Nein, gewiß nicht, sondern bloß um mir Luft zu machen; denn noch will in Weimar mir weder Luft, noch Menschen behagen. Ganz natürlich! denn erstlich war ich so glücklich mit Wieland ganze 6 Wochen zu existiren, und dann die Tage bei Ihnen zugebracht zu haben, nenne ich ohne Anstand die glücklichsten meines ganzen Lebens. Wie mir an Ihrem runden Tische zu Muthe war, kann ich ohnmöglich beschreiben . Nächst den lieben Eltern Goethe's, Wieland und Merck — welche Reinheit der Seelen! O wie lieb ist mir seitdem die Menschheit worden! Noch nie habe ich mich meines Daseins so sehr gefreut. Ich war so selig, daß ich ganz vergaß, wo und was ich war. Sie müssen es auch oft an mir wahrgenommen haben — wie könnte Ihnen so etwas entgangen sein! — ich saß da und lachte oft bis zur Unanständigkeit, so wie mich denn auch hinwiederum viele Gespräche sehr ernsthaft, nachdenkend und beinah zum Weinen gebracht haben. Meine Seele war in einer ganz wunderbaren Verfassung! Mir war manchmal, als wenn ich den ganzen Himmel aufgeschlossen und alle seine unendlichen Herrlichkeiten vor mir liegen sähe; ich sahe einen Abstand von Ihnen allesammt gegen die übrigen Menschen. Meine Seele seufzte, nicht nachkommen zu können. Der Hr. Rath war immer stille, doch, wie ich glaube, innerlich vergnügt, nur daß es nicht zum Ausbruche kam, sagte aber doch einige Mal: „O, das ist gut! O, das ist gar gut!" Sie saßen mir gegenüber als die Großmächtigste. So viel Sie auch in dem Gespräch interessirt seyn mochten, so entschlüpfte Ihnen doch nichts, was außerdem im Zimmer vorging. Unter währenden Reden einen tiefen Blick auf den Hrn. Rath, und immer wieder fortgesprochen. Ihre Servante mochte ein paarmal im Auftragen was vergessen haben, Schnups! — kriegte die einen Hieb und immer wieder fortgesprochen — ich saß dann immer wieder da und sog nur ein. Der Kriegs=Rath Merck ist doch ein göttlicher Mann. Alles was er sagt, ist so rein wie Gold   Unser Abschied war mir so empfindlich, als merkwürdig. Der Hr. Rath gab uns seinen Segen mit wärmster und wahrer Liebe. An Ihnen bemerkte ich mir ganz etwas Unbekanntes: Sie gaben mir

auf eine herzliche Art die Hand und drückten die meinige
freundschaftlich. Ihre natürliche Munter- und Lebhaftigkeit verließ Sie nicht; Sie lächelten, und doch rollten
Thränen über Ihre Wangen. Von Merck habe ich mich
losgewunden; er umfaßte mich, drückte mich an seine
Brust und küßte mich herzlich; dies fuhr mir durch alle
Adern. Empfehlen Sie mich doch dem lieben Herrn
Rath aufs Beste. Ein Orden oder Gnadenzeichen kann
nicht so hoch, als die Gedächtniß-Münze, welche er mir
geschenkt, von mir verehrt werden. O casa, o casa
santa! — Von dem neuen Stücke[1], welches Ihr lieber
Doctor und unser Geh. L. Rath Goethe am 30. Jan.
und hernach am 10. Febr. hier aufgeführt, würde ich
Ihnen viel schreiben, wenn nicht der glückliche Ph.[2] Ihr
Correspondent wäre. Doch Eins muß ich wegen der
großen Aehnlichkeit zwischen Ihnen und ihm doch melden. Goethe als Andrason kömmt vom Orakel ... O
wenn Sie ihn nur da hätten sehn sollen! Augen, Ge-
bärden, Ton, Gestikulation. Alles in Allem, sage ich
Ihnen. Ich war gar nicht mehr im Orchester, ganz in
der Atmosphäre von Casa santa. Philipp figurirt in
diesem Stücke als einer von den Künstlern, als der Di-
recteur de la Nature. — Neues wüßte ich Ihnen nichts
zu schreiben, als daß der Geh. L. Rath dann und wann
mit den Herrschaften Abends Schlitt-Schuhe läuft, und
zwar en masque. Die Herzoginnen, gnädige Frauen und
Fräuleins lassen sich im Schlitten schieben. Der Teich,
welcher nicht klein ist, wird rund um mit Fackeln, Lam-

---

[1] Der Triumph der Empfindsamkeit.
[2] Philipp Seidel.

pen und Pechpfannen erleuchtet. Das Schauspiel wird auf der einen Seite mit Hoboisten- und Janitscharen-Musik, auf der andern mit Feuerrädern, Racketen, Kanonen und Mörsern vervielfältigt. Es dauert oft 2—3 Stunden.

20.

* Fräulein von Göchhausen an Frau Rath.

Februar 1778.

(Auf grünem Papier.)[1]

Auch ich bring hier in Knittelmanier
Aus guten Herzen, auf bunten Papier,
Ein Reimlein das Dich grüßen soll
An diesen Tag des Jubels voll.
Der Gaben brächt ich gerne mehr,
Doch ach! es ist die Zeit so schwehr!
Und da ich mit sonst nichts dienen kann,
So nimm doch meine Wünsche an:
Krieg, Pestilenz und theuere Zeit,
Kopf, Zahnweh, Schneiden in den Leib,
Und alles womit Pandora die Erde
An Uebeln in ihren Griesgram beschwerde,

---

[1] Ohne Datum, noch seinem Inhalt und dem der nachfolgenden Antwort aber vermuthlich die Gratulation zum Geburtstag der Frau Rath, 19. Februar 1778.

Sey fern von Dir! Aber der Freuden viel
Umgaukeln Dich in ewigen Spiel;
Gesundheit, frohen Muth und ein Glas edlen Wein
Auch Etlings Möpsgen oben drein
Auch Höllenprögel in Magischen Gewand
Wünscht Dir Thusnelde mit Herz und mit Hand!

21.

* **Frau Rath an Fräulein von Göchhausen.**

Februar 1778.[1]

Dein guter Wunsch auf grün papier
Hat mir gemacht sehr viel pläsir,
Im Verse machen habe nicht viel gethan
Das sieht mann diesen Warlich an
Doch hab ich gebohren ein Knäbelein schön
Das thut das alles gar trefflich[2] verstehn
Schreibt Puppenspiele kutterbunt
Tausend Alexandriner in einer Stund
Doch da derselbe zu dieser Frist
Geheimbter Legations Rath in Weimar ist
So kan Er bey bewandten sachen
Keine Verse vor Frau Aja machen
Sonst solldest du wohl was bessers kriegen
Jetzt mußt du dich hieran begnügen
Es mag also dabey verbleiben
Ich will meinen Danck in prosa schreiben.

---

[1] Ohne Datum, vgl. aber die Bemerkung zum vorstehenden Gedicht.
[2] Ursprünglich „herrlich", doch ausgestrichen.

22.

* Wieland an Frau Rath.
26. Juli 1778.

Liebe beste Frau Aja, hier ist Ihr Merkurius vom Monat Julius. Es ist eine Stelle drinn, nehml. ein klein Päkchen abzugeben an einen gewissen Hrn. Bürgermeister von NN. sonst Anti=Pope genannt[1], die schon geschrieben und gedruckt war, als mir von ungefehr zu Ohren kam daß Tante Fahlmer den Antipope heyrathe. Hätte man mir das gelegenheitl. fein hübsch geschrieben, so hätt' ich der guten Tante zu lieb den Schwamm übers Vergangene gewischt und fünfe grad seyn lassen. Nun ists wie es ist. Uebrigens freue ich mich daß Ihre Enkelchen eine so gute Vice=Mutter bekommen, und mag dem Moralisten, wiewohl mir seine ganze Art und Kunst fatal ist, sein Glück wohl gönnen, wenn's ihm unser Herr Gott gönnt.

Unsre liebe Herzogin erwarten wir nun tagtäglich[2] —

---

[1] Goethe's Schwager Schlosser.
[2] Im Juni 1778 reiste die Herzogin Anna Amalie mit von Einsiedel, Fräulein Luise von Göchhausen und Merck an den Rhein und besuchte hierbei die Frau Rath in Frankfurt.

und ich freue mich zum Voraus auf alles Liebe und Gute was ich über die Casa Santa[1] in Ffurt hören werde. Lebe Sie recht wohl, liebe Mutter, und vergeße nicht gänzlich Ihres wiewohl ohne Schmerzen gebohrnen Sohns.

W.(eimar) den 26. Jul. 1778. Wieland.

---

[1] Das älterliche Goethe'sche Haus (s. o. Nr. 16, 19).

23.

* Herzogin Anna Amalie an Frau Rath.

29. August 1778.

Liebe Frau Aja, Meine Freude über den empfang Ihres Briefes ist wohl schwerlich zu beschreiben, auch will ich es nicht unternehmen, den wahre Empfindungen sind zu heilig, um sie schwarz auf weiß zu setzen, Sie wißen Liebe Mutter was Sie mir sind, also können Sie leicht glauben wie unendlich mich ihr Andencken gefreut hat.

Durch Phillippen werden Sie Liebe Mutter die Handschu, die zweyn Arien aus Erwin und Elmire und den berühmten Höllen Bregel[1] erhalten. Ein Wort über das Gemählde; jeder Connesseur findet dieses Stück eines der vorzüglichsten von Höllen Bregel, den großen Gedancken in der Composition! Den Starcken Geist in der Gruppirung! — was aber jeder Kenner fürs herrlichste des Stücks hält ist der Vordergrund; da ist wahre Natur nur Schade daß der hinter Grund etwas zu lichte ist; ist aber etwas ganz volkomen in der Welt? mich

---
[1] Höllen=Breughel, der berühmte niederländer Maler Peter Breughel jun.

freut nur daß ich es aufgespüret habe und Ihnen Liebe Mutter Aja eine kleine Freude damit machen zu können. Die lezt verfloßene Woche hat der Herr Docter Wolff[1] mir ein Soupée im Stern[2] gegeben wo die neuen Anlagen gemacht sind welche gar lieblich und herlich sind; nach den Abend Eßen wahr eine kleine Illumination ganz in dem Rembranschen[3] geschmack veranstaltet wo nichts als licht und Schatten würkte; Wieland, Einsiedel, die Stein und Thusel[4] genoßen es mit es wahr ein vergnügter guter Abend für uns; für mein Theil hätte wohl gewünsch daß Frau Aja mit dabey gewesen wär es were gewiß nach Ihren Geschmack gewesen.[5]

Viel Tausend Grüße an Alten Vatter. Leben Sie wohl Liebe Mutter und denken Sie an mich, sowie ich immer seyn werde

Ihre Freundin
Amelie.

Ich habe vergeßen Sie an die Lampe zu errinnern die der Kaufman Tabor besitz und wo von damals mit Krausen die Rede war. Vergeßen Sie doch nicht Liebe Mutter darnach zu sehen und davon zu schreiben.

---

[1] Goethe.
[2] Theil des weimarischen Parks.
[3] Rembrandt'schen.
[4] Fräulein von Göchhausen.
[5] Wieland an Merck 27. Aug. 1778: „Wir tranken auf Deine und Frau Ajas und Freund Bölling, des Kornhändlers Gesundheit eine Flasche Johannisberger 60er aus, und wie wir nun aufgestanden waren und die Thüre öfneten, siehe, da stellte sich uns, durch geheime Anstalt des Archi=Magus, ein Anblick dar, der mehr einer realisirten dichterischen vision als einer Naturscene ähnlich sah. Das ganze Ufer der Ilm, ganz in Rembrands Ge=

schmack beleuchtet — ein wunderbares Zaubergemisch von Hell und Dunkel, das im Ganzen einen Effect machte, der über allen Ausdruck geht. Die Herzogin war davon entzückt, wie wir alle. Als wir die kleine Treppe der Einsiedeley herabstiegen und zwischen den Felsenstücken und Buschwerken längs der Ilm gegen die Brücke, die diesen Platz mit einer Ecke des Stern verbindet, hingiengen, zerfiel die ganze Vision nach und nach in eine Menge kleiner Rembrandt'scher Nachtstücke, die man ewig hätte vor sich sehen mögen, und die nun durch die bazwischen herumwandelnden Personen ein Leben und ein Wunderbares bekamen, das für meine poetische Wenigkeit gar was Herrliches war. Ich hätte Göthen vor Liebe fressen mögen." (Wagner, Briefe an und von Merck, 1838 S. 159).

24.

* Fräulein von Göchhausen an Frau Rath.
25. October 1778.

Ettersburg d. 25ten 8br. 78.

Herzinniglich geliebte Frau Aja! ich freue mich immer wenn ich mich hinsetze um an Ihnen zu schreiben; wolbe doch der Himmel daß Ihnen meine Briefe etwas seyn könten, oder daß ich immer etwas Ihnen intereßantes zu schreiben wüste. Dießmal will ich Ihnen von vergangener berühmter Theatralischer Lustbarkeit erzehlen, die sich hier, bey den Hoflaager in Ettersburg zutrug.[1]

---

[1] Am 20. Oct. 1778 wurde dort zuerst der „Médecin malgré lui" und darauf Goethe's „Jahrmarkt von Plundersweilern" als Nachspiel gegeben, zum Geburtstag der Herzogin Anna Amalie. „Kranz, der Orchestermeister, Kraus als Decorateur, haben alle Hände voll zu thun und sind seit 14 Tagen fast immer in Ettersburg. Goethe kommt dann und wann, darnach zu sehen und das Werk in Gang zu bringen und die Herzogin lebt und webt und ist in dem Allen von ganzer Seele, von ganzem Gemüth und von allen Kräften. Der halbe Hof und ein guter Theil der Stadt spielt mit." (Damaliger Brief von Wieland). — „Die Ettersburger Schauspiele athmen eben so fast durchgehends den keckften

Dr. Wolfen und Philippen thu' ich alles nur erdenckliche gebrante Herzeleid an, wenn ich erfahre daß sie Ihnen schon das ganze Wesen geschrieben haben, denn ich habe diese Menschen=Kinder gebeten mir einmal die Freude zu laßen.

Also den 20. 8br. dieses mit Gott hinschleichenden Jahres trug sich zu daß auf den hiesigen neuerbauten Ettersburgschen Theater der Medecin malgré lui, von Einsiedeln übersetzt, und das Jarmarksfest zu Plunders=weilen, zu grosen gaudium aller vornehmen und geringen Zuschauer, hier aufgeführt wurde. Drey ganzer Wochen vorher, war des Mahlens des Lermens und des Hämmerns kein Ende, und unsere Fürstin, D. Wolf, Krauß rc. pur=zelten immer übereinander her ob der grosen Arbeit und Fleißes. Die spielenden Personen im Medecin wahren: Einsiedel als Scannarell, Aenngen Müller, seine Frau. Der Kammerherr Seckendorff Geronde. Hr. Saydler,[1] Leander. Mlle. Schröder,[2] Lucinde. Mlle. Probsten,[3] die Amme. Hr. Wolf Goethe, Lucas. Der Herzog Vallere und Profeßor Musaeus als Robert. Die Per=

Humor. Hierher gehören Goethe's moralisch=politische Puppen=spiele, sein Jahrmarkt zu Plundersweilern, an deßen Gesängen und Musikstücken die Herzogin selbst mit komponirt hatte, der Triumph der Empfindsamkeit, die Vögel nach Aristophanes. Alles wurde sehr geheim gehalten, bis es fertig war. Goethe selbst übernahm in dem Jahrmarkt drei Rollen: den Markt=schreier, den Hamann und den Mardochai." (Dr. A. Peucer in Weimars Album, 1840, S. 68).

[1] Heinrich Seidler, Ober=Consistorial=Secretär und Tenorist bei der Kapelle.

[2] Corona Schröter, die berühmte Hofsängerin.

[3] Corona's Freundin, Wilhelmine Probst.

sonen die Sie unter dieser Gesellschaft nicht kennen, will ich nächstens in Kupfer stechen laßen und Sie Ihnen schicken. Das Stück ging sehr gut, und Baron Einsiedel spielte besonders sehr fein, wie auch Doctor Wolf seinen Lucas in Bauertracht, herrlich gut. Zum Nachspiel erschien nun das gepriesene Jahrmarcksfest; der Doctor sagte er hät's schon geschickt. Die spielenden Personen, siehe Beylage 1. Das Bänckelsänger Gemählde, weil es von Kennern und Nichtkennern für ein rares und treffliches Stück Arbeit gehalten wird, und Sie als eine Kunstkennerin und Liebhaberin dergleichen Dinge berühmt sind, wird Ihnen in einer Copie, ins Kleine gebracht, nebst der Romantze auch zu geschickt. D. Wolf spielte alle seine Rollen über allemasen trefflich und gut, hatte auch Sorge getragen sich mächtiglich, besonders als Marcktschreyer herraus zu putzen. O hätten Ihnen Wünsche nur auf die paar Stunden zu uns zaubern können!

Unter denen Zuschauern befand sich die Erbprintzes von Braunschweich, die einige Tage zuvor angekommen war, u. grose Freude an unsern Guckelspiel bezeugte.

Nach der Comedie wurde ein groses Banquet gegeben, nach welchen sich die hohen Herrschaften sämblich (auser unsere Herzogin) empfahlen, uns Comedianten Packt aber wurde noch ein mächtiger Ball bereitet der bis am hellen lichten Morgen dauerte, und alles war lustig und guter Dinge. Um auch etwas von mir zu sagen, so kann ich nicht umhin mit aller Bescheidenheit zu melden daß ich die edle Guwernante im Puppenspiel überaus zierlich vorgetragen habe.

(Beilage 1.)

Spielende Personen im Puppenspiel.[1]

Docter	Einsidel.
Marckschreir,	Goethe.
Ahasverus,	Musaeus.
Ester,	Md. Wolff.[2]
Hamann,	Goethe.
Mardochai,	Goethe.
Tirolerin,	Mdlle. Schroder.[3]
Pefferkuchen Mägden	Fräulein Woelward.[4]
Amtman,	Bertuch.
F. Amtmannin,	Mdlle. Probst.
Tiroler,	Cammerher Seckendorff.
Nürenberger,	Schalling.[5]
Wagenschmärman	von Linkert.[6]
Zigeuner Hauptman	Steinhardt.[7]
Zie — — Bursch	Seidler.[8]
Baur	Steinhardt.
Bänckelsänger	Camerher Seckendorff.
seine Frau	Mdme. Steinhardt.[9]

---

[1] Diese Ueberschrift noch von der Hand des Fräul. von Göchhausen, das übrige von der Hand der Herzogin Anna Amalie.

[2] Gattin des Kapellmeisters Wolf (s. Nr. 18).

[3] Hofsängerin Corona Schröter.

[4] Pfefferkuchenmädchen — Hofdame Frl. von Wöllwarth.

[5] Hofadvocat Schalling.

[6] Wagenschmiermann — Oberconsistorialpräsident von Lyncker.

[7] Joh. Friedr. Steinhardt, erster Flötist bei der Hofkapelle.

[8] Oberconsistorialsecretär Seidler.

[9] Hofsängerin Friederike Steinhardt, Gattin des Flötisten Steinhardt.

Milchmägdgen,	Mdlle. Neuhauß.[1]
Marmottenjungen,	von Linkert[2] u. v. Todeward.[3]
Ochßenhändler,	v. Staff.[4]
Schweinhändler,	von Luck.[5]
Die Gouvernante,	Fräulein Tusel.[6]
Das Fräulein,	Frl. v. Koppenfels.[7]
Der Pfarrer,	Krauss.[8]
Hanswurscht,	Aulhorn.[9]
Schattenspiel Man,	Aulhorn.[10]

---

[1] Hofsängerin Marie Salome Philippine Neuhaus (später an den fürstlichen Stallmeister Böhme verheirathet).

[2] Hofpage von Lyncker jun.

[3] Hofpage von Todtenwarth.

[4] Kammerherr und Jagdjunker von Staff.

[5] Kammerherr von Luck.

[6] Fräul. von Göchhausen.

[7] Tochter des Regierungskanzlers.

[8] Rath Kraus, Director des Zeicheninstituts.

[9] Hoftanzmeister und Bassist Johann Adam Aulhorn (1757 als junger Bursch mit der Döbbelin'schen Gesellschaft nach Weimar gekommen, im Fache der komischen Alten viel beschäftigt, s. Pasqué, a. a. O. II 262).

[10] Auf vorstehenden Brief bezieht sich die briefliche Aeußerung der Herzogin

Anna Amalie an Merck
vom 26. October 1778.
(Wagner, Briefe an J. G. Merck ꝛc. 1835, S. 149),

welche deshalb hier folgen mag:

Ettersburg, 26. Okt. 1778.

Lieber Merck! Gewiß nicht aus Vergessenheit habe ich bis hieher Ihnen zu antworten und Ihnen für Ihren Brief und für die Radirungen des jungen Kobell zu danken gezögert. Das Theater und mein Fleiß, Ihnen etwas von den hiesigen Gegenden zu zeichnen, hat mich davon abgehalten. Was unsere theatralischen Beschäftigungen betrifft, überlaß ich der Frau Aja, Ihnen etwas davon zu erzählen, welcher Thusnelde eine weitläufige Beschreibung davon machen wird. Meine Zeichnung schicke ich nicht dem Kunstrichter, sondern dem Freund, von dem ich wünschte, daß er die Gegend bald in Natur sähe. Es ist die im Stern von der neuen Anlage, die unser Freund Goethe daselbst gemacht hat. — Leben Sie wohl, I. M., ich bin immer Ihre Freundin

Amelie

25.

* Anna Amalie an Frau Rath.
4. November 1778.

Ettersburg d. 4. 9bre —78.

Liebe Mutter! Ich kan Ihnen nicht genung sagen wie sehr ich mich gefreuet habe zu hören daß Sie Gesund sind, und daß Sie auch einmahl einige gute Tage gehabt haben; Freund Merck hat recht daß Er darauf bestehet mit Ihnen Liebe Mutter zu künftiger Frühjahr hieher zu kommen, sehen Sie die Sache nicht so schwer an, Freund Wolff[1] wünscht es auch, wier haben letzhin recht viel davon gesprochen, wier wollen den Alten Vatter unter derzeit schon allerhand Vergnügen verschaffen, Kranz soll zu Ihm und soll Ihm was vorgeigen daß es eine Art und Muster hat; ich dencke Liebe Mutter daß Ihr Herz wohl selbst genug für den Hätschel Hanz sprechen wird um zu wünschen Ihm einmal wiederzusehen; Sie können nicht glauben wie sehr ich mich darauf freue.

Thusnelde wird Ihnen die ganze Beschreibung von der Fete die ich hier gegeben habe machen, unser Freund

---
[1] Goethe.

Wolff hat die Freundschaft für mich gehabt alles selber zu ordnenn, der Jahrmarckt von Plundersweilen ist herlich gegangen. Ihr Sohn schicket Ihnen die Abschrift wie es hier gespielet worden ist, das Gemählde von Bänckelsänger hat Wolff, Krauss und ich gemahlt, da ist wieder etwas vor das Weimarische Zimmer.

Die Musicke von denen Liedern laß ich auf dem Clavier setzen und sobald Sie fertig sind sollen Sie sie auch haben. Leben Sie wohl Beste Mutter und dencken Sie an mich als an eine Freundin die Ihnen auf Lebenszeit zugethan ist.

Amelie.

Viele Grüße an den Alten Vatter.

26.

Merck an Wieland.

21. November 1778.

(Mitternachtsblatt 1826. Wagner, Briefe an und von Merck, S. 162).

Frcf. d. 21. Novbr. 1778.

Lieber Bruder ich bin vergangenen Montag von Hause abgegangen, habe ein leidiges Untersuchungswesen aufm Lande gehabt und noch eins auf 8 Tage vor mir. Indessen hat mich mein Weg über Franckfurt geworfen und habe nun so 2 Tage in Casa santa zugebracht, Alles mit Frau Aja recapitulirt und was voriges Jahr in dieser Stube uns Allen begegnete. Gestern waren wieder alle die Mädchen, die Euretwegen vorm Jahr so häufig sich hier im Hause einfanden, beysammen und Mdme. Brentano[1] spielte wieder den Gickel[2] auf dem Clavier. Dabey gedachten wir Abends bey dem herrlichen Wein Deiner, fluchten wieder auf Jacobi'n und seines Gleichen und mir flossen die Thränen herab daß nun so Alles das vorgieng, daß nun ein ganzes Jahr sey, daß wir uns

---
[1] Bettina's Mutter.
[2] Gigue, ein damals modischer Tanz.

nicht gesehen, und daß es uns wieder ein halbes Jahr werden würde, ehe so was dergleichen geschehen könnte. Hiermit erklärte sich der Herr Rath großmüthiger Weise daß er seine Frau wolle ziehen lassen, im Fall der Herzog den Fr. Kranz überschicken wolle, ihm auf der Pratsche vorzuspielen, indeß wir zu Weimar unser Stückchen spielten. Nächstens ergeht von mir im Namen der Frau Aja und Consorten eine Supplik an den Herzog in Form, den Musicus Kranz seiner Pflichten auf 4 Wochen zu entlassen, im Falle man unserer begehre.

27.

Frau Rath an Wieland.
24. November 1778.

(Auf die Rückseite des vorstehenden Briefs Merck's an Wieland geschrieben).

(Mitternachtsblatt 1826. Wagner, Briefe an und von Merck, S. 163).

Den 24ten November 1778.

Lieber Sohn! Merck war 3 Tage bey uns. Da er fort ist, suche ich im Zimmer nach und räume auf, wie das bey Poeten ein sehr nöthiges Werk ist, wie Ihr aus vorhergehendem Briefe zur Genüge ersehen könnt. Denn der arme Brief hätte gewiß gelegen und wäre niemals an Ort und Stelle gekommen, hätte Frau Aja weniger Einsicht in das Poeten=Wesen. Aber die ist Gott sey Danck noch nicht aus der Uebung, obgleich Herr Wolf=gang Goethe schon 3 Jahre ihr Haus nicht mehr er=freut, sondern sein Licht in Weimar leuchten läßt. Lie=ber Sohn, habt die Güte und bestellt einliegenden Brief aufs Beste. Bey dem Antipope ist auch Alles besorgt,

jeder hat so seine Art und Kunst. Bald wünsche ich gute neue Mähr von Eurem lieben Weibe und Euch zu hören. Ich bin, wiewohl in großer Eile
Eure wahre Freundin
Goethe.

28.

* Wieland an Frau Rath.
4. December 1778.
(Auf einem Blättchen mit Randverzierungen.)

Liebſte Frau Aja, Ich habe heute ſo einen ungeheuren Hauffen leidige Geſchäftsbriefe zu ſchreiben gehabt, daß ich ſo müd wie ein Hund, und ſo ausgetroknet bin wie ein Profeſſor Moralium. Iſt mir alſo unmöglich meiner lieben Mutter, zum Merkur, der hiebey ſeine Aufwartung macht, ein mehreres zu ſchreiben als daß dero leztes ge= meinſchaftl. mit Bruder Merck geſchriebnes Brieflein mir herzl. wohl gethan hat. Mit dem Brief an die Herzogin bin ſogleich ſelbſt hingegangen und habe zum Recom- pens für die Freude, die Ihr Eure proſa machte, einen gar herrlichen Abend mit dieſer in Wahrheit unvergleich= lichen Frau zugebracht. Ich habe ſie in 7 Jahren nie ſo guten Humors geſehen als an ſelbem Abend. Sie wird Ew. Lbdn inzwiſchen wohl ſelbſt geſchrieben haben, wie gewiß ſie auf die Freude rechnet, ihre geliebte Frau Aja aufs Frühjahr hier zu ſehen. Dagegen ſoll Kranz mit Bratſche und Violine in Ihrem Hauſe erſcheinen und dem Herrn Rath (dem ich mich gehorſamſt empfehle)

soviel schönes und Neues vorspielen, daß Er alles Leides
dabey vergessen soll. Binnen 14 Tagen ein mehrers.
Izt 1000 mahl Ade von

       Ihrem ganz eignen Sohn

W. 4ten Decemb.   Wieland.
 1778.

Inlage bitte sogleich abgeben zu lassen.

29.

* **Wieland an Frau Rath.**

1. Januar 1779.

Liebe beste Mama, was ich für ein — Etourdi bin, daß ich nicht in den Calender gukte als der kleine Carl Friedrich gebohren war! — Und doch beym Lichte besehen, hätt' ich ihn, Bescheidenheits halber, gleichwohl nicht Agathon tauffen lassen dürfen. Genug, daß Euer Liebden das omen flugs ergriffen, und ihm aus dem Rahmen des Patrons an dessen Tag er seine Entrée in diese Werkeltagswelt gemacht hat, ein so herrliches Prognosticon gestellt haben. Die Sterne mögen nun das ihrige thun, und durch ihre günstige Einflüße zur Würklichkeit bringen, was Frau Aja geweissagt hat!

In ganzem Ernst, der kleine Junge hat ein wahres Agathonsgesichtchen: Sie werden Ihre Freude an ihm sehen. Kommen Sie nur auch fein gewiß auf Ostern oder Pfingsten zu uns, und sagen Sie dem l. Papa, falls Er sich nicht entschließen kan mitzureisen, ich wolle Ihnen, aus Dankbarkeit, meine Sophie auf etliche Monate nach Frankfurt mitgeben, und sie dann im Herbst in eigner Person wieder abhohlen.

Zum Neuen Jahr 1779 hab ich Ihnen leider! nichts bessers zu geben als den hiebeyfolgenden Merkur, worinn gleichwohl einige ganz hübsche Artikelchen sind. Gelegentheitl. sprechen Sie dem l. Bruder Merck zu, das Autorhandwerk nicht so gar abscheulich zu verachten, und mir pro 1779 fleissig kleine Aufsätze, die wir hier so gerne lesen, in den Merkur zu geben.

1000 Grüße an den lieben faulen trägen Freund Bölling, der mir mit keinem Wort schreibt, ob er die kleine assignation, die ich ihm vor wer weiß wie lange geschickt, bezahlt bekommen, und dagegen anbefohlner maaßen f. 100 an Freund Merken übermacht hat. Ich bin ein großer Feind solcher Unachtsamkeiten zumal an Kaufleuten — im Vorbeygehn gesagt.

Und hiemit Ade und tausend Seegenswünsche von mir, Meinem Weib und ganzen Haus an unsern lieben Papa und Mama in Frankfurt. Alle guten Engel schweben je und allezeit über der Casa santa! und heilig sey das Andenken der seligen Stunden, die wir im Jahr 1777. und 78. an der unvergeßlichen Tafelrunde zugebracht haben! O liebe Frau Aja, wer Flügel hätte! — Kranz beugt seine Kniee. Wir haben den Gedächtnistag unsrer Ankunft in Ffurt ordentl. gefeyrt — mit Musica, Clarinetten Geigen und Cymbeln. Wann wirds uns wieder so gut werden?

Nochmals Ade — Alles ist wohl und gesund, was Ihnen in Weimar lieb ist. Aber der kleine heilige Christ, den uns die Herz. Louise bringen sollte, ist noch nicht angekommen. Wenn nur nicht am Ende gar — das Beste dran vergessen worden ist.

Nehmen Sie vorlieb, liebe Mutter, mit diesem eilfertigen Zettelein (Es geht am 1ten Neujahrstag nicht besser) von Ihrem ewigtreuergebnen

Wieland.

W. 1. Jenner 1779.[1]

---

[1] Aus demselben Monat findet sich in den „Briefen an J. H. Merck", herausgegeben von Wagner 1835, S. 154 eine für die Herzogin Anna Amalie und deren Verehrung der Frau Rath sehr bezeichnende Aeußerung Wieland's. Unter dem 25. Januar 1779 schreibt er an Merck: „Schreiben mag ich izt gar nicht, als was schlechterdings Noth ist. Dagegen wünsch' ich, daß Du die Correspondenz mit der Herzogin Mutter nach Möglichkeit unterhaltest; denn wenn sie wieder einen Brief von Dir oder Mutter Aja bekommen hat, so spricht sie nicht anders davon, als ob ihr ein groß Glück wiederfahren wäre, recht wie das Weib im Evangelio, die ihre Nachbarinnen anruft, sich mit ihr zu freuen, daß sie ihren Groschen funden habe."

30.

Frau Rath an Anna Amalie.
11. April 1779.
(Dorow, „Reminiscenzen", S. 132).

Durchlauchtigste Fürstinn! Nach dem Appetit meiner Samstagsmädel[1] zu rechnen, müssen die kleine Bisquittiger[2] längst alle seyn. — Ich nehme mir hier die große Freiheit, Ew. Durchlaucht noch eine kleine Provision zu übersenden, nehmen Sie, beste Fürstin, meine Freiheit ja nicht ungnädig. Bei uns ist's Messe!!! Weitmäuligte Laffen, Feilschen und gaffen, Gaffen und kaufen, Bestienhaufen, Kinder und Fratzen, Affen und Katzen u. s. w.[3] — Doch mit Respekt geredt, Frau Aja! Madame La Roche ist auch da!!! Theuerste Fürstin! Könnte

---

[1] Frau Rath pflegte, wie oben bemerkt, eine Reihe von Jahren hindurch regelmäßig einen meist aus jüngern Mädchen bestehenden Kreis um sich zu versammeln, die sie „ihre Samstagsmädel" nannte.

[2] Sie hatte an die Herzogin Anna Amalie eine Schachtel Bisquit geschickt, vgl. den unten folgenden Brief der Herzogin vom 21. April 1779.

[3] Dem Goethe'schen „Jahrmarktsfest" entnommen, wo der Zigeunerhauptmann diese Verse zu sprechen hat.

Doktor Wolf den Tochtermann sehen, dem die Verfasserin der Sternheim ihre zweite Tochter aufhängen will; so würde er nach seiner sonst löblichen Gewohnheit mit den Zähnen knirschen, und ganz gottlos fluchen. Gestern stellte sie mir das Ungeheuer vor — großer Gott!!! wenn mich der zur Königin der Erden (Amerika miteingeschlossen) machen wollte; so — ja so gebe ich ihm einen Korb. Er sieht aus — wie der Teufel in der 7te Bitte in Luthers kleinem Katechismus — ist so dumm wie ein Heupferd und zu allem seinem Unglück ist er Hofrath. Wenn ich von all dem Zeug was begreife, so will ich zur Auster werden. Eine Frau wie die La Roche, von einem gewiß nicht gemeinen Verstand, von ziemlichen Glücksgütern, von Ansehn, Rang u. s. w. die es recht drauf anfängt, ihre Töchter unglücklich zu machen — und doch Sternheime und Frauenzimmerbriefe schreibt — mit Einem Wort, mein Kopf ist wie in einer Mühle. Verzeihen Ihre Durchlaucht, daß ich Ihnen so was vorerzähle, ich habe aber eben das Aventheuer vor Augen — und die Thränen der guten Luise kann ich nicht ausstehen — Der 3te Feyertag ist doch glücklich vorbeigegangen, ich hoffe auch etwas davon zu vernehmen?[1] Die Fräulein Thusnelde hat eine gar schöne Gabe solche Festiviteten zu beschreiben und ich glaube sie wird ihren Ruhm behaupten, und Frau Aja was davon zukommen lassen, denn das Jahrmarktsfest hat sie ganz herrlich beschrieben — thut sie's — so haben Ew. Durchlaucht die Gnade, ihr von den Bisquittgen auch ihren Antheil zu überreichen.

---

[1] Am 6. April 1779 hatte die erste Aufführung von Goethe's „Iphigenie" stattgefunden.

Der Vater empfiehlt sich zu ferneren hohen Gnaden, und Frau Aja, der es nie so wohl ist, als wenn sie an die vortrefflichste, größte, liebenswürdigste, beste Fürstin denkt, küßt in Anbetung und Demuth die Hand ihrer theuersten Fürstin und bleibt bis ins Grab

Ihre Durchlaucht

unterthänige Dienerin
C. E. Goethe.

(„Das Unthier heißt Möhr, und ist wirklicher Hofrath vom Kurfürsten von Trier.")

31.

* Fräulein von Göchhausen an Frau Rath.
12. April 1779.

Weimar d. 12ten Apr. 1779.

Gute, liebe, Herzens Mutter! Es dünkt mir sehr lang daß ich nicht an Ihnen schrieb; und noch länger daß ich kein Brieflein von Ihnen sah, außer was gute Herzen, als die Herzogin und Wieland mir zuweilen aus Barmherzigkeit von Ihnen wolden zukommen laßen. An diesen Unheil war nun einzig und allein, eine mir sehr unwilkommene, langweilige Unpäßlichkeit schuld, die mich drop blagte und zuweilen gar meynen machte als wolte das zarte Körperlein den grosen Geist nicht länger faßen. Daß war mir nun ungelegen und es rauchten Opfer und Brandopfer der strengen Göttin Hygiaen — und sie hatte Mitleid mit meiner Schwachheit; und nun wandle ich wieder daher in Friede und Freude, und dancke durch Genuß des lieblichen Herzerquikenden Frühlings. Eine ganze Seite von nichts als meiner Wenigkeit — rechnen Sie noch zurück gebliebener Schwachheit zu, und verzeihen sie in Liebe.

Daß der Herr Doctor seiner Schuldigkeit gemäß, seine treffliche Iphigenie wird überschickt haben, oder noch schickt, hoffe ich gewiß. Ich will mich also alles Ge=

schwätzes darüber enthalten, und nur so viel sagen, daß er seinen Orest meisterhaft gespielt hat. Sein Kleid, so wie des Pylades seins war Grigisch, und ich hab ihm in meinem Leben noch nicht so schön gesehn. Ueberhaupt wurde das ganze Stück so gut gespielt — daß König und Königin hätten sagen mögen Liebes Löbchen brülle noch einmal.[1]

Heute[2] wirds wieder aufgeführt und so herzlich ich mich darauf freue, so glauben Sie mir, daß ich sehr seelig seyn würde, wenn ich den Mütterlichen Herzen meinen Platz geben könte.

Nun bald erwarthen wir unsern braven Merck. Wir freuen uns gewiß alle herzlich darauf. Die Herzogin hat ihm geschrieben daß die Brabentwender alle revidirt werden, um wenigstens von der Seite seiner kritischen Nase keinen Schmauß zu geben.

Ihnen, liebe Mutter sehn wir nicht anders als wir müßen wieder nach Franckfurth kommen. Nun, ich schwöre vor nichts, Berg und Thal ꝛc. Erschrecken Sie nur nicht wenn einmal eine Post mit 6en vor Ihrem Hause hällt.

Unsere theuere Fürstin grüßt tausendmal Vater und Mutter und ich lebe und sterbe meiner Frau Aja
threue
Thusnelde.

Einsiedel und Wieland grüßen auch, lezterer ist an einen Fluß am Arm einige Zeit nicht recht gewesen, ist aber alles wieder gut und wohl.

---

[1] Anspielung auf Shakspeare's „Sommernachtstraum".
[2] Am 12. April 1779 fand die erste Wiederholung der „Iphigenie" statt.

32.

* Anna Amalie an Frau Rath.
21. April 1779.

Weimar d. 21ten April — 79.

Liebe Beste Mutter! Ich bin in Besitz von zweyen ihren lieben Briefen, und zwey mitgekommenen Bisquitschabeln für welche ich Ihnen vielen Danck sage. —

Die Nachricht, die Sie mir von der Verheirathung der jüngsten Tochter der La Roche mittheilen ist so wunderbahr daß der Verstand stille steht; ich habe ihren Brief an Docter Wolff gewiesen, da das Hofleben ihm aber sehr gesittet gemacht so knirste Er nicht mit denen Zähnen fluchte noch weniger, sondern zuckte die Achseln über das jämmerliche Abentheur. Wir sind alle curieux den Nahmen des Menschen zu wißen deßen Opfer die arme Louise werden soll, da sagt das sprichwort wahr thut nach meinem Worten aber nicht nach meine Thaten, ihre Empfindungen sind auf schwarz und weiß aber weit entfernet vom Herzen.

Der dritte Feyertag [1] ist glücklich vorbeygegangen, wo-

---

[1] 6. April, mit erster Auffführung der „Iphigenie".

von Tusnelde Ihnen Beschreibung gemacht hat. Kurz
darauf ist es wiederholt worden und mit dem nähmlichen
Beyfall, ich dencke daß Er Ihnen das ganze Stück
schiecken wird, und da werden Sie selbst ersehen wie
Schön und vortreflich es ist und wie sehr seiner würdig.
Sie wollen gerne wißen liebe Mutter wer meinen Schatten=
riß gemacht hat? Es ist der Herr Sohn der es im großen
gezeichnet, und sein Getreuer Philip der es in kleinem
Fabriciret hat, das ist das ganze Netzel. Gegen ende
May dencke ich das Merck hier sein wird, er wird bey
mir in Ettersburg wohnen, Ach! Mutter — Mutter —
sie errathen wohl meine gedancken —

Was macht der alte Vater. Er soll ja nicht wohl
sein, Grüßen Sie ihm von mir und das tausendmahl.
Leben Sie wohl beste Mutter behalten Sie mich lieb und
dencken fleißig an ihre

Freundin Amelie.

33.

* Fräulein von Göchhausen an Frau Rath.
21. Mai 1779.

Weimar d. 21. May.

Ihr Brief und liebe Theilnehmung an meinem noch hier seyn auf dieser wieder neu aufgeputzten schönen Erde, hat mir Herz und Seele erfreut. Gewiß, liebe Mutter, haben Sie schon recht viel zur Freude und Wohlgefallen meines Lebens beygetragen, auch bin ich gewiß danckbar dafür; und hätten Sie mir auch gar nichts weiter zu Lieb gethan, so wär's schon genung diese Erde noch lieber zu haben, wenn man weis, daß man mit so einer herzlichen, treflichen Frau, als Sie sind, auf derselben herrum wandelt.

Iphigenia würd doch nun endlich angekommen seyn? wenigstens hab ich den Doctor und Philipp tag täglich dazu angemant, und wie ich nicht anders weiß, hat sie schon lang ihre Wanderung angetreten. Das wird wieder einen seeligen Tag geben, wenn ihr so dazusammen sitzen und Euch daran freuen werdet. Daß aber nur die Gesundheit vom Doctor in den besten und ältesten Wein dabey getrunken wird. — Er und seine Iphigenia verdienens gewiß.

Wir sind nun seit 8 Tagen wieder mit Sack u. Pack in unsern lieben Ettersburg. Es ist doch, das weiß Gott! ein schönes Leben so in Wald, Berg und Thal! Unsere beste Herzogin ist hier auch wohl und vergnügt, Gott erhalte sie dabey, sie verdients so sehr!

Gestern hat uns der Hr. Geh. Leg. Rath, ein Schäferspiel, die Launen der Verliebten, hier aufgeführt, das er in seinen 18ten Jahr sagte gemacht zu haben und nur wenig Veränderungen dazu gethan. Es bestant nur aus 4 Personen, welche der Docter, Einsiedel, die Frl. v. Woelwarth und Mlle. Schroeder vorstellten. Es ist von einem Act, mit einigen Arien, welche der Kammerherr Seckendorff componirt hat. Es wurde recht sehr gut gespielt, und wir waren den ganzen Tag fröhlich und guter Dinge.

Jezt leben wir in beständiger Erwarthung unsers Mercks. bey'm Erwachen und bey'm Schlafengehn dencken wir seiner; und wenn's regent oder der Wind ein bißgen stärcker bläßt solten Sie das lamento hören! Der Arme Merck! jezt wird er vielleicht naß! Der Wind wird ihm auf seinen Fuchs das Reiten sauer machen! und scheint die Sonne, so freut sie jezt doppelt seintwegen. so gehts den ganzen Tag. Käm' er doch nur recht bald! Der Doctor reitet ihm bis Erfurth entgegen. Der alte gute Wieland ist jetzt hausen bey uns, auf unsern Berg, er grüßt seine herzlich liebe Frau Aja von ganzer Seele!

Der Mahler May ist jezt in Weimar und mahlt und hat ein ganze Menge Angesichter schon dahrgestellt. Hätschel=

hanß hat sich auch mahlen laßen, ich hab's noch nicht gesehn, aber man sagt es sey gut.

Unsere Herzogin grüßt Vater und Mutter herzlich. — Kraus hat gezt allerley zu schaffen, wird aber vielleicht bald etwas von sich sehn und hören laßen.

Den Vater, auch Joh. Casp. Bollingen meinen schönsten Gruß! und Ihnen beste Frau, meinen besten Kuß von Ihrer

ewig treuen

Louise G.

verzeihe Sie des Geschmirs!!!

Nachschrift von Wieland und Anna Amalie.
(Vgl. Riemer, Briefe von und an Goethe, S. 271.)

Liebes Mütterchen, wir sind hier bey Ihrer und unserer Herzogin, der einzigen und ewigen Königin unserer freyen Herzen, auf den hohen Ettersberg

Und leben da ferne vom Erdengetümmel

Das seelige Leben der Götter im Himmel u. s. w.

außer daß es verb..t garstig unfreundlich Wetter ist. Eja! wäre doch Mutter Aja auch bey uns. Auf Mercken harren wir wie auf den Regen ein dürr Land, Sela! Gestern hat mich ein kleines Schäferspielchen von Bruder Wolfens ersten Schuß um 25 Jahre jünger gemacht. Den Sie wissen doch daß wir hier in Ettersburg ein Theaterchen haben, so schön als Sie sichs nur einbilden können, und daß wir da — doch wozu wollt' ich Ihnen von allen unsern Freuden schwatzen? Das macht Euch doch nur das Herz schwer. Ade liebe Mutter, mit meinem großen Compliment an den guten lieben Papa! Behalte Sie in guten Andencken Ihren Sohn

Wieland.

Liebe Mutter ich und meine Esel sind auch da.

Amelie.

34.

Goethe an seine Mutter.
9. August 1779.

Adresse:

An Frau Rath Goethe

nach

Franckfurt

am Mayn.

(Mit dem zierlichen G. gesiegelt.)

Mein Verlangen Sie einmal wiederzusehen, war bis=
her immer durch die Umstände in denen ich hier mehr
oder weniger nothwendig war, gemäsigt. Nunmehr aber
kann sich eine Gelegenheit finden, darüber ich aber vor
allem das strengste Geheimniss fordern muss. Der Herzog
hat Lust den schönen Herbst am Rein zu geniesen, ich
würde mit ihm gehen und der Kammerhr. Wedel. Wir
würden bey Euch einkehren wenige Tage da bleiben um
den Messfreunden auszuweichen dann auf dem Waffer
weiter gehn. Dann zurückkommen und bey euch unsre
Städte aufschlagen um von da die Nachbaarschafft zu be=
suchen. Wenn sie dieses prosaisch oder poetisch nimmt
so ist dieses eigentlich das Tüpfgen aufs i, eures ver=
gangnen Lebens, und ich käme das erstemal ganz wohl

und vergnügt und so ehrenvoll als möglich in mein Vater=
land zurück. Weil ich aber auch möchte daß, da an den
Bergen Samaria der Wein so schön gediehen ist auch
dazu gepfiffen würde [1], so wollt ich nichts als daß Sie
und der Vater offne und feine Herzen hätten uns zu
empfangen, und Gott zu dancken der Euch euren Sohn
im dreisigsten Jahr auf solche Weise wiedersehen lest.
Da ich aller Versuchung widerstanden habe von hier
wegzuwitschen und Euch zu überraschen, so wollt ich auch
diese Reise recht nach Herzensluft geniessen. Das un=
mögliche erwart ich nicht. Gott hat nicht gewollt daß der
Vater die so sehnlich gewünschten Früchte die nun reif sind
geniessen solle, er hat ihm den Apetit verdorben und so
seys. ich will gerne von der Seite nichts fordern als
was ihm der Humor des Augenblicks für ein Betragen
eingiebt. Aber Sie mögt ich recht fröhlich sehen, und
ihr einen guten Tag bieten wie noch keinen. ich habe
alles was ein Mensch verlangen kan, ein Leben in dem
ich mich täglich übe und täglich wachse, und komme dies=
mal gesund, ohne Leidenschafft, ohne Verworrenheit, ohne
dumpfes Treiben, sondern wie ein von Gott geliebter,
der die Hälfte seines Lebens hingebracht hat, und aus
vergangnem Leiden manches Gute für die Zukunft hofft,
und auch für künftiges Leiden die Brust bewährt hat,
wenn ich euch vergnügt finde, werd ich mit Lust zurück=
kehren an die Arbeit und die Mühe des Tags die mich
erwartet. Antworte Sie mir im ganzen Umpfang so=
gleich. Wir kommen allenfalls in der Hälfte Septembers

---

[1] Die in der biographischen Einleitung erwähnte Bibelstelle, durch welche einst bei Goethe's Krankheit die Mutter getröstet wurde.

das nähere bis auf den kleinsten Umstand soll Sie[1] wissen wenn ich nur Antwort auf diesen habe. Aber ein unverbrüchlich Geheimniß vor der Hand auch gegen den Vater Mercken Bolling 2c. allen muß unsre Ankunft Ueberraschung sein. ich verlasse mich drauf. hier vermuthet noch niemand nichts. d. 9. Aug. 1779.

G.

Wie ich mir unsre Quartiere gedacht habe und was wir brauchen 2c. das alles soll in meinem nächsten Brief folgen wenn Sie mir erst ihre Ideen geschrieben hat.

---

[1] Dazwischen stand das von Goethe ausgestrichene Wort „hernach".

35.

* Goethe an seine Mutter.

August 1779.[1]

So eine Antwort wünscht ich von Ihr liebe Mutter, ich hoffe es soll recht schön und herrlich werden. Also eine nähere Nachricht von unsrer Ankunft. Ohngefähr in der Hälfte September treffen wir ein und bleiben ganz still einige Tage bey Euch. Denn weil der Herzog seine Tanten und Vettern die auf der Messe seyn werden nicht eben sehen möchte wollen wir gleich weiter und auf dem Mayn und Rhein hinab schwimmen. Haben wir unsre Tour vollendet; so kommen wir zurück und schlagen in forma unser Quartier bey Ihr auf, ich werde alsdenn alle meine Freunde und Bekannte beherzigen,

---

[1] Ohne Datum, aber unzweifelhaft aus dem August 1779, nach Empfang der Antwort der Mutter auf vorstehenden Brief. Im September reisten dann Karl August, Goethe (inzwischen an seinem 30. Geburtstag, 28. Aug., zum Geheimrath erhoben) und Oberforstmeister v. Wedell nach Frankfurt, wohnten dort im Goethehause mehrere Tage und führten von dort ihre „Genie=Reise" in die Schweiz aus.

und der Herzog wird nach Darmstadt gehen und in der Nachbaarschafft einigen Adel besuchen. Unser Quartier wird bestellt wie folgt. Für den Herzog wird im kleinen Stübgen ein Bette gemacht, und die Orgel wenn sie noch da stünde hinausgeschafft. Das grose Zimmer bleibt für Zuspruch, und das Entrèe zu seiner Wohnung. Er schlafft auf einem saubern Strohsacke, worüber ein schön Leintuch gebreitet ist unter einer leichten Decke.

(zweite Seite leer, dritte Seite:)

Das Papier schlägt durch drum fahr ich hier fort:
Das Caminstübgen wird für seine Bedienung zurecht gemacht ein Matraze Bette hinein gestellt.

Für Hr. v. Wedel wird das hintere Graue Zimmer bereitet auch ein Matrazzen Bette 2c.

Für mich oben in meiner alten Wohnung auch ein Strohsack 2c. wie dem Herzog.

Essen macht ihr Mittags vier Essen nicht mehr noch weniger, kein Gekoch, sondern eure bürgerlichen Kunst= stück aufs beste, was ihr frühmorgens von Obst schaffen konnt wird gut seyn.

Darauf reduzirt sichs also dass wir das erstemal wenn wir ankommen iederman überraschen, und ein paar Tage vorbeygehn eh man uns gewahr wird, in der Messe ist das leicht. In des Herzogs Zimmern thu sie alle Lüstres heraus, es würde ihm lächerlich vorkommen. Die Wand= leuchter mag sie lassen. Sonst alles sauber wie gewohn= lich und ie weniger anscheinende

(vierte Seite leer, fünfte Seite:)

Umstände ie besser. Es muss ihr seyn als wenn wir

10 iahr so bey ihr wohnten. Für Bedienten oben im Gebrochnen Dach bey unsren Leuten sorgt sie für ein oder ein Paar Lager. Ihre Silbersachen stellt sie dem Herzog zum Gebrauch hin Lavor, Leuchter 2c. Keinen Kaffe und dergl. trinckt er nicht. Wedel wird ihr sehr behagen, der ist noch besser als alles was sie von uns Mannsvolck gesehen hat.

Also immer ein tiefes Stillschweigen, denn noch weis kein Mensch hier ein Wort. Was ihr noch einkommt schreibe sie mir. Ich will auf alles antworten, damit alles recht gut vorbereitet werde.

Merck darf noch nichts wissen.[1]

---

[1] Am 30. Sept. schreibt Goethe von Frankfurt aus an Frau von Stein: „Wir sind am schönsten Abend hier angelangt, und mit viel freundlichen Gesichtern empfangen worden. Meinen Vater hab' ich verändert angetroffen; er ist stiller und sein Gedächtniß nimmt ab: meine Mutter ist noch in ihrer alten Kraft und Liebe."

36.

* Karl August an Frau Rath.

2. October 1779.

Basel. d. 2ten Oct. 1779.

Mit den Monat October, sind wir in die Schweitz getreten. Ueber einen[1] ging es hinüber, und da sahen wir die schone Fläche um Basel, den Rhein, und in der Ferne die hohen Berge. Dieses, liebe Mutter Aja, schreibe ich Ihnen, zum Beweiß daß wir wohl, und wohl sehend von Franckfurth biß hierher gekommen. Die Stärckung ihres alten Weins, und besonders die gantz vortrefl. einfließe Ihres unvergeßlichen Wildpretsbraten haben uns in unsern Ritterzug trefliche Hülfe geleistet. Ihre gute, freundliche, aufnahme, und Ihre vorsorge für uns in Franckfurth, hat uns die Nöthige außdauer völlig gegeben, u. die verlohrnen Kräfte ersetz. Glauben Sie ja, liebe Frau Räthin, das ich recht und ewig danckbar bin für die viele Güte die Sie, und der Herr

---

[1] sic.

Rath für uns gehabt haben. Glauben Sie ja auch, und
das ohne allen Zweifel, daß ich Sie so sehr als jemand
schätze und liebe. Empfehl. Sie mich den Hr. Rath, und
bleiben Gesund, daß wir auf unserer Rückehr Freude an
Ihnen erleben. adieu.

Carl August.

37.

* Wieland an Frau Rath.

3. October 1779.

Liebe beste Mutter.

Herzlichen Dank für die zwey lieben Brieflein besonders das lezte, das ein so warmer reiner Abdruk der Freude Ihres mütterlichen Herzens ist! Wir haben recht großen innigen Antheil daran genommen, und lange lange möge Ihnen Gott diese und jede Freude des Lebens, die für edle Menschen einen Werth hat, erhalten!

Unsre Reisende sind ganz entsezlich verschwiegene Leute. Kein Mensch wußte was davon daß es der Schweiz zu gehen würde, und nun (sagt man) gehts gar nach Italien. Mögen alle guten Geister mit ihnen seyn!

Wir blasen inzwischen Trübsal, und jeder schwimmt und treibt auf seinem Brett so gut er kann. Mir helfen die lieben Musen so ganz leidlich durch die Welt; es ist würklich eine liebenswürdige Art von Narrheit (wie es Meister Horaz nennt) um die Poetennarrheit — und eine wohlthätige oben drein. Ueber dem Stanzen=

machen schlupft einem ein Tag nach dem andern unter
den Fingern weg, und man vergißt, essen und trinken
ausgenommen, die ganze Welt darüber. Oberon[1] ist
bereits bis zum siebenten Gesang fortgerükt.

Wenn uns die Götter Gnade geben daß wir hübsch
im Ton bleiben, und nicht abweichen weder zur rechten
noch zur linken, so kann's ein opus werden, das sich
vor ehrlichen Leuten sehen lassen darf. Wie bald es bey
Ihnen liebe Mamma, seine Aufwartung wird machen
können, läßt sich noch nicht sagen: aber daß Sie die erste
seyn sollen, die es außerhalb Weimar gedruckt erhält,
verspricht Ihnen mit Mund und Hand

Ihr ewig getreuer und
gehorsamer Sohn
Wieland.

Weimar d. 3ten Octob. 1779.

Mein ganzes Haus ist wohl; auch die beyden Buben
in specie. Der kleine Carl ist schön holdselig und leb=
haft wie 500 Liebesgötter. Wenn der Junge ein Erb=
prinz wäre, so trüge man ihn alle 14 Tage in proces-
sion herum und die Leute drängten sich hinzu, den
Saum seines Gesäßtüchleins zu küssen, wenn sie sonst
nichts küssen dürften. Dank sey dem Himmel liebe Mut=

---

[1] Am 26. Juli hatte Wieland bereits Goethen, während dieser
von May gemalt wurde, die erste Hälfte des „Oberon" vorge=
lesen und über Goethe's Beifall an Merck geschrieben: „Tag mei=
nes Lebens hab' ich Niemand über das Werk eines Andern so
vergnügt gesehen, als er es mit dem Oberon durchaus, sonderlich
mit dem 5. Gesang war."

ter, daß er uns Freude an unsern Kindern giebt, jedem nach seiner Art und an seinem theil! Er wolle uns dabey lassen und dem Satan wehren, daß er uns nie keine sau in unser magnificat mache — so wollen wir fröhlich seyn und ihm dancken in omnia saecula saeculorum. Amen!

38.

* Wieland an Frau Rath.

13. October 1779.

Liebe Mutter,

Der Brief an die Herzogin A. ist richtig bestellt worden.

Wie es zugegangen, daß der August Monat des Merkurius zurükgeblieben, weiß ich nicht; genug, hier ist er, besser spät als gar nicht.

Viel Dank für die kurze Nachricht von dem Wohl=befinden der lieben Wanderer. Ich wollte daß ich ihnen besser Wetter zu ihrer reise machen könnte — doch ihnen thut das am Ende nicht viel. Sie sind zwar nicht Herren über Wind und Wetter, aber sie sind doch wenigstens Herren sich nichts daraus zu machen.

Von allen den Fragen, liebe Frau Aja, welche Sie mir lezthin gerne vorgelegt hätten, und keine Zeit dazu hatten, möcht ich Ihnen nicht gerne eine einzige erlassen; also nur frisch gefragt, je bälder, je lieber!

Dagegen hab' ich Ihnen, pro tempore, auch eine Frage, und hinter drein eine kleine Bitte vorzutragen. Die Frage ist: was Merk macht, ob er etwa gar mit dem Herzog gezogen ist, oder was wohl sonst die Ursach seyn mag, daß er mich zu vergessen scheint?

Die Bitte besteht darinn: den lieben Freund Bölling schönstens für mich zu grüßen, und zu ersuchen, daß er mir auf meinen bewußten Brief nur ein paar Zeilen freundliche Antwort gebe. Ich sehe aus allen Umständen, daß ihm meine kleinen Commissionen beschwehrl. fallen müßen: ich will ihn auch, so Gott will, künftig nicht mehr mit dergleichen behelligen; nur wünschte ich, daß ich für diesmal berichtet wäre, ob Ihm das bewußte Geld in Augsburg ausgezahlt worden, und ob Hr. Heinr. Lansberg und der Prof. Exter in Zweybrücken hingegen das ihrige auch bekommen haben. In allen Geldsachen, wenn's gleich keine große Summen antrift, quält mich die Ungewisheit.

In meinem Hause ist alles wohl; die kleinen Buben wachsen und gedeyhen; besonders Louis hat sich brav erhohlt, und wird ein derber Flegel von einem Jungen. Oberon wächst auch; ich hab aber noch harte Nüsse aufzuknacken, bis ich beym Hallelujah bin.

Behalten Sie mich immer in gutem Andenken, beste Frau! Die Welt liegt im Argen, und die ärgste aller Fährlichkeiten, ist die Fährlichkeit unter falschen Brüdern. Aber wir wollen unsre Herzen rein bewahren!

Leben Sie wohl. Ich bin unveränderlich

Ihr gehorsamer Sohn
und getreuer Freund
Wieland.

W.[eimar] den 13ten October 1779.[1])

---

[1]) Am 22. Oct. 1779 schrieb Fräulein von Göchhausen an Merck: „Die illustre Reisegesellschaft schreibt ganz fleißig, wo sie ankommt

und wann sie abgeht, daß wir also sehr genau wissen, daß sie vor ungefähr 14 Tagen im Begriff war, die Glätscher zu besteigen. Von der Frau Aja sind, den Aufenthalt in Frankfurt betreffend, lange Briefe eingelaufen, die alle von sehr rosenfarbenem Humor zeugten, den ihr der Himmel lange erhalten wolle. Des Alten seine Gestalt, die Sie mit ein paar Zügen so meisterhaft darstellten, hat mich hoch gefreut. Es mag ihn freilich mächtiglich ergötzt haben, daß der Geh. Rath, sein Sohn, den Herzog in Frankfurt sehn ließ"; und am 30. October 1779 schrieb Sophie von La Roche an Merck: „Frau Aja gönne ich von ganzer Seele die innige Zufriedenheit, die dieser Besuch ihr geben mußte. Mutter-Freuden sind wohl unter den süßesten der Erde, und ich möchte wohl sagen, daß vielleicht keine Mutter lebt, die diese Freuden so sehr verdient, als Frau Goethe. Sie waren auch glücklich, vertrauter Freund und Zuschauer zu sehn." (Wagner, Briefe an Merck, 1835, S. 186, 187).

39.

* Wieland an Frau Rath.

1. November 1779.

Liebste Mutter,

Tausend Dank für Ihre zeitherige liebe Brieflein. Alles was von Ihnen kommt, viel oder wenig, ist mir Evangelium.

Daß es unsern Reisenden Fürsten, Rittern und Herren wohl geht, ist mir tröstlich zu vernehmen.

Der heute eingegangne Brief an die Herzogin Amalia und an Fräul. Goechhausen ist sogleich bestellt worden. Morgen kommen sie selbst wieder von Ettersburg zurük, wo seit 8 Tagen Jupiter Pluvius, zu teutsch Jupiter Naßkittel regiert, und die Spaziergänge im Wald übel zugerichtet hat. Die Hirsche haben auch ausgebrunstet — was sollte also länger dort abzuwarten seyn?

Ich bin seit vielen Wochen ein ausgemachter Einsidler. Oberon läßt mir Tag und Nacht keine ruh. Es ist eine Art von Besitzung, wovor der l. Gott alle fromme Christen bewahren wolle!

Neues giebts bey uns gar nichts. Das Alte aber

(und das ist doch meistens das beste!) wobey es immer bleiben soll ist daß ich von leib und seele bin

   Meiner lieben Frau Aja
       ganz eigener Freund
        und Sohn W.

P. S. Dürft ich mir, gelegentlich, den bewußten Talisman ausbitten?

Inlage bitte bestellen zu lassen.

Weimar am Allerheiligentag 1779.[1]

---

[1] Am 4. November 1779 schrieb die Herzogin Anna Amalie an Merck: „Die Nachrichten, die ich von den Reisenden bekomme, machen mir öfters den Kopf schwindlich. Es thut weh, von Nichts als den herrlichen Sachen zu hören, und sich ihnen nicht anders als durch ein trübes Fernglas nähern zu können. Doch gönn ich's ihnen von Herzen, und mach's, wie die Frau Aja, schüttele mich ein paarmal, setze mich ans Klavier oder zeichne, da werden die Ideen wieder Couleur de Rose." (Wagner, Briefe an Merck, 1835, S. 190).

40.

* Wieland an Frau Rath.

December 1779.¹

Libe Mutter — Nur 2 Worte mit dem hiebey an=
langenden Merkurius — nehmlich 1000 Dank für die
öftern Zeichen Ihres guten liebvollen Andenckens und
aviso, daß alles, was Sie mir zeithero an die Frau Her=
zogin Mutter aufgegeben, richtig bestellt worden. Mor=
gen werden vermuthl. auch die Wandleuchter anlangen.

Unsre theuren Wanderer werden nun wol wieder bey
Ihnen seyn, und ausruhen von ihrer Arbeit. Ich hoffe,
es soll uns sehr wohl bekommen sie wieder zu sehen.
Sie haben eine schöne excursion gemacht, und gute
Geister sind mit ihnen gewesen, und haben alle Elemente,
wie wir hören, vor ihnen her zu paaren getrieben. Wir
haben uns hier oft ihrentwegen geängstigt, während daß

---

¹ Ohne Datum, doch mit der Bleistift=Notiz: „b. 6 Xr. 1779"
und allerdings spricht Inhalt und Zusammenhang dafür, daß der
Brief im December 1779 geschrieben ist.

sie auf ihren Alpen die beste Witterung hatten die man sich wünschen kann — Ueberhaupt wissen wir hier nichts von all den gerühmten Herrlichkeiten des heurigen Herbstes in euren Gegenden; seit der Mitte des Octobers oder vielmehr seit dessen Anfang leben wir fast ohnunterbrochen in einem Dunstkreis von Wolken, Nebeln, regen und sturmwind.

Oberon geht indessen seinen Weg fort, und es müßte schlimm gehen, wenn ich nicht praecis an nächstkünftigem Fastnachtsdiensttag Abends um 8 Uhr mit der lezten Stanze des Vierzehnten und lezten Gesangs fertig seyn sollte. Betet indessen fleissig für mich, liebe Mutter, daß mir das Ende so wohl gelinge als Mittel und Anfang. Mir schauderts ein wenig, wenn ich denke, daß es nur einen einzigen Fehltritt braucht, um auf dem Wege, den ich wandle: den Hals zu brechen. Doch —

> Was Du mit Glauben und mit Muth
> begonnen hast, das helf ich Dir vollenden,

sagt Oberon, und Amen, das werde wahr! sag ich.[1]

---

[1] Schon nachdem ihm die erste Hälfte des Oberon vorgelesen war, urtheilte Goethe darüber: „Es ist ein schätzbares Werk für Kinder und Kenner, so was macht ihm Niemand nach. Es ist große Kunst in dem Ganzen, so weit ich's gehört habe, und im Einzelnen. Es setzt eine unsägliche Uebung voraus, und ist mit großem Dichterverstand, Wahrheit der Charaktere, der Empfindungen, der Beschreibungen, der Folge der Dinge, der Formen, Begebenheiten, Märchen, Fratzen und Plattheiten zusammengewoben, daß es an ihm nicht liegt, wenn es nicht unterhält und vergnügt"; — und als im Frühling 1780 Wieland sein Gedicht vollendet hatte, schickte Goethe zum Zeichen seiner Anerkennung ihm einen Lorberkranz in das Haus.

Adieu, bestes Mütterchen — einen Finger von jeder Hand gäb ich drum, wenn ich zu Euch fliegen, und euch meine X. Gesänge, die da hier vor mir liegen, vorlesen könnte!

Leben Sie recht wohl und behalten in gutem warmen Andenken Ihren

    treuergebenen sohn

          Wieland.

Alles bey mir, Weib, Kinder, mutter, kurz alles was Odem hat, ist wohl und lobet den Herrn, und grüßet Sie.

41.

* **Karl August an Frau Rath.**

19. März 1780.[1]

Weimar. d. 19ten M.[ärz] 1780.

Mein vielgeliebter Comercien Rath Paulsen wünscht sein figürchen Ihnen sehn zu laßen, und hizu soll ein Brief von mir an Ihnen ihm dienen; so diene ich ihm,

---

[1] Am 31. Januar 1780 hatte Karl August an Merck geschrieben: „Der Frau Aja Wein hat mir treffliche Dienste geleistet, und hätte ich nicht noch etwas Flogiston davon in mir, wahrlich der entsetzliche Schnupfen hätte mich übermannt. Aber wegen der Frau Aja denke ich so: hierbei schicke ich das, was ich wünschte, daß die Frau Aja gebrauchen wollte. Es muß von ihr nicht anders, als folgendermaßen angenommen werden:

1.) ist es kein Präsent. Sie hat mir viel Gefallen gethan, da ich ihrer sehr nöthig hatte, um nicht für mein Geld schlecht im rothen Haus zu wohnen. Ihr macht jetzt das Nichtdasehn des Geldes große Unannehmlichkeiten, und ein Gefallen ist des andern werth;

2.) erfährt der K. K. Herr Rath Nichts davon, sondern dem wird mein versteinerter Kopf zum Aufstellen übermacht.

3.) erfährt Göthe Nichts davon, weder heute, noch je.

u. er mir. Ich kan Ihnen nicht viel sagen liebe Frau Aja; was schönes daß in einen Brief gut klingen würde, mißtönt in den meinigen. Daß ich Sie liebe, u. ehre wißen Sie, ich brauchte es also nicht zu sagen; da die zwey worte einmahl dastehn, so mögen sie bleiben, es hieß alles, was man mit 3000000 Worten nicht sagen kan. Jetz hat aller Chatar, u. fieber unsere gegend verlaßen, der auserordentl. schöne Merz wärmt alles, u. schmiltz alles; das Wetter welches nach u. nach wärmer wird, muß alles böse, durch sein wohltäthiges schrecken, durch, und aus der Haut treiben. Göthe ist auch wieder wohl, und wohler jetz wie michs dünckt, als ich ihn lang gesehn. Ich aß gestern nacht noch mit einiger Gesellschaf bey ihm. Ihr, und des Vaters Bild, von Melchiorn paradiert in meiner Mutter Cabinett, wenn Ihrs nur beßer wäre, daß man es mehr ansehn könte. Ich bin biß dato, hier in der Gegend, noch starck herumgestrichen, seit 8 Tagen ohngefehr fange ich erst an ruhig zu werden. Göthe pflegt der Ruhe, des Fleißes und der Arbeit desto mehr. Würde mir alles so leichte wie ihm, so thäte ich auch gern was er thut. Sein schweitzer Drama[1] wird, denck' ich bald aufgeführt werden, heite ist Music-

---

P. S. Wegen des Geldes bitte ich doch ja nirgends Nichts wissen zu lassen, hier erfährt es Niemand." (Wagner, Briefe an Merck, 1835, S. 210 fg.)

[1] "Das kleine Singspiel „Jery und Bäthely", welches von ihm auf der schweizer Reise gedichtet worden. Gegen Pfingsten 1779 hatte der Bau eines besondern Redouten= und Comödienhauses in Weimar begonnen, im Jahre 1780 wurde dies Theater mit „Jery und Bätely", von Seckendorf componirt, und mit dessen „Kallisto" eröffnet.

probe, von Seckendorfs darauf gesetzte Music. Das neue Theater ist nun bald fertig. Merck hat geschrieben, es ist davon nur wie von einer alten geschichte die Rede, man hört es noch gern, aber jetz sieht man nichts mehr davon, als die Urkunden, das heist: er schreibt gar nicht mehr, ich weiß nicht warum. Grüßen Sie doch den alten, liebe Frau Aja, u. fodern ihm förml. auf. Geben Sie ihm ein paar Bouteillen 19er daß er sie bey Ihnen, und in der gelben stube auf der alten Gesellschaft gesundheit vertrinckt, er hat es ja umsonst, wie seine alte Regel lautet, dieses wird ihm vieleicht den Geist erwecken, und ihn schreibseelig machen. Nun leben Sie wohl beste Mutter Aja, und grüßen Sie den Vater, Gott befohlen.
Carl August H. z. S.[1]

---

[1] Aus dem Frühjahr 1780 datirt auch die so charakteristische Aeußerung Wieland's über die Frau Rath in einem Briefe an Merck, Weimar, Mai 1780 (Wagner, Briefe an Merck, S. 246):

„Ich hab' inzwischen von Frau Aja einen großen Brief erhalten, der mich auf etliche Tage guter Laune gemacht hat. Es geht in der Welt nichts über die Weiber von dieser Art, um sich von Poeten und Propheten gefangen nehmen zu lassen; nur Schade, daß sie immer rarer werden. Frau Aja ist die Königin aller Weiber, die Herz und Sinnen des Verständnisses haben; und dem Himmel sey Dank, daß es auch hier einige gibt, die werth sind, unter ihrer Fahne zu dienen."

42.

* Karl August an Frau Rath.
24. Juni 1780.

W. d. 24t Jun. 1780.

Guten Abend liebe Frau Aja; Von meiner Existenz, und meiner Freundschaft, und Hochachtung für Sie, muß ich Ihnen wieder Nachricht geben, geben Sie, mir ein Zeichen der Ihrigen. Am alten Mephistophiles[1] habe ich geschrieben, und habe ihm die Sache recht lebhaft vorgestellt, wie es schön seyn würde, wenn er jetz Mosers Posten erhielt, denn Oberhaupt muß er werden. Grüßen Sie den Hr. Rath, und leben recht wohl.

Carl August. H z. S.

---

[1] Merck.

43.

* Anna Amalie an Frau Rath.
9. Juni 1781.

Weimar d. 9ten Junius.
— 81.

Es ist lange daß ich nicht geschrieben habe Liebe Mutter! und doch ist es nicht vergeßenheit noch Mangel der Liebe die Ich Ihnen auf ewig zu Gesichert habe. Die wenigen Neuigkeiten, die hier vorgegangen sind, wahren Ihrer nicht werht, und um nicht monotonisch zu seyn und Ihnen Beste Frau langeweile zu machen schwieg ich lieber. Mein Sohn Constantin der Ihnen diesen Brief bringen wird kan Ihnen alles mündlich sagen wie es hier mit uns stehet. Sie werden, Liebe Mutter, ein jungen Menschen an ihm finden der noch nicht ganz Flicke ist, sein Herz aber ist gut, und ich hoffe, daß die Reise die Er jezt antrit ihm zu einem guten und brauchbahren Menschen machen wird. Der Legations=Rath Albrecht der mit ihm reiset, hat nichts zuvorkommendes im äußerlichen, wie Sie selbst finden werden, hingegen ist er ein rechtschaffener und sehr Ge=
scheuter Mann der selbst schon viel gereiset hat, und in

welchen mein Sohn viel zutrauen hat, sowie er wieder sehr an Constantin attachirt ist, daß ich also von dieser seite ganz Ruhig seyn kan. Sehen Sie liebe Mutter Constantin an als den Sohn von einer Mutter die von ganzen Herzen die Ihrige ist.

Amelie.

44.

* **Anna Amalie an Frau Rath.**
13. Juli 1781.

Tiefurth d. 13ten Julli
—81.

Was soll ich Ihnen schreiben Liebste Frau Aja! nachdem Sie mit Kayser, Ertzherzogen, Fürsten, und allen Teufel sich herrum getrieben haben, was kan Ihnen wohl weiter interressiren? wenn ich Ihnen schon sagen wolte daß ich hier in denen Haynen von Tiefurth recht vergnügt lebe so würde das gar klein und geringe in den Ohren der Frau Aja klingen; auch könte ich erzählen daß der viel Geliebte Herr Sohn Wolff, Gesund und wohl ist, daß Er in Ilmenau auf eine Comission gewesen und daneben noch allerley kleine Excurtions gemacht und vergnügt und Gesund wiedergekommen ist aber dies ist alles zu geringe für Ihnen man muß aus den hohen FF mit Ihnen sprechen, aber leider bey uns pasirt gar nichts, sogar kein ausländisches Thier gehet durch Weimar geschweige den ein Kayser. — Doch mein Herz sagt mir daß Frau Aja, bey allem Gaudium Frau Aja geblieben, daß sie doch seitwärts Blicke voll Liebe und

Freundschaft auf die Entfernten geworffen hat, und ewig die Liebe gute Mutter ist und bleiben wird Amen!

Das Fräulein Tusnelde überschieckt Jhnen hier ein Portefeuil welches sie mit eigener hohen Hand verfertiget hat, und damit ich nicht ganz lehr ausgehe so schiecke ich Jhnen Liebe Mutter ein paar Strumfbänder die ich auch selbst Fabricirt habe; ich hoffe Liebe Mutter daß Sie wenigstens daraus ersehen wie fleisig wir an Sie dencken.

Bleiben Sie immer die Liebe Mutter sowie ich ewig seyn werde

Jhre wahre Freundin
Amelie.

45.

* Goethe an seine Mutter.

11. August 1781.

Der Devin du Village ist mit Melchiors Schrift gestern angekommen. Auf Ihren vorigen lieben Brief zu antworten, hat es mir bisher an Zeit und Ruhe gefehlt. In demselben ihre alten und bekannten Gesinnungen wieder einmal ausgedrukt zu sehen und von Ihrer Hand zu lesen, hat mir eine große Freude gemacht. Ich bitte Sie, um meinetwillen unbesorgt zu seyn, und sich durch nichts irre machen zu laßen. Meine Gesundheit ist weit beßer als ich sie in vorigen Zeiten vermuthen und hoffen konnte, und da sie hinreicht um dasienige, was mir aufliegt wenigstens großentheils zu thun, so habe ich allerdings Ursache damit zufrieden zu seyn. Was meine Lage selbst betrift, so hat sie, ohnerachtet großer Beschweernisse, auch sehr viel erwünschtes für mich, wovon der beste Beweiß ist, daß ich mir keine andere mögliche denken kann, in die ich gegenwärtig hinüber gehen mögte. Denn mit einer hypochondrischen Unbehaglichkeit sich aus seiner Haut heraus in eine andere sehnen, will sich dünkt mich nicht wohl ziemen. Merck und mehrere beurtheilen meinen Zustand ganz falsch, sie sehen das nur was ich aufopfre, und nicht was ich gewinne, und sie können nicht begreifen, daß ich täglich reicher werde, indem ich täglich so viel hingebe. Sie erinnern sich, der lezten Zeiten, die ich bey Ihnen, eh ich hierhergieng zubrachte, unter solchen fortwährenden Umständen würde ich gewiß zu Grunde gegangen seyn. Das Unverhältniß des engen und langsam bewegten bürgerlichen Kreyses, zu der Weite und Geschwindigkeit meines Wesens hätte mich rasend gemacht. Bey der lebhaften Einbildung und Ahndung menschlicher Dinge, wäre ich doch immer unbekannt mit der Welt, und in einer ewigen Kindheit geblieben, welche meist durch Eigendünkel, und alle verwandte Fehler, sich und andern unerträglich wird. Wie viel glücklicher war es, mich in ein Verhältniß gesezt zu sehen, dem ich von keiner Seite gewachsen war, wo ich durch manche Fehler des Unbegrifs und der Uebereilung mich und andere kennen zu lernen, Gelegenheit genug hatte, wo ich, mir selbst und dem Schiksaal überlaßen, durch so viele Prüfungen ging die vielen hundert Menschen nicht nöthig seyn mögen, deren ich aber zu meiner Ausbildung äußerst bedürftig war. Und noch iezt, wie könnte ich mir, nach meiner Art zu seyn, einen glüklichern Zustand wünschen, als einen der für mich etwas unendliches hat. Denn wenn sich auch in mir täglich eine neue Fähigkeiten[1] entwikelte, meine Begriffe sich immer aufhellten, meine Kraft sich vermehrte, meine Kenntniße sich erweiterten, meine Unter-

---

[1] sic.

scheidung sich berichtigte und mein Muth lebhaffter würde[1], so fände ich doch täglich Gelegenheit, alle diese Eigenschaften, bald im großen, bald im kleinen[2], anzuwenden. Sie sehen, wie entfernt ich von der hypochondrischen Unruhe bin, die so viele Menschen mit ihrer Lage entzweyt, und daß nur die wichtigsten Betrachtungen oder ganz sonderbare, mir unerwartete Fälle mich bewegen könnten meinen Posten zu verlaßen; und unverantwortlich wäre es auch gegen mich selbst, wenn ich zu einer Zeit, da die gepflanzten Bäume zu wachsen anfangen und da man hoffen kann bey der Aerndte das Unkraut vom Waizen zu sondern, aus irgend einer Unbehaglichkeit davon gienge und mich selbst um Schatten, Früchte und Aerndte bringen wollte. Indeß glauben Sie mir daß ein großer Theil des guten Muths, womit ich trage und würke aus dem Gedanken quillt, daß alle diese Aufopferungen freywillig sind und daß ich nur dürfte Postpferde anspannen laßen, um das nothdürftige und Angenehme des Lebens, mit einer unbedingten Ruhe, bey Ihnen wieder zu finden. Denn ohne diese Aussicht und wenn ich mich, in Stunden des Verdrußes, als Leibeignen und Tagelöhner um der Bedürfniße willen ansehen müßte, würde mir manches viel saurer werden. Möge ich doch immer von Ihnen hören, daß Ihre Munterkeit Sie, bey dem gegenwärtigen Zustande des Vaters[3], nie verläßt. Fahren Sie fort Sich so viel Veränderung zu verschaffen, als Ihnen das gesellige Leben um Sie herum anbietet. Es ist mir nicht

---

[1] An der Stelle dieser Worte stand, nun ausgestrichen: „sich vermehrte".

[2] Dazwischen ist das Wort „täglich" ausgestrichen.

[3] Er starb neun Monate später, im Mai 1782, 72 Jahre alt.

wahrscheinlich, daß ich auf diesen Herbst mich werde von hier entfernen können, auf alle Fälle nicht vor Ende Septembers, doch würde ich suchen zur Weinlese bey Ihnen zu seyn. Schreiben Sie mir daher, ob diese vielleicht wegen des guten Sommers früher fallen möchte.

Leben Sie wohl. Grüsen Sie meine alten guten Freunde.

Weimar d. 11. Aug. 1781. G.

46.

* Karl August an Frau Rath.

15. November 1781.

Liebe Frau Räthin,

Schon wieder langt ein Kasten an, und eine Bitte, ihn durch einen andern Fuhrmann weiter zu spediren. Beykommender Brief soll dem transport den Weg nach der Schweitz zeigen.

Laßen Sie doch von Sich hören was Sie machen, und schreiben mir doch wie sich Merck aufführt; er hat sich ordentl. Weise entschuldigt daß er sich mit Nicolai so gemein gemacht hat; was hat er vor Scandala mit diesen getrieben. Was macht der alte Hr. Rath? Leben Sie wohl und seyen meiner wahren Achtung und Freund=schaft versichert.

Carl August H. z. S.

47.

* Anna Amalie an Frau Rath.

23. November 1781.

Weimar d. 23ten 9bre
—81.

Liebſte Frau Aja! ich kan Ihnen mit viel Vergnügen
ankündigen daß ihr geliebter Hätſchelhanz ſich in Gnaden
resolviret hat ein Hauß in der Stadt zu miethen, zwar
werden ſie erſt um Oſtern es beziehen weil der contract
von den jetzigen Bewohner bis dahin gehet; indeßen ha=
ben wir doch, liebe Mutter halb den Sieg davon getra=
gen es iſt gut daß es nun ſo weit gekommen iſt; auch
habe ich ihm verſprochen einige Meubeln anzuſchaffen weil
er ſo hübſch Fein und gut iſt. Sie werden alſo die güte
haben liebe Mutter und mir einige proben von Zitzen
zu ſchicken für Stühle und Canapee, und zugleich die
preiſe dabey.

Der Herr Gevatter Wieland iſt ganz ſtolz über ihr
liebes Andencken, mit großem Enthouſiasmus ſchrie er
aus das iſt mir eine Frau! ſie iſt die Zierde ihres Ge=
ſchlechtes! und ich ſagte Amen. Er wird Ihnen ein ganz

paquet von Tiefurhter Journals schicken, es ist ein kleiner Spaß den ich mir diesen Sommer gemacht habe und der so gut reussiret hat daß es noch bis jetz continuiret wird; vielleicht wird es Ihnen auch einige gute Stunden machen. Die Verfaßer sind Hätschelhanz, Wieland, Herder, Knebel, Kammerher Seckendorff u. Einsiedel. Der Frau Räthin weltberühmte Kennerschaft wird ihr leicht die Stücke von jeden Autor errathen laßen. Leben Sie wohl und vergnügt liebe Frau

Amelie

unser Wollf läst Ihnen tausendmahl grüßen er ist recht wohl und Brav.

48.

* **Frau Rath an Fräulein von Göchhausen.**
December 1781.[1]

Geliebtes Freulein!

Die Mode es ist,
Daß frommen Kindern der heilige Christ
Wann sie das Jahr hübsch brav gewesen,
manch schöne Gabe hat auserlesen.
Torten, Rosinen, Gärten mit Lichtern,
Herrn und Dammen mit höltzern Gesichtern,
Aepffel und Birn, Geigen, u Flöten,
Zukerwerck, Ruthen, Mandlen, Pasteten
Reuter mit Pferden, gut ausstaffirt
nachdem ein jedes sich aufgeführt.
Da nun Frau Aja Wohlgemuth —
Den alten Gebräuchen ist hertzlich gut
und Freulein Thusnelde in diesem Jahr

---

[1] Ohne Datum, aber, wie aus nachfolgender Antwort erhellt, offenbar um Weihnachten 1781; beigefügt war die Silhouette der Frau Rath in Medaillon.

gantz auserordtenlich artig war¹
So schikt sie hir ein Bildnüß fein,
Das Jhnen wohl mögte kentlich seyn;
und bittet es zum Angedencken,
An Jhren Schwaanen Hals zu hencken.
Dadurch ihm dann große Ehre geschicht
es ists aber auch drauf eingericht!
Eitel Gold von vornen von hinten,
Das müßen Sie freylich treflich² finden.
Dafür verlang ich ohn Jhr beschweren
Daß Sie mir eine Bitte gewähren.
Mit Jhnen mein Freulein zu discurieren
thu ich oft großen Lusten verspühren
Doch ist der Weg verteufelt weit
Zum Reißen ists jetz garstige Zeit
Drum thu ich Jhnen zu Gemüthe führen,
mit meinem Gesicht eins zu parliren³
Antworten wirds Jhnen freylich nie
Allein wer läugnet wohl Simpatie!
Da wird sich mein Hertzlein vor Freude bewegen
Daß mein Gedächnüß blüht im Segen
Bey Menschen die bieder, gut und treu,
Voll waarer Freundschafft ohn Heuchley
Den heut zu Tag sind Freundschafftthaten

---

¹ Diese zwei Zeilen sind von Frau Rath nachträglich einge=
schaltet.
² „vortreflich" ausgestrichen.
³ Hier folgten ursprünglich die Verse:
    Das wird nun freylich sich nicht rühren
    Doch werd ichs per Simpatie verspüren,
sind aber von Frau Rath gestrichen.

so rahr wie unbeschnittne Ducaten —
Doch ist Frau Aja auserkohrn
in einem guten¹ Zeichen gebohrn
kent brave Leute deß ist sie froh,
und singt In dulci Jubilo.
Auch² freut sie sich hertzinniglich
Daß sie kan unterschreiben sich
Dero³ wahre Freund⁴ und Dienerin,
Die ich gewiß von Hertzen bin.

C. E. Goethe.

---

[1] Statt dessen ursprünglich „glücklichen".
[2] Ursprünglich: „Deß", doch in „Auch" verändert.
[3] Ursprünglich: „Ihre".
[4] Ursprünglich: „Freundin".

49.

* Fräulein von Göchhausen an Frau Rath.
27. December 1781.

Weimar d. 27ten Xbr. 1781.

Ich bin überzeugt, beste Mutter, daß Sie in Ihren Leben viel und mancherley freuden gehabt haben, ob Sie aber so eine Freude kennen als Sie mir am Christtag gemacht haben — wünsch ich wenigstens! — Ihr Silhuet, so ähnlich! von so einer herrlichen, lieben, geliebten Frau! in so einem köstlichen, artig und motischen Zierrath; und Ihr Brief — o Ihr lieber Brief! daß ich doch nur sagen könnte wie unbeschreiblich trefflich der Brief ist! — Genung, liebste Mutter — aus allen meinen Exclamationen ist leider doch weiter nichts zu ersehn als daß ich für ausgelassener Freude halb närrisch bin. Den ersten Tag hat Goethe viel mit mir ausgestanten, denn ich hab ihm bald gefressen. Zu übergrosen Glück war dem fröhligen Tag ein prächtiges Gastmal bei der Herzogin, und war fast die halbe Stadt versammlet, ich konte also sogleich meine Herrlichkeit producieren (die so bald nicht wieder von den sogenanden Schwaanenhals kommen wird,) und war daß ein Fragens und ein schie=

len nach der schönen Neuheit, und ich war ganz ausgelassen, und die Leute meinten ich müſte lauter Queckſilber beſcheert gekriegt haben. —

Liebſte Frau, wie ſoll ich danken! wie jemals ſo viel Güte verdienen! So ohn alles Verdienſt u. Würdigkeit! Dafür kann ich leider nichts thun als nur in meinen. Schlendrian fortgehn, Sie lieben ehren u. gehorſam ſein mein Lebe lang. Amen!

L. Goechhauſen.

Die Herzogin grüßt 1000 mal, will mir aber keinen weibern Auftrag z. E. wegen der Bitze, geben, bis ich wieder völlig bey Verſtand wär; wofür, wenns nicht bald anders wird, ſie nächſtens in der Kirche will bitten laſſen.

50.

* Anna Amalie an Frau Rath.
17. October 1782.

Tiefurt d. 17ten 8bre.
—82.

Nachdem grose Geister, Propheten, Genien u. d. gl. bey Ihnen beherbergt worden sind, beköntmt man weder guts noch böses mehr von der Frau Aja zu hören, alles ist todt von dort her![1] Auch wage ich es nur ganz von ferne an die Thüre der Blauen Stube zu klopfen, und frage wies der Frau Räthin wohl gehn mag, ob noch zuweilen seitwärts ein Blick nach entfernten Freunden gethan wird.

Sollte ich mit meinen Fragen zur Unzeit kommen und Sie dadurch in Ihren Betrachtungen stöhren, so vergeben Sie's meinen Verlangen nach einen so langen Stilschweigen etwas von der Frau Aja zu vernehmen.

Ich könte viel schönes von hier sagen, unter andern

---

[1] An ihren Sohn hatte sie geschrieben, und er schrieb darüber am 2. October an Frau von Stein: „Von meiner Mutter hab' ich (bei der Rückkehr) einen Brief gefunden, der vortrefflich ist. So lang ich euch beide habe, kann mir's an nichts fehlen."

daß das Palais des Herrn Geheimden Raths von Goethe, von außen und von innen prächtig geschmückt wird und daß es eines der schönsten in der Stadt Weimar werden wird — aber was liegt Ihnen dadran, Ihnen, die warscheinlich mit viel erhabenen Gedancken beschäftigt sind, gegen welche solch irdisches Zeug lauter Lapalien sind. Auch bescheide ich mich weiter nichts vorzubringen als daß ich mich in Ihr geistliches Andencken empfehle und bald auf ein Zeichen davon hoffe.

Amelie.

51.

Frau Rath an die Herzogin Anna Amalie.
22. October 1782.

(Weimar's Album zur 4. Säcularfeier der Buchdruckerkunst, S. 115.)

Frankfurt, am 22. October 1782.

Durchlauchtigste Fürstin!

Was dem müden Wandrer ein Ruheplätzchen, dem Durstigen eine klare Quelle und alles was sich nun noch dahin zählen läßt; was die armen Sterblichen stärkt, und erlabt, war das gnädige Andenken unserer besten Fürstin! Du bist also noch nicht in Vergessenheit gerathen — die theuerste Fürstin denkt noch an Dich — fragt nach Deinem Befinden. Tausendfacher Dank sey Ihro Durchlaucht davor gebracht! Ihro Durchlaucht haben die Gnade zu fragen was ich mache? O, beym Jupiter, so wenig als möglich! und das Wenige noch obendrauf von Herzen schlecht. — Wie ists aber auch anders möglich! Einsam,[1] ganz allein mir selbst überlassen — Wenn die Quellen abgeleitet oder verstopft sind, wird der tiefste Brunnen leer — ich grabe zwar als nach frischen — aber entweder

---
[1] Seit dem Mai Witwe.

geben sie gar kein Wasser, oder sind ganz trübe, und Beydes ist dann freilich sehr schlimm. Die noble Allegorie könnte ich nun bis ins Unendliche fortführen — könnte sagen, daß um nicht Durst zu sterben, ich jetzt mineralisch Wasser tränke — welches sonst eigentlich nur für Kranke gehört u. s. w. Gewiß viele schöne Sachen ließen sich hier noch anbringen — aber der Witz, der Witz! Den habe ich immer vor Zugluft — er kühlt wohl — aber man bekommt einen steifen Hals davon. Also ohne alle den Schnick=Schnack. — Alle Freuden, die ich jetzt genießen will, muß ich bei Fremden, muß ich außer meinem Haus suchen — denn da ists so still und öde, wie auf dem Kirchhof — Sonst wars freilich ganz umgekehrt — Doch da in der ganzen Natur nichts an seiner Stelle bleibt, sondern sich in ewigem Kreislauf herumdreht — wie könnte ich mich da zur Ausnahme machen? — Nein so absurd denkt Frau Aja nicht. Wer wird sich grämen, daß nicht immer Vollmond ist, und daß die Sonne jetzt nicht so warm macht wie im Julius? — Nur das gegenwärtige gut gebraucht und gar nicht dran gedacht daß es anders seyn könnte; so kommt man am besten durch die Welt — und das Durchkommen ist doch (alles wohl überlegt) die Hauptsache. Ihro Durchlaucht können nun so ohngefähr aus obigem ersehen, daß Frau Aja immer noch — so ohngefähr Frau Aja ist, ihren guten Humor beibehält und alles thut um bei guter Laune zu bleiben — auch das Mittel das weiland König Saul gegen den bösen Feind so probat fand, fleißig gebraucht; und so hats menschlichem Ansehen nach noch lange keine Noth mit der guten Frau. Zumal da Herr Tabor (den Ihro Durchlaucht wenigstens dem Namen nach kennen) für

unser Vergnügen so stattlich gesorgt hat. Den ganzen
Winter Schauspiel! Da wird gegeigt, da wird trompetet
— Ha! den Teufel möchte ich sehen, der Courage hätte,
einen mit schwarzem Blut zu incommodiren. — Ein ein=
ziger Sir John Fallstaff treibt ihn zu Paaren — das
war ein Gaudium mit dem dicken Kerl — Christen und
Juden alles lachte sich die Galle vom Herzen. — Diese
Wochen sehen wir auch Klavigo — da geht ganz Frank=
furt hinein; alle Logen sind schon bestellt — Das ist vor
so eine Reichsstadt allemal ein großer Spaß. Ich habe
nun Ihro Durchlaucht Befehl in Unterthänigkeit befolgt
— von meinem Seyn und Nichtseyn wahrhaften und auf=
richtigen Bericht erstattet. Empfehle mich nun zu fernerer
Huld und Gnade und bin ewig
  Durchlauchtigste Fürstin
   Dero
    unterthänigst treu gehorsamste Dienerin
     Goethe.

52.

Frau Rath an Merck.

21. Februar 1783.

(Wagner, Briefe an Merck, 1835 S. 377.)

den 21. Febr. 1783.

Nun, lieber Sohn! Ihr werdet doch auch an der großen Freude Theil genommen haben, die jetzt ganz Weimar belebt.[1] Ich vor mein Theil war wie närrisch. Denn überlegt nur, kein Wort von der Schwangerschaft zu wissen, und auf einmal so eine fröhliche Botschaft! Das kann ich schwören, lange, lange war mir nicht so selig wohl. Aber, l. Fr., warum schickt Ihr mir denn die Iphigenie nicht? Vor länger als 4 Wochen bate ich Euch drum. Auch nicht einmal eine Zeile Antwort! Ich will nicht hoffen, daß Ihr krank seid, eben so wenig, daß Ihr mich vergessen habt. Laßt bald was von Euch hören. Das wird herzlich freuen diejenige, die ist und bleibt Eure wahre Freundin

C. E. Göthe.

---

[1] Geburt des Erbprinzen Karl Friedrich am 2. Februar 1783.

53.

Frau Rath an Herzogin Anna Amalie.
1. März 1783.
(Weimar's Album zur 4. Säcularfeier der Buchdruckerkunst, S. 117.)

Den 1. März 1783.

Durchlauchtigste Fürstin!

Ich bin ja wohl eine recht glückliche und beneidungs=
würdige Frau! In dem Andenken, in der Gnade einer
Amalia zu stehen! Einer Fürstin, die, in Allem be=
trachtet, wirklich Fürstin ist — die der Welt gezeigt hat,
daß sie regieren kann — die die große Kunst versteht
alle Herzen anzuziehen — die Liebe und Freude um sich
her verbreitet — die — mit einem Wort — zum Segen
für die Menschen geboren wurde. Unser theurer Erb=
prinz befindet sich also wohl — Gott sey tausend Dank
dafür gesagt!

Wieland und meinem Sohn würde ich es ewig nicht
verzeihen, wenn sie bei dieser frohen Begebenheit ihren
Pegassus nicht weidlich tummelten; und mich verlangt recht
herzlich ihre Geburten zu sehen.[1] Freilich kommt es mir

---

[1] Wieland schrieb am 10. Februar 1783 an Merck: „Der
Erbprinz hat allen Menschen vor Freude die Köpfe verrückt. Ich,

vor, als ob mein Sohn sich in etwas mit den Musen brouillirt hätte — Doch alte Liebe rostet nicht — Sie werden auf seinen Ruf schon bald wieder bei der Hand seyn. Mit Wieland — ja das ist ganz etwas anders,

---

das weiß Gott, und der Hr. Br. weiß es freilich auch, habe gewiß bei solchen Gelegenheiten kein Privilegium. Also ganz natürlich hatten wir mit unserm Erbprinzen und mit Papa und Großmama und mit den durchlauchtigsten Pathen und dem Taufact und allerlei andern Festivitäten, auch mit Fertigung einer großen Cantate auf diesen freudigen Erfolg zu thun, daß darüber an nichts Andres gedacht werden konnte. Herder hat bei der Taufe des Prinzen gesprochen wie ein Gott. Man wird's Euch gedruckt schicken." (Wagner, Briefe an Merck, 1835, S. 374.) Goethe schrieb darüber an Merck 17. Februar 1783: „Du wirst Dich auch mit uns über die Ankunft eines gesunden und wohlgestalten Prinzen, welche Canzleiformel man diesmal mit aller Wahrheit gebrauchen kann, gefreut haben. Es macht freilich einen großen Unterschied, und wir hoffen die guten Einflüsse dieses erwünschten Knaben täglich mehr zu spüren. Wir haben uns in keine große und kostspielige Feierlichkeiten ausgelassen, doch ist alles rege, besonders rühren sich alle poetische Adern und Quellen, groß und klein, lauter und unrein, wie Du Dich einmal, wenn Du die Mutter besuchst, durch den Augenschein überzeugen kannst" (Wagner, a. a. O., S. 376); und an Knebel schrieb er am 3. März 1783: „Die Ankunft des Erbprinzen, die größte Begebenheit, die sich für uns zutragen konnte, hat eine zwar nicht sichtbare doch sehr fühlbare Wirkung. Die Menschen sind nicht verändert, jeder einzelne ist wie er war, doch das Ganze hat eine andere Richtung, und wenn ich sagen soll, Er wirkt in seiner Wiege, wie der Ballast im Schiffe durch die Schwere und Ruhe. Die Herzogin ist gar wohl und glücklich, denn freylich konnte der Genuß, der ihr bisher fehlte, ihr durch nichts anderes gegeben werden. Die Musen aller Art haben sich, wie Du wirst gesehen haben, auf alle Weise bemüht, das Fest zu verherrlichen. Wieland und Herder haben zwey Singstücke, der eine für den Hof, der andere für die Kirche herdas ist ein gar beständiger Liebhaber — die 9 Mädchen mögen lachen oder sauer sehen — Er schickt sich in alle ihre Launen — und ich weiß von sichrer Hand, daß so was die Damen überaus gut aufnehmen. Ihro Durchlaucht haben die Gnade Sich zu erkundigen was ich mache — Ich befinde mich, Gott sey Dank, gesund, vergnügt und fröhlichen Herzens, suche mir mein Bißchen Leben noch so angenehm zu machen als möglich — Doch liebe ich keine Freude, die mit Unruhe, Wirrwarr und Beschwerlichkeit verknüpft ist — denn die Ruhe liebte ich von jeher — und meinem Leichnam thue ich gar gern die ihm gebührende Ehre. Morgens besorge ich meine kleine Haushaltung und übrigen Geschäfte, auch werden da Briefe geschrieben — Eine solche lächerliche Correspondenz hat nicht leicht jemand außer mir. — Alle Monat räume ich mein Schreibpult auf, aber ohne Lachen kann ich das niemals thun. Es sieht drin aus wie im Himmel. Alle Rangordnung aufgehoben — Hohe und Geringe, Fromme und Zöllner und Sünder, alles auf einem Haufen. — Der Brief vom frommen Lavater liegt ganz ohne Groll beim Schauspieler Großmann u. s. w.

Nachmittags haben meine Freunde das Recht mich zu besuchen; aber um 4 Uhr muß alles wieder fort — dann kleide ich mich an — fahre entweder ins Schauspiel oder

---

vorgebracht; Du wirst sie mit Vergnügen lesen. Wolf's Musik zu der Wieland'schen habe ich probieren hören, sie ist recht glücklich gerathen. Ich hatte gehofft, das Stück, dessen Anfang Du kennst, auch noch bis zum Ausgange der Herzogin fertig zu schreiben, es ist aber unmöglich. Der alte Plan war fehlerhaft und ich mußte es von vorn an neu umarbeiten. Ich fahre sachte dran fort und ich denke, es wird ja nicht zu spät kommen."

mache Besuche — komme um 9 Uhr nach Haus. — Das ist es nun so ohngefähr was ich treibe. Doch das Beste hätte ich bald vergessen! Ich wohne in der langen Gassen, die man für Leser erbauen lassen u. s. w.[1]

Nehmen Ihro Durchlaucht mit der Beschreibung meines geringhaltigen Lebenswandel vorlieb und erhalten mir dero unschätzbare Gnade, Dieß ist die einzige Bitte von
    Ihro Durchlaucht
  unterthänigst und treusten Dienerin.
        Goethe.

---

[1] Goethe's „Das Neueste von Plundersweilern":
Besonders eine der längsten Gassen
Hat man für Leser erbauen lassen,
Wo in den Häusern, eng und weit,
Gelesen wird zu jeder Zeit 2c.

54.

* Frau Rath an Herzogin Anna Amalie.

5. October 1783.

(Weimar's Album zur 4. Säcularfeier der Buchdrucker=
kunst, S. 119.)

Durchlauchtigste Fürstin!

Das schriftliche Zeugniß das Ihro Durchlaucht mich noch immerfort mit Dero gütigem Andenken begnadigen, erfreute mich über allen Ausdruck. — Mitten in der großen Welt — in dem Kreis Dero hohen und vortreff= lichen Anverwandten — unterm Genuß der herrlichsten Freuden denkt unsere beste Fürstin an die so ganz im Stillen dahin lebende Frau Aja! Gnädigste Fürstin! Mein ganzes Verlangen, Begehren und Wünschen geht einzig dahin, mich dieser großen Gnade nur in etwas würdig zu machen. Aber was kann eine Frau wie ich anders thun, als aus der Fülle ihres Herzens danken, und um die Fortdauer solcher Gnade demüthigst ansuchen. — In vollem Glauben, daß diese Bitte gnädige Erhö= rung finden wird, will ich mit frohem Muthe und fröh= lichen Herzen das was Ihro Durchlaucht zu wissen ver=

langen, auf das treulichste und bestmöglichste vortragen und berichtigen. So tief wird mich doch der liebe Gott nicht herabsinken lassen, um an einem Journal zu schreiben — Behüte und bewahre! Ich weiß, dem Himmel sey Dank, die Langweile besser zu verjagen und ohne mich zu prostituiren meine Tage vergnügt durchzuleben. Ueberhaupt wüßte ich von dem ganzen dummen Gezeugs nichts, wenn nicht Frau Max Brentano mir den Plan zugeschickt hätte. — Ich würde die ganze Sache für eine Satyre halten, wenn es nicht der Prinzeß Elisabeth zugeeignet wäre und alle Postämter mit geplagt würden. Wir haben hier so etliche arme Schlucker, die wird der böse Feind und ihr Magen wohl zu so einem Geschreibe verführt haben. — Das ist alles was ich von der schönen Rarität weiß. Daß mein Sohn dem Durchlauchtigsten Herzog von Braunschweig wohl gefallen, thate mir gar sanfte an meinem mütterlichen Herzen — Beinahe gehts mir wie dem alten Ritter, den Geron der Adeliche in einer Höhle antraf, und der mitunter bloß davon lebte, weil ihm die Geister so viel gute Nachrichten von seinem Enkel Hektor überbrachten.[1] — Was habe ich nur diese Messe über wieder für Lebens-Balsam gekriegt! Nun Gott sey ewig dafür geprießen! Da Jhro Durchlaucht die Gnade haben mich zu fragen, was ich mache, wie ich mich befinde? so gehts bei mir immer den alten Gang fort. — Gesund, vergnügt, lustig und fröhlich — Zumal bei dem herrlichen Herbst und vortrefflichen Wetter. Den 3ten war das große Bacchusfest. Es war ein Jubel, eine Lust, ein Gejauchze — Trauben! Wie in Canaan,

---

[1] Bezieht sich auf die Wieland'sche Erzählung „Geron der Abelige."

und noch obendrein die Hüll und Füll — in meinem kleinen Weinberg weit über ein Stück — Aber da gabs auch unendlichen Schweinebraten!!! Philipp war so glücklich die ganze Lust mit zu genießen u. s. w.

Aus dieser Relation können Ihro Durchlaucht ersehen, daß es mir ganz behaglich zu Muthe ist. Zum vollen Maaß meiner Glückseligkeit erbitte von Ihro Durchlaucht, unserer besten Fürstin, die Fortdauer Dero Huld und Gnade für diejenige, die zeitlebens ist

Durchlauchtigste Fürstin
Dero
unterthänigst treugehorsamste Dienerin
Goethe.

Frankfurt den 5. October 1783.

55.

Goethe an seine Mutter.

7. December 1783.

Aus Ihrem Briefe liebe Mutter habe ich mit vieler Freude gesehen daß Sie wohl sind und der Vergnügen des Lebens so weit es gehen will geniesen. Ehstens erhalten Sie das vierte Buch von Meistern den ich Ihnen zu der übrigen dramatischen Liebhaberey bestens empfehle.

Wegen der Iphigenie machen Sie keinen Lärm, denn wozu hilft das, aber suchen Sie wo möglich die Sache in's Klare zu bringen und das Packet zu verfolgen, denn es ist hier nicht angekommen, ich müßte mich denn sehr irren, welches zwar bey denen tausend Dingen die mir im Kopfe haushalten möglich wäre. Da Sie ein wohlgeschrieben Exemplar haben; so kommt es mir bedencklich vor. Könnten Sie die Zeit wenn Sie es erhalten nicht näher bestimmen, und mit dem Düsseldorfer Postschein zusammen halten. Auf alle Fälle schadets nichts wenn Sie auf dem Postamte die Sache glimpflich anbringen und sie in's Licht stellen lassen.

Frau Bätty[1] hat übrigens gegen alle Lebensart gehandelt, gegen alles mütterliche Gefühl, daß sie Ihnen mit einer solchen Klatscherey nur einen Augenblick verderben konnte als die Nachricht von mir ist. Sie haben mich nie mit dickem Kopf und Bauche gekannt, und daß man von ernsthafften Sachen ernsthaft wird, ist auch natürlich, besonders wenn man von Natur nachdencklich ist, und das Gute und Rechte in der Welt will.

Hätte man Ihnen in dem bösen Winter von 69 in einem Spiegel vorausgezeigt, daß man wieder auf solche Weise an den Bergen Samariä Weinberge pflanzen und dazu pfeifen würde,[2] mit welchem Jubel würden Sie es angenommen haben.

Lassen Sie uns hübsch diese Jahre daher als Geschenck annehmen, wie wir überhaupt unser ganzes Leben anzusehen haben und iedes Jahr das zugelegt wird mit Danck erkennen.

Ich bin nach meiner Constitution wohl, kann meinen Sachen vorstehn, den Umgang guter Freunde genießen und behalte noch Zeit und Kräffte für ein und andre Lieblingsbeschäfftigung. Ich wüßte nicht mir ein bessern Plaz zu dencken oder zu ersinnen, da ich einmal die Welt kenne, und mir nicht verborgen ist wie es hinter den Bergen aussieht.

Sie an Ihrer Seite vergnügen Sie Sich an meinem

---

[1] Betti Jacobi, welche ein damaliges Gerede von angeblichem Uebelbefinden Goethe's weiter verbreitet und der Frau Aja mitgetheilt hatte.

[2] Die schon oben erwähnte Bibelstelle, welche einst für Frau Rath so tröstlich war. (vgl. Nr. 34).

Daseyn iezt und wenn ich auch vor Jhnen aus der Welt gehen sollte. Jch habe Jhnen nicht zur Schande gelebt, hinterlasse gute Freunde und einen guten Nahmen, und so kann es Jhnen der beste Trost seyn daß ich nicht ganz sterbe.

Indessen leben Sie ruhig, vielleicht giebt uns das Schicksal noch ein anmutiges Alter zusammen das wir denn auch mit Danck ausleben wollen.

Entschuldigen Sie Seideln daß er nicht schreibt. Seit seiner Rückreise hat er viel zu thun vorgefunden. Wieland und Frl. Jöchh. will ich ermahnen.

Jch weis nicht ob Jhnen schon geschrieben ist daß ich den Sohn der Oberstallmeister von Stein, meiner werthesten Freundin, bey mir habe, ein gar gutes schönes Kind von 10 Jahren, der mir viel gute Stunden macht und meine Stille und Ernst erheitert. Er ist mit mir auf dem Harz gewesen.[1]

---

[1] Friedrich von Stein, das sechste Kind des Oberstallmeisters von Stein und der Frau von Stein, war am 27. October 1773, also schon ehe Goethe nach Weimar kam und zu Frau von Stein in das langjährige innige Verhältniß trat, in Weimar geboren. Noch in hohem Alter äußerte er sich über seine Jugend dahin: „Im ersten Jahre nach meiner Geburt kam Goethe nach Weimar, dem ich einen großen Theil dessen, was in meiner Jugend für mich geschehen, verdanke und den ich vorzüglich geliebt habe. — Mit vollem Herzen hing ich an meiner Mutter, und fast noch mehr an Goethe, der zu jener Zeit fast täglich meiner Eltern Haus besuchte und mir mit Liebe, Ernst und Scherz, so wie es nöthig war, begegnete, so daß ich sein Betragen gegen Kinder als ein Muster dieser Art betrachte. Er nahm mich zu jener Zeit mit sich auf eine Reise nach Dessau und Leipzig, wo ich meine Begriffe sehr erweiterte. Jch war etwa 9 Jahr, als mich Goethe zu sich in sein Haus nahm, welches ich die glücklichste Periode meiner

Hier schicke ich eine Parthie Tiefurter Journale es ward als ein Wochenblat zum Scherze angefangen als die Herzoginn Mutter vorm Jahre in Tiefurt wohnte und wird seit der Zeit fortgesezt. Es sind recht artige Sachen drinne und wohl werth daß Sie es durchblättern. Wenn Sie es genug haben schicken Sie es nach Zürch an Fr. Schulthes. So auch das 4te Buch W. Mstrs. Leben Sie recht wohl und lieben mich. W. d. 7. Dez. 83.

Stieben kennen wir nicht. G.

Jugend nennen darf. Die Liebe, mit der er meine mannigfachen kleinen Wünsche erfüllte, suchte ich durch Anstrengungen zu verdienen. Durch Dictiren suchte er meine unfertige Handschrift auszubilden, und dadurch, daß er mir seine Wirthschaftsbücher und Rechnungen zu führen übergab, meine Fertigkeit im Rechnen zu üben. Ich machte mehrere kleine Reisen mit ihm, besonders nach Ilmenau und in die Grafschaft Henneberg, wo er die Direction eines in der Folge mißglückten Bergbaues führte und mich hierüber gern und vollständig belehrte. Dieses Glück hatte nur zwei Jahre gedauert, als Goethe eine Reise nach Carlsbad und von da nach Italien unternahm, ohne es jemand anderem als dem Herzog anvertraut zu haben. Ich blieb noch, weil man stets seine Rückkehr erwartete, fast ein halbes Jahr in seinem Hause, zog jedoch zulezt wieder zu meinen Eltern, weil es mir in dem Hause zu einsam war." Friedrich Freiherr von Stein, später in preußischen Staatsdienst übergegangen, starb als General-Landschafts-Repräsentant in Schlesien am 3. Juli 1844 zu Breslau (vgl. Ebers und Kahlert, Briefe von Goethe und dessen Mutter an Friedrich Freiherrn von Stein, S. 15 fg.)

56.

Frau Rath an Friedrich von Stein.

9. Januar 1784.

(Ebers und Kahlert, a. a. O., S. 75.)

Frankfurt, den 9. Jenner 1784.

Lieber Sohn! Vielen Dank vor Ihren lieben Brief, er hat mir große Freude gemacht, — es geht Ihnen also recht gut bei meinem Sohne, — o, das kann ich mir gar wohl vorstellen. Goethe war von jeher ein Freund von braven jungen Leuten und es vergnügt mich ungemein, daß Sie sein Umgang glücklich macht. Aber je lieber Sie ihn haben, und also gewiß ihn nicht gern entbehren, je zuverläßiger werden Sie mir glauben, wenn ich Ihnen sage, daß die Abwesenheit von ihm mir ofte trübe Stunden macht. Sie, mein kleiner Freund, könnten nun da ein großes gutes Werk thun, — zumahl da Sie mich lieb haben, so wird es Ihnen gewiß nicht sauer ankommen, hören Sie, lieber Freund, meinen Vorschlag, — da Sie beständig um meinen Sohn sind, also mehr von ihm wissen, als Jeder andere, wie wäre es, wenn Sie so ein kleines Tagebuch hielten, und schickten es mir alle Monath, — viele Arbeit soll das Ihnen gerade nicht machen, nur ohngefähr auf diese Weise: „Gestern war Goethe im Schauspiel, Abends zu Gaste, — Heut hatten wir Gesellschaft", u. s. w. Auf diese Weise lebte ich gleichsam mitten unter Euch, — freute mich eurer Freuden, — und die Abwesenheit verlöre viel von ihrer Unbehaglichkeit — eine kleine Zeile Morgens oder Abends geschrieben, — macht Ihnen wenig Mühe, mir aber würde es unbeschreiblich wohl thun, — überlegen Sie die Sache einmahl, ich glaube, es geht.

Wenn mein Sohn einmahl nach Frankfurt kommt, müssen Sie mitkommen, an Vergnügen soll es dann nicht fehlen, wenigstens wollte ich Alles zur Freude stimmen. Nun, das kann ja wohl einmahl geschehn, — Inzwischen behalten Sie mich lieb, ich verspreche Ihnen desgleichen, Grüßen Sie meinen Sohn, und seyn versichert, daß ich ewig bin

Ihre
wahre Freundin und treue Mutter
Elisabeth Goethe.

57.

Frau Rath an Friedrich von Stein.

12. Februar 1784.

(Ebers und Kahlert, a. a. O., S. 77.)

Fr. den 12. Februar 1784.

Lieber Sohn! Das ist ja recht brav, daß Sie so Wort gehalten haben — das Tagebuch ist so ganz recht, und hat mich außerordentlich gefreut, — machen Sie mir das Vergnügen und schicken alle Monath so eine Beschreibung Ihres Lebens und Ihrer Beschäftigungen — die Entfernung von meinem Sohne wird mir dadurch unendlich leichter, weil ich im Geiste Alles das mitgenieße, was in Weimar gethan und gemacht wird, — ich bitte, fahren Sie so fort, und Sie sollen mein lieber, lieber Sohn seyn. Die Zeichnung von Ihrer Stube hat sich recht gut conservirt — sie liegt auf meinem Arbeitstisch und in Gedanken bin ich gar öfters bei Ihnen. Hier giebts nicht viel Neues, das interessant wäre, wir haben diesen Winter nur alle

Dienstage Schauspiel. Die Schauspieler sind in Mayn und Schnee und Eis machen die Wege überaus schlimm, — grüßen Sie meinen Sohn vielmahls, und glauben, daß ich ewig bin

Ihre treue Mutter
E. Goethe.

58.

Fräulein von Göchhausen an Frau Rath.

Februar 1784.

Zum 19ten Febr.[1] 1784.

So ist der Tag denn kommen an
An welchen ich mich freuen kan
Daß Frau Aja für Jahren Frist
Durch ihm der Welt geschenket ist!
Du wähltest hierzu eine lustige Zeit
In welcher Deine Ankunft die Welt erfreut.
Doch war wohl Deiner Frau Mutter Schmerz
Kein sonderlich üppicher Carnaval Scherz;
Auch Du betratest die Laufban der Welt
Bescheiden und sittsam, wies jedem gefällt,
Man sah in Dir nicht die mindeste Spur
Von Freude — Du wimertest lediglich nur
Und stelltest Dich ächzend und wehmüthig an
Als hättst Du schon Böses die Fülle gethan.
Dafür hat der Himmel so reich Dich belohnt

---

[1] Geburtstag der Frau Rath.

Daß jezt kein Böses mehr in Dir wohnt;
Und Du, so schwer es auch immer ist,
Geliebt von Freunden und Freundinnen bist.
Als solche stelle ich mich mit Freuden dar,
Und sende — zum Pfand daß dieses wahr
Und nicht etwan nur Heucheley
Wie leider die Sprache der meisten ist — sey
Dir diesen kleinen Fastnachts Strauß.
Ein freundlicher Schutzgeist bewahre Dein Haus
Und laß Dich, so lang es Dir selbsten gefällt
In dieser bey alledem lustigen Welt!

Weimar.   L. G.

59.

* Herzogin Anna Amalie an Frau Rath.

22. Februar 1784.

Weimar d. 22ten Feb. — 84.

Liebe Mutter, wer langsam komt, komt auch. Ich wolte mir den Spas machen Ihnen, liebe Frau Aja, zum 19. Febr. schöne Kunstwercke die in Weimar Fabriciret werden, zu schiecken, aber leider wurden sie erst jezt fertig, empfangen Sie sie also auch jezt mit Liebe, sowie ich sie Ihnen mit freundschaftlichen Herzen sende, nebst den besten Wünschen zur Fortdauer für lange Jahre des schönsten und besten Glücks. Bey den Geld Beutel der von meiner eigenen Hand verfertiget ist, werden Sie, wie ich hoffe die darinnen befindlichen Fehler mit Güte übersehen. Ein kleines Bild das drinnen liegt, soll Ihnen zuweilen an eine Person erinnern die Ihnen aufrichtig liebt und schäzt.

Unsere Winter Belustigungen sind ganz gut, die Theater Gesellschaft ist nicht unter die schlechten zu rechnen, und macht uns manchen guten Abend. Der Schnee liegt bey uns noch immer sehr hoch. Wie die Erde aus=

sieht ist uns unbekandt da sie seit 2 Monaten wie mit
einen weisen Tuch überzogen ist; so daß viele Menschen
Augenschmerzen klagen.

Wie gefallen Ihnen, liebe Mutter, die Luft=Reisen
die jetz mode werden?[1] Nicht wahr das wär eine Lust
wen Frau Aja sich in der Luft transportiren und bey

---

[1] Das Interesse für die Luftballons war damals allgemein.
Joh. Georg Wille schreibt von Paris am 23. November 1783 an
Merck: „Jeder von beiden (aus Paris übersandten) Kupferstichen
stellet einen Luftball vor. Den ersten ließ man hier im champ
de Mars bei der Kriegsschule aufsteigen, den zweiten zu Versailles
vor den Augen des Hofs und 100000 Zuschauern. Ich selber habe
hier einen dritten, wozu ich eingeladen ward, 70' hoch und 46'
im Durchmesser, steigen sehen. Zwei Physiker waren an der Ma=
schine und gaben aus einer angebrachten Galerie dem inwendigen
Strohfeuer beständige Nahrung. Nichts in der Welt ist dem An=
blicke wunderbarer, und die Majestät, mit welcher die Maschine
einher in der hohen Luft ziehet, setzet in das größte Erstaunen.
Hat man wohl in Deutschland diese Erfindung noch nicht probirt?
Hier sind jetzt alle Köpfe voll gasischer Luft; die Frauenzimmer
tragen schon Kopfzeuge à la Montgolfier, nach dem Namen des
Erfinders der Luftballe." (Wagner, Briefe an Merck, 1835, S. 411.)
Und wie man sich am weimarischen Hofe dafür interessirte, geht
aus der brieflichen Aeußerung Wieland's an Merck vom 4. Fe=
bruar 1784 (dem Monat obigen Briefs) hervor: „Heute Abend
hat der Herzog in seiner Frau Mutter Hause zum erstenmale cum
successu einer kleinen Luftball aus Ochsenblasen steigen lassen.
Er (der Ball nehmlich) flog bis an die Decke, und versuchte sich
durchzubohren; weils aber nicht angieng, zeigte man ihm endlich
den Weg zur Thüre hinaus; er flog eine Treppe hinauf und stieg
bis in die Mansarde, Hallelujah! Ich habs nicht selbst gesehn,
aber es soll schön zu sehen gewesen seyn, und Herrn und Frauen
bei Hofe hatten große Lust daran." (Wagner, Briefe an und von
Merck, 1838, S. 233.)

mir in Tiefurth, aus Lüften hoch da, komm ich her! singen könte! Was das für ein Gaudium seyn würde!

Der Herr Sohn ist nach Ilmenau, in Bergwercks Angelegenheiten. Sie wollen Silbergruben suchen und Weimar damit reich machen, Gott gebe sein Gedeyen! Wie hat Ihnen den Wilhelm Meister gefallen? Es wird wohl wieder ein Meister Stück von unsern Herrn Wolff werden. Da ist Leben drin. Er ist ein Prometheus der sich seine eigene kleine Welt schaft.

Abieu, Liebe Mutter, ich küsse Sie tausendmal, behalten Sie mich lieb, so wie ich immer die Ihrige seyn werde. Amelie.

60..

* Frau Rath an Fräulein von Göchhausen.

1. März 1784.

Eine alte sage sagt recht fein,
Poeten Dichten nur beym Wein
Beym Waſſer ſollen die Verſelein
Durchaus nicht zu genüßen ſeyn.
Das drückt mich nun am Hertzen ſchwer
Der Wein iſt rahr zu kriegen her
Wir leben wie mitten auf dem Meer[1]
Es geht drunter drüber kreutz und querr!
Die Keller ſind von Waſſer voll
Wir ſingen jetzt aus dem C Moll*
Nun! Herr Nepptun nur nicht zu doll
Was ſchirt ihn denn der Reihn und Mayn

---

[1] Große Ueberſchwemmung zu Frankfurt im Februar 1784, ſ. nachfolgenden Brief vom 22. März 1784.

(A. d. H.)

* [Anmerkung der Frau Rath.] In der bekandten Melodie, Das alte Jahr vergangen iſt.

Er soll ja Engeländer seyn?*
Geh Er in sein Gebieth hinein
Da laß Ers Waſſer aus und ein
Er wär ein Gott? und iſt ſo blind
Weiß nicht daß Menſchen Menſchen ſind
Und keine Fiſch — Drum ſchaff Er Wind
Doch ſäum Er nicht und mach geſchwindt
und trockne unſere Keller aus —
und macht Ers gut ſo ſteht ein Schmauß
Zu Dienſt — doch räht ihm Mann und Mauß
Einandermahl bleib Er zu Hauß u. ſ. w.
Genung davon — trotz Noth und Pein —
mein Brief ſoll dennoch werden fein —
und fehlet mir auch gleich der Wein
mein Danck ſoll doch in Verſen ſeyn.
Danck! Tauſend Danck vor Deinen Strauß
Warhaftig der lacht Flohren aus,
Die Kunſt erhebt ſich zur Natur
und folgt getreulich ihrer Spur —
Man glaubt ſich unter Blumen Flohr
Das Hertz ſchlägt freudiger empor —
Denck an den Frühling und vergießt,
Daß der, ſo nah noch gar nicht iſt.
O Täuſchung! Du, des Lebens Glück!
oft haſt Du meinem Mißgeſchick
Die hellſte Colorit gegeben —

---

* [Anmerkung der Frau Rath.] Siehe den Teuſchen Mercur 1783. pag. 274, (Anſpielung auf die dortige Rede Neptun's in Blumauer's „Aeneis", I. Buch: „So wahr ich Engeländer bin, Ich halte Wort!" A. d. H.)

Verlaß mich nicht in diesem Leben
Bleib bey mir! Andern gönn ich gern
Die Nackte Wahrheit. In der Fern
Will ich sie sehn, doch nicht zu nah,
ist sie vor blöde Augen da?
Ein Adler Auge thuts verstehn,
Doch damit bin ich nicht versehn.
Halt Steckenpferd! Steh still, kom her —
Das purtzelt in die kreutz und quer —
Der Brief der fängt sich an vom Strauß,
Der Schöppfs macht eine Predigt draus,
so wässerich wie zu dieser Frist,
Er hir in Franckfurth Mode ist.
Nun gönn mir noch ein gnädig ohr,
und merck was Deiner Blumen Flohr,
Vor Ehre wiederfahren soll,
Ich bitte Dich! Gib Achtung wohl.
Bey Hochzeit, Kindtaufs Schmausereyen
Concerte, Bälle, Gastereieien —
Bei Caffe, Thee, Bon Bon Gelagen —
An allen großen Galla Tagen —
Zu Kutsch, zu Fuß, auf Promenaden
Im Glück von volten[1] und geladen —
Bey Schwestern, Vettern, Nichten, Tanten —
Gevattern Baaßen Anverwandten —
und in das neue Schauspiel Hauß,
geh ich geschmückt mit Deinem Strauß.
Und endlich dann nun zum Beschluß —
An lieben Wieland meinen Gruß —

---

[1] sic.

Danck Jhm vor den Mercnius[1] —
Ich bitt Dich, liebe Freundin thuts!
und dann — Behalt in Hertz und Sinn
Mich Deine Freund und Dienerin

Goethe.

den 1ten Mertz 1784.

---

[2] Soll offenbar „Mercurius" heißen.

61.

Frau Rath an Friedrich von Stein.

22. März 1784.

(Ebers und Kahlert, a. a. O., S. 78.)

Fr. den 22. März 1784.

Lieber Sohn! Ihr Brief, die Beschreibung der Reise nach Ilmenau, die gedruckten Reden, die Blumen, die Zeichnung der Bergleute, und überhaupt Alles, was Sie mir sonst geschrieben haben, hat mich sehr gefreut. Nein, einen solchen lieben, fleißigen Correspondenten habe ich noch nicht gehabt; es wird ein großes Vergnügen vor mich seyn, wenn Sie die Güte haben so fortzufahren, die kleinste Begebenheit, die Sie mir berichten, hat mehr Reiz für mich, als Alles, was sonst in der weiten Welt paſſiren mag. Es iſt die Wahrheit, daß wir hier sehr großes Waſſer gehabt haben, das von 1764 war Spaß dagegen — unsere Stadt iſt in 14 Quartiere eingetheilt, drey blieben befreit, die andern elf hatten ihre große Noth. Mein Keller iſt jetzt wieder in der schönſten Ordnung, und es iſt, Gott sey Dank, nicht das Allergeringſte verunglückt, und zum Zeichen, daß mein oberoni=

scher Wein noch wohlbehalten ist, werden ehstens sechs Krüge bei meinem Sohn anlanden. Ihr Pettschaft ist recht schön, wie froh werd ich immer seyn, wenn es mir zu Gesichte kommt! An Ihre liebe Frau Mutter, an meinen Sohn, an Gevatter Wieland, meine schönsten und besten Grüße. Sie aber, mein lieber Sohn, fahren fort, mir von Zeit zu Zeit gute Nachrichten mitzutheilen, Sie werden dadurch diejenige sehr verpflichten, die ewig ist
Meines lieben Sohnes
treue Mutter
Elisabeth Goethe.

62.

Frau Rath an Friedrich von Stein.

30. März 1784.

(Ebers und Kahlert, a. a. O., S. 80.)

Fr. den 30. März 1784.

Lieber Sohn! Sie können nicht glauben, wie mich Ihr Schattenriß gefreut hat. Nun kann ich mir doch eine Vorstellung von meinem lieben Correspondenten machen, ich danke recht sehr davor. Es wäre mir gar lieb, wenn Sie mit meinem Sohne nach Eisenach gingen, da erführe ich doch auch wie es da herginge, und Ihre Briefe lese ich mit vielem Vergnügen. Ich wünsche von Herzen, daß der ewige Schnee einmahl aufhören wollte, damit Sie in Ihrem Gärtchen sich recht erlustiren könn=ten, — bei uns ists noch dicker Winter, heut kann fast kein Mensch aus dem Haus vor entsetzlichem Schnee und Wind — vor einigen Tagen ist ein kleiner Luftballon von zwei Schuh in die Höhe gestiegen, es war spaßhaft anzusehn. Vor heut muß ich schließen, die Post will fort und doch lasse ich nicht gern einen Brief von Ihnen, mein lieber Sohn, unbeantwortet, besser ists doch immer, ein wenig als gar nicht; seyn Sie versichert, daß ich unverändert bin

    Ihre
        treue Mutter
        Elisabeth Goethe.

63.

Frau Rath an Friedrich von Stein.

Ostern 1784.

(Ebers und Kahlert, a. a. O., S. 81.)

Fr. am ersten Ostertag 1784.

Lieber Sohn! Ich wünschte sehr, daß sie jetzt bei mir wären. Uebermorgen geht unser Schauspiel wieder an, und zwar wird ein ganz neues Stück gegeben, Kabale und Liebe von Schiller, dem Verfasser der Räuber, — Alles verlangt darauf und es wird sehr voll werden. Vor Ihren lieben recht schönen Brief und vor das Wochenblatt danke aufs Beste. Daß Sie das Tagebuch wieder anfangen wollen, freut mich gar sehr, doch verlange ich keineswegs, daß Sie sich geniren sollen, denn wenn man auf der Reise ist, oder sonst Vorfälle kommen, so versteht es sich von selbst, daß das Schreiben warten muß. Anbei schicke ich Ihnen ein kleines Meßgeschenk — und wünsche, daß es Ihnen gefallen möchte. Grüßen Sie Ihre Frau Mutter, meinen Sohn, und alle gute Freunde von Derjenigen die unverändert ist

Meines lieben Sohnes
treue Mutter
E. G.

64.

Frau Rath an ihre Enkelin Luise Schlosser.
Vom 21. April 1784.[1]

(Briefe der Frau Rath an ihre lieben Enkeleins. Gedruckt zum 13. Februar 1855.)

Den 21ten Aprill 1784.

Liebes Enkelein!

Mich hat Dein Brief sehr gefreut. Der Eduart, das muß ja ein gantzer Bursche seyn! Der kan Dir schon die Hände drücken — Aber was wird das vor ein spaß seyn, wenn Er mit Dir und Deinen zwey Schwestern im Garten herum laufen kan — hübsch achtung must Du frey=

---

[1] Maria Anna Luise Schlosser, später verehelichte Nicolovius, geb. am 28. October 1774, die älteste Tochter von Johann Georg Schlosser und Cornelia, geb. Goethe (der Tochter der Frau Rath) zu Emmendingen. Die zweite Schlosser'sche Tochter, Elisabeth Katharina Julie, geb. am 10. Mai 1777, starb am 5. Juli 1793. Aus zweiter Ehe Schlosser's mit Johanna Fahlmer stammten Henriette, später verehelichte Hasenclever, und Eduard (gest. 1807 als Arzt in Königsberg). An diese ihre „lieben Enkeleins Louise, Julie, Henriette und Eduardt" hat die Frau Rath den obigen Brief und die übrigen in dem citirten Schriftchen „Briefe ꝛc. L. P. O. J. H. H." enthaltenen Briefe gerichtet.

lich auf ihn geben, daß er nicht auf die Naße fält. We=
gen der schönen Strümpfe die Du mir gestrickt hast, schicke
ich Dir hiemit einen Strickbeutel — dem Julgen auch,
damit es auch fleisig wird — Die Bilder sind dem Hen=
riettgen. Der Strickbeutel und die sielbernen Maschigen
mit dem rothen Band sind Dein, die mit blau dem Jul=
gen. Jetzt lebe wohl und behalte mich lieb. Ich bin
immer Deine treue Großmutter

Goethe.

65.

Frau Rath an Herzogin Anna Amalie.

13. Juni 1784.

(Weimar's Album zur 4. Säcularfeier der Buchdrucker=
kunst, S. 121.)

Frankfurt, am 13. Juni 1784.

Durchlauchtigste Fürstin!

Hofrath Bode war mir ein gar lieber Bothe, denn
Er brachte gute Nachrichten von unserer besten Fürstin
und ein so gnädiges herrliches Briefchen, das mir die
frohe Gewißheit gab, mein Andenken grüne und blühe
noch, bei einer Fürstin, deren Gnade und Wohlwollen
mir über alles in dieser Welt geht. Jhro Durchlaucht
haben die Gnade zu fragen, wie es mit mir steht? Gott
sey Dank! immer noch auf die alte Art und Weise, das
ist verdollmetscht, gesund, vergnügt, guten Humors
u. s. w. Freylich ist das in meiner Lage eben so keine
große Kunst — Aber doch mit alle dem liegt es mehr
an der innern Zufriedenheit mit Gott, mit mir und mit

den übrigen Menschen, als geradezu an den äußern Verhältnissen. — Ich kenne so viele Menschen, die gar nicht glücklich sind, die das arme Bischen von Leben sich so blutsauer machen und an allem diesem Unmuth und unmusterhaftem Wesen ist das Schicksal nicht im geringsten schuld — In der Ungenügsamkeit da steckt der ganze Fehler. Ihro Durchlaucht verzeihen mir diese moralische Brühe — es ist sonst eben meine Sache nicht, aber seit einiger Zeit bin ich die Vertraute von verschiedenen Menschen geworden, die sich alle vor unglücklich halten, und ist doch kein wahres Wort dran. Da thut mir denn das Kränken und Martern für die armen Seelen leid u. d. m. Der erschröcklich lange Winter macht einem die Freuden des Frühlings doppelt fühlbar. — Auch ich, theuerste Fürstin! genieße so viel immer möglich die Herrlichkeit der schönen Natur und das vortreffliche Bild unserer besten Fürstin begleitet mich zu allen Freuden des Lebens. Nur noch einmal wünschte ich das Glück zu genießen, das mir so theure Original zu sehen! Ist denn dazu gar kein Anschein, gar keine Möglichkeit? Auch Sohn Wolf kommt nicht! und da kommen doch von Osten und Westen, Süden und Norden Figuren, die, wegbleiben dürften. — Das gehört nun freilich Alles unter die Leiden dieser Zeit. Wie befindet sich denn meine liebe gnädige Fräulein von Göchhausen? Das theure Fräulein scheint etwas tintenscheu zu seyn — ein Uebel — das mich auch oft überfällt — Darf ich unterthänig bitten meinen freundlichen Gruß auszurichten und wie herzlich es mich verlangte, mit dem herrlichen Blumenstrauß vor Ihre Augen zu treten. — Gott gebe daß es bald geschehen möge, Amen.

Ich empfehle mich in aller Unterthänigkeit zu fernerer Gnade und verbleibe bis ins Grab
        Durchlauchtigste Fürstin
        Dero
        unterthänigst treu gehorsamste Dienerin
           Goethe.

66.

Frau Rath an Friedrich von Stein.

2. Juli 1784.

(Ebers und Kahlert, a. a. O., S. 82.)

Fr. den 2. Juli 1784.

Lieber Sohn! Ich erkenne aus Ihrem letzten Schreiben Ihre ganze freundschaftliche Gesinnung gegen mich, auch mir würde es großes Vergnügen machen Sie und meinen Sohn zu sehen, — aber das ist auf keine Weise thunlich, — das Reisen war nie meine Sache und jetzo ists beinahe ganz unmöglich, — alle die Ursachen, die mich verhindern, anzuführen, wäre zu weitläufig, und Sie, mein lieber Sohn, würden weil Sie das Innere meiner Verhältnisse nicht wissen, mich doch nicht begreifen. Die Vorsehung hat mir schon manche unverhoffte Freude gemacht, und ich habe das Zutrauen, daß dergleichen noch mehr auf mich warten, — und Sie und meinen Sohn bei mir zu sehen, gehört sicher unter die größten, — und ich weiß gewiß, meine Hoffnung wird nicht zu Schanden. Behalten Sie in guten Andenken diejenige, die unverändert ist

Ihre

treue Mutter
E. G.

67.

Frau Rath an Friedrich von Stein.
9. September 1784.
(Ebers und Kahlert, a. a. O., S. 83.)

Frankfurth, den 9. September 1784.

Lieber Sohn! Ungeachtet Sie dieses Schreiben durch die Post ehnder würden erhalten haben, so konnte es dem Ueberbringer dieses ohnmöglich abschlagen, der mich sehr ersuchte, ihm etwas mitzugeben. Ich danke Ihnen von ganzem Herzen vor die Schilderung Ihrer mir so lieben und interessanten Person — besonders freut es mich, daß Sie Ihr Gutes und Nichtgutes schon so hübsch kennen. Bravo! lieber Sohn! das ist der einzige Weg, edel, groß, und der Menschheit nützlich zu werden; ein Mensch, der seine Fehler nicht weiß, oder nicht wissen will, wird in der Folge unausstehlich, eitel, voll von Pretensionen, — intolerant, — niemand mag ihn leiden, — und wenn er das größte Genie wäre, — ich weiß davon auffallende Exempel. Aber das Gute, das wir haben, müssen wir auch wissen, das ist eben so nöthig, eben so nützlich, — ein Mensch, der nicht weiß, was er gilt, der nicht seine Kraft kennt, folglich keinen Glauben an sich hat, ist ein Tropf, der keinen festen Schritt und Tritt hat, sondern ewig im Gängelbande geht und in seculum seculorum — Kind bleibt. Lieber

Sohn, bleiben Sie auf diesem guten Wege, und Ihre vortrefflichen Eltern werden den Tag Ihrer Geburt segnen. Es ist ein großes Zeichen Ihrer Liebe und Freundschaft, daß Sie eine genaue Beschreibung von meiner Person verlangen, hier schicke ich Ihnen zwei Schattenrisse, — freilich ist an dem großen die Nase etwas zu stark, — und der kleine zu jugendlich, mit alle dem ist im Ganzen viel Wahres drinnen. Von Person bin ich ziemlich groß und ziemlich korpulent, — habe braune Augen und Haar, — und getraute mir die Mutter von Prinz Hamlet nicht übel vorzustellen. Viele Personen, wozu auch die Fürstin von Dessau gehört, behaupten, es wäre gar nicht zu verkennen, daß Goethe mein Sohn wäre. Ich kann das nun eben nicht finden, — doch muß etwas daran seyn, weil es schon so oft ist behauptet worden. Ordnung und Ruhe sind Hauptzüge meines Charakters, — daher thu' ich Alles gleich frisch von der Hand weg, — das Unangenehmste immer zuerst, — und verschlucke den Teufel (nach dem weisen Rath des Gevatters Wieland) ohne ihn erst lange zu bekucken; liegt denn Alles wieder in den alten Falten, — ist Alles unebene wieder gleich, dann biete ich dem Trotz, der mich in gutem Humor übertreffen wollte. Nun, lieber Sohn, kommen Sie einmal und sehen Sie Das Alles selbst mit an, — ich werde Alles anwenden, um Ihnen Freude und Vergnügen zu verschaffen.

Seyn Sie versichert, daß ich ewig bin
 Ihre wahre Freundin und treue Mutter
         E. G.

68.

Frau Rath an Friedrich von Stein.
23. December 1784.

(Ebers und Kahlert, a. a. O., S. 85.)

Frankfurth, den 23. Dezember 1784.

Lieber Sohn! Glauben Sie ja nicht, daß ich Ihnen vergessen hätte, das ist meine Gewohnheit gar nicht — Die Ursach meines Nichtschreibens liegt vor jetzt an den kurzen Tagen, — ich kann, ohne mir an meiner Gesundheit zu schaden, nicht gleich nach Tische und eben so wenig bei Licht schreiben. Morgens wirds vor halb neun nicht Tag und bis ich angekleidet bin und meine übrigen Sachen in Ordnung habe, so ist es Mittag, man weiß nicht wie — kommen gar noch Morgenbesuche (welches bei mir nichts Seltenes ist) so fällt das Schreiben gar weg. Ich bin überzeugt, daß Ihnen diese Gründe einleuchten. Nun weiter. Die Zeichnungen habe wohl erhalten und danke dafür. Ich will auch mit helfen bitten, daß Ihro Durchlaucht glücklich in die Wochen kommen möchten. Der Herr Herzog ist noch in Darmstadt und erlustigt sich mit der Jagd. Er kam über Frankfurth und ich hatte die Freude ihn in meinem Hause

mit einem Frühſtück zu bewirthen. Ich bin viel glück=
licher als die Frau von Reck.[1] — Die Dame muß reiſen
um die gelehrten Männer Deutſchlands zu ſehen, bei
mich kommen ſie Alle ins Haus, das war ungleich be=
quemer, — ja, ja, wems Gott gönnt, giebt ers im
Schlaf. Lieber Sohn, feſt überzeugt, daß Sie meinen
guten Willen höher ſchätzen, als die That, ſchicke ich
Ihnen hier etwas vom hieſigen Chriſt, Bonbons nebſt
einem Geldbeutel weil mir die Gattung und Farbe artig
däuchte. Schnee haben wir hier auch, — das mag ich
nun wohl leiden, — aber ſo großes Waſſer, wie vorm
Jahre, das will mir ſehr verbeten haben. Leben Sie
recht wohl. Grüßen Sie Ihre liebe Frau Mutter, meinen
Sohn, Herder, Wieland, Bode u. ſ. w. von
Ihrer
treuen Mutter
C. G.

---

[1] Frau von der Recke, welche damals in Weimar zu Beſuch
war, worüber Goethe an Knebel ſchrieb: „Dieſe ſonderbare Frau
iſt auch wieder weg. Sie war hier nicht in ihrem Elemente.
Man war ihr höflich mehr als herzlich."

69.

* Fräulein von Göchhausen an Frau Rath.
Februar 1785.[1]
(Auf grünem Papier.)

Zum 19ten Februar[2]
Als Dich Deine Mama gebahr!

So ist denn gekommen der liebe Tag
An welchen man singen und sagen mag,
Daß der Himmel uns so wohl gewollt
Und Frau Aja in die Welt gerollt!
Doch, ach! ich steh mit Schand und Spott
Und lob meinen lieben Herre Gott,
Denn ein Machwerck von gar feiner Art
Für Dich an heut sollt sein parat.
Da mischte sich der Satan drein
Daß es nicht konte fertig seyn.
Doch warlich ists nicht meine Schuld,
So hoff ich auch von Deiner Huld

---

[1] Aus dem vorhergegangenen Monat (24. Januar 1785) datirt ein Brief der Frau Rath an Friedrich von Stein (Ebers und Kahlert, a. a. O., S. 87) von weniger charakteristischem Inhalte.

[2] Ohne Jahrzahl, — vermuthlich aber 1785.

Daß Du die Sachen wollst erwegen,
Und vorlieb nehmen mit meinen Seegen.
Ist freylich damit sehr wenig gethan
Dafür auch sollst nächstens das Machwerk han.
Auch soll, Lieb Frau Aja erfüllt an Dir werden
All's gute was man sich kann wünschen auf Erden.
Wollst auch meiner zuweilen freundlich gedenken
Und Dein Herzlein nie von Thusnelden ablenken!

70.

* Frau Rath an Fräulein von Göchhausen.

1785.[1]

Mein Theures Freulein!

Des Danckes viel,
Vor Deinen Brief im gereimten Stiel
Wolte mich freuen mit Hertz und Muth
Wen mirs gerithe auch so gut.
Aber als mich meine Mutter gebahr,
Kein Poeten Gestirn am Himmel war;
Doch — will ichs machen so wie ichs kan
Ein kleiner Mann, ist auch ein Mann,
Wir können nicht alle Wielande seyn
Der macht Dir den Reim so nett und rein
Keiner kans beßer in Prosa sagen
Das thut einem freylich dann wohl behagen.
Auch habt Ihr der großen Leute so viel
Daß beßer wär, unsereins schwieg still.

---

[1] Ohne Datum, aber offenbar die Antwort auf das vorhergehende Gedicht.

Doch lirum larum Dudelein,
Laßen wir die großen Männer seyn.
Und reden jetzt zu dieser Frist,
Wie uns der Schnabel gewachsen ist.
Also zum Zweck! Habe 1000 Danck,
Von Mutter Aja Lebenslang,
Vor Deine liebe drey Briefelein,
Die mir wohlthaten im Hertzen mein.
Der Erste überzeugte mich gantz,
Vom völligen Wohlseyn des Häschelhauz,
Der zweyte erzählt was ein Profeßer sagt
Der über das Leben der Menschen wacht,
Der Brave Mann beweißt mit gründen
Die gar nicht sind zu überwinden;
Mann müße hübsch Eßen u Trinken auf Erden,
Wenn Einer nicht wolle zum Leichnam werden.
Nun kommt der Dritte, der ist gar schön,
Und lieblich und freundlich anzusehn,
Hat grün Papier thut den Augen gut,
Gießt Hoffnung ins Leben macht wohlgemuth —
Da freust Du Dich nun mächtig gar,
Daß Mutter Aja gebohren war,
In Frankfurth der berühmten Stadt
Die große Häußer, kleine Köpfe hat;
und wünschest Glück mit so biederm Muth,
Das that Frau Aja treflich gut.
Vor alles das danke hertzlich Dir,
Bin Deine Freundin für und für,
Und hoffe noch in diesem Jahr,
Dich zu sehn mit meinen Aeugelein klahr,

und Dir zu sagen daß ich bin
Deine treue Freund und Dienerin
Frau Aja.

N. S.

Ich bin sehr begierig Dein Machwerck zu sehn.
Drum laß das Ding nicht länger anstehn,
und schicke es eilig und geschwind,
mit dem Postwagen, der geht wie der Wind.

71.

Frau Rath an Friedrich von Stein.
vom 16. Mai 1785.
(Ebers und Kahlert, a. a. D., S. 89.)

Fr. den 16. Mai 1785.

Lieber Sohn! Diese Messe war kalt und sehr unfreundlich Wetter, auch ists noch nicht sonderlich behaglich. Den 16. April wäre bald der ganzen Stadt Lust und Freude in Trauer und Wehklagen verwandelt worden. Nach Mitternacht brach in dem neuen, prächtigen Schauspielhause Feuer aus, und wäre die Hülfe eine Viertelstunde später gekommen, so war alles verloren. Der Direktor hat Alles eingebüßt — nichts als sein und seiner 6 Kinder Leben davon gebracht. — In solchen Fällen da ehre mir aber Gott die Frankfurther, — sogleich wurden drei Collekten eröffnet, eine vom Adel, eine von den Kaufleuten, eine von den Freimäurern, die hübsches Geld zusammenbrachten — auch kriegten seine Kinder so viel Geräthe, Kleider u. s. w. daß es eine Lust war. Da das Unglück das Theater verschont hatte, so wurde gleich 3 Tage nachher wieder gespielt, und zwar „der teutsche Hausvater", worin der Direktor Großmann den Maler ganz vortrefflich spielt. Ehe es anging, hob sich der Vorhang in die Höh', und er erschien in seinem halbverbrannten Frack, verbundenen Kopf und Händen, woran er sehr beschädigt war, und hielt eine Rede — die ich Ihnen hier schicke — seine 6 Kinder stunden in armseligem Anzug um ihn herum, und weinten alle so, daß man hätte von Holz und Stein sein müssen, wenn man nicht mitgeweint hätte, auch blieb kein Auge trocken, und um ihm Muth zu machen und ihn zu überzeugen, daß das Publikum ihm seine Unvorsichtigkeit verziehen habe, wurde ihm Bravo gerufen und Beifall zugeklatscht. —

Meinem Sohn habe meine Krankheit umständlich erzählt, es war starke Verkältung, bin nun aber wieder recht wohl. Leben Sie wohl, und grüßen meinen Sohn, ich bin ewig

Ihre

wahre Freundin
E. G.

72.

* Schauspieler Stegmann¹ an Frau Rath.

28. Juni 1785.

Cassel den 28ten Junii 1785.

Verehrungswürdige Frau!-

Aus den Augen; aber nicht aus dem Sinn! (Das Herz mit eingeschlossen!) Was Sie von mir halten würden wenn ich Ihrer Güte nicht eingedenck seyn wolte; das mag ich gar nicht dencken! — Also — Erlauben Sie daß ich von was anderm sprechen und schreiben darf. — — Hier sind wir nun seit 5 Wochen, leben so ziemlich in Lust und Freude — aber die Weine sind hier alle in ihrer Kindheit! Und die Suppen haben das Gepräge der Krafft nicht — Uebrigens sind die Menschen behäglich — theilen gern mit, wenn sie was haben — können aber bey alledem mich jener glücklichen Stunden nicht vergessen machen auch wenn sie mich bis zum ersten Minister erhöben! — Wir haben auch verschiedene gefällige Schauspiele aufgeführt, sind auch mit etlichen un=

---

¹ Wird auch in den Briefen der Frau Rath an Unzelmann (f. u.) erwähnt.

gefällig geworden — aber was thut das uns — der mag sich krazen, dem's juckt 2c. —

Pyrmont den 7ten Julii 1785.

Gegenwärtiger Brief hatt das Schicksal gehabt eingepackt zu werden, und da es hier sehr an weisem Schreibpapier fehlt; so muß ich aus der Noth eine Tugend machen. Ich hoffe Ihre Verzeihung zu erhalten wegen der unordentlichen Phisiognomie meines Briefes. — Hier sind wir nun, leider Gottes! und brauchen den Brunnen mit verdrieslichen Gesicht, und üblen Launen, die mit jedem Morgen anfangen, und sich Abends auf dem Theater mit Prostitution endigen. O Himmel; wenn ich an die vorigen Zeiten dencke!!

Wir haben hier auch, nebst unserm Unglück, französische Kindercommoedie, über die wir uns manchmal bey einem Glas Wein, der noch schlechter ist, herzlich amüsieren.

Uebrigens geht's hier zu wie zu Sodom und Gomorra. Es wimmelt von Menschen die sich ein Vergnügen zu machen gedencken; für vieles Geld, wenig zu eßen, und schlecht zu trincken; dabey sich die Mühe machen müßen, das Pflaster und den Erdboden auf der Allee fest zu treten; oder zu den Spielluftigen zu gehen, und das widrige Glück mit goldenen Pistolen auf leere Beutel herauszufodern. — Nein! da ist mir ein Gedancke an eine saure Salzkunkummer schäzbarer, als alles das.

VerEhrungswürdige Frau!

Mit diesem Briefe muß ich behext seyn, ich kann ihn nicht von der Stelle bringen. Wir sind nun hier wieder

zurück. Spielen Kommoedie mit den Franzosen abwech=
selnd, Stoß auf Stoß. Ziehen uns manchmal eine lange
Nase zu, und leben übrigens in der besten Hoffnung,
bald wieder an der runden Tafel das Vergnügen zu
haben mit Anstand einmal wieder ein fröhlicher Mensch
zu seyn. Unsere Abreise ist zuverläßig den 4 Septembr.
a. c. festgesezt. Ich freue mich auf die Ehre Ihnen per=
söhnlich meine Hochachtung zu bezeigen, die mit der Er=
gebenheit versiegelt ist mit welcher ich mich nennen darf
VerEhrungswürdige Frau
Dero
ganz ergebenster Diener
Stegmann.
Cassel den 28ten August 1785.

73.

Frau Rath an Luise Schlosser.
14. September 1785.

(Briefe der Frau Rath an ihre lieben Enkeleins, S. 8.)

Den 14ten September 1785.
Liebes Enckelein
Mein bestes Louisigen!

Hier schicke ich Dir das verlangte Stickbändgen, und hoffe daß es recht und gut seyn wird — Deine Schwestern werden sich recht freuen daß Du sie so lieb hast und ihnen vergnügen machen wilst — Gott gebe nur daß sie gesund und glücklich zurückkommen mögen. Wenn Du in Zukunft etwas um Freude zu verbreiten heimlich verfertigen wilst; so schreibe es mir nur, ich will Dir alles schicken was Du dazu nöthig hast. Es ist schlimm daß der Postwagen zu Euch die Woche nur ein= mahl geht, und wenn mann daher einen versäumt gleich 8 Tage verlohren gehen — Ich muß mich deßwegen kurtz fassen — Behalte mich lieb und glaube daß ich bin
Deine
treue Großmutter
Goethe.

N. S. Grüße alles was im Hauße ist.

74.

* Goethe an seine Mutter.
3. October 1785.

Sie haben mir liebe Mutter in diesem Jahre viele
Wohlthaten erzeigt wofür ich Ihnen herzlich dancke.
Die gute Aufnahme des lieben Fritz[1] und die Sorgfalt
für ihn, macht mir Freude als etwas das ganz eigens
mir zu Liebe geschieht. Sie werden finden daß es ein
köstliches Kind ist und mir machen nun seine Erzählungen
grose Freude. Wenn man nach Art Schwedenborgischer
Geister durch fremde Augen sehen will, thät man am

---

[1] Im Spätsommer 1785 besuchte der kleine Friedrich von
Stein die Frau Rath in Frankfurt. Goethe schrieb an ihn von
Karlsbad aus am 13. Juli 1785 nach Weimar: „Deinen Brief
habe ich erhalten, und freue mich, daß Dich die Herren Straube's
mit nach Frankfurt nehmen wollen. Du mußt ihnen gleich dafür
danken, und es auf die Weise, wie sie es angeboten, annehmen",
und am 5. September 1785 von Weimar nach Frankfurt: „Es
freut mich sehr, daß Du wohl angekommen und wohl aufgenom=
men worden bist. Gedenke fleißig der Lehren des alten Polonius
und es wird ferner gut gehen. Schreibe jeden Tag nur etwas,
damit wir wissen, was mit Dir vorgeht. Grüße meine Mutter
und erzähle ihr recht viel. Da sie nicht so ernsthaft ist, wie ich,
so wirst Du Dich besser bei ihr befinden."

besten wenn man Kinder Augen dazu wählt, er ist wohl und glücklich mit Hr. v. Niebecker angekommen.

Dancken Sie allen Freunden von mir — Riesen schreib ich selbst. Leben Sie recht wohl, ehstens schicke ich etwas lustiges. Was haben die Geschwister für Effeckt gemacht?

W. d. 3. Oktbr. 1785.

G.

75

* **Friedrich von Stein an Frau Rath.**
3. October 1785.

Liebe Gevatterin

Ich bin glücklich hier angekommen, und nun will ich Ihnen erzählen von meiner Hereiße den Dienstag Abend um 8 Uhr giengen wir erst fort, da Sie doch um 6 Uhr Ihre Hand auf meine Stirn legten. In Hanau waren keine Pferde zu bekommen, da schliefen wir also die ganze Nacht, den andern Morgen um 6 Uhr wurden wir wieder weider Transpordirt, und unsre ganze Reise bis Eisenach war mit lauter müden Pferden. Da kamen wir Donnerstag Abend an, Freitag blieben wir in Eisenach und Sonnabend die Nacht um 1 kamen wir an. Wir fanden bei den Eintrid in die Stadt 2 abgebrande Häußer. Ihr Sohn läßt Sie gar schon Grüßen. Ich bin Sie noch recht viel Dank schuldig vor alle Ihre Güte die Sie an mir verschwendet haben, ich hätte nicht gedacht das ich die bei der Frau Moriz, nach meinen Gedanken nicht Menschenliebende Frau so lieb haben würde. Ich werde Sie immer rechten Dank davor, rechten Dank schuldig seyn. Liebe Pathe. Viele Menschen finden daß ich fetter worden bin das glaube ich gar wohl denn Sie haben mich so gut gefüttert, als die Gräfin den Cherubin nimmermehr. Ihr Sohn hat sich recht gewundert das Sie bei dem Ballon [1] so eine Philosophin gewesen sind. Ich danke Ihnen noch einmahl. Alles läßt Sie grüßen.

Weimar d. 3. Oktbr. 85.

Friedrich.

---

[1] „Fritz ist in Frankfurt und sieht vielleicht in dieser Woche noch Blanchard aufsteigen", schrieb Goethe an Knebel am 11. September 1785.

76.

Frau Rath an Friedrich von Stein.

20. October 1785.

(Ebers und Kahlert a. a. O., S. 91.)

Fr. d. 20. October 1785.

Mein lieber Cherubim! Ihre glücklich abgelaufene Reise und die ausführliche Beschreibung davon hat mich sehr gefreut, — auch ergötzte mich herzinniglich, daß mich mein lieber Fritz in gutem Andenken hat. Ich vergesse aber meinen lieben Pathen eben so wenig — Alles erinnert mich an ihn, — die Birn', die ihm früh morgens so gut schmeckten, während ich meinen Thee trank, — wie wir uns hernach so schön aufteckeln ließen, er von Sachs, ich von Zeitz, und wie's hernach, wenn die Pudergötter mit uns fertig waren, an ein Putzen und Schniegeln ging, und dann das vis a vis bei Tische, und wie ich meinen Cherubim um zwei Uhr (freilich manchmal etwas unmanierlich) in die Messe jagte, und wie wir uns im Schauspiel wieder zusammen fanden, und das nach Haus führen, — und dann das Duodrama in Hausehren, wo die dicke Katharine die Erleuchtung machte, und die Greineld und die Marie das Auditorium vorstellten — das war wohl immer ein Hauptspaß. Hier schicke ich Ihnen auch eine getreue und wahrhafte von Sternen und Ordensbändern unterzeichnete ausführliche Beschreibung des zuerst zerplatzten, hernach aber zur Freude der ganzen Christenheit in die Luft geflogenen Luftballons nebst allem Klingklang und Singsang, kurzweilig zu lesen und andächtig zu beschauen. Uebrigens befinde mich wohl und werde heute den Grafen Essex enthaupten sehen, — auch war gestern der tranparente Saul bei der Hand und erfreute jedermänniglich; — aber du lieber Gott, was sieht man auch nicht Alles in dem noblen Frankfurth, der Himmel erhalte uns dabei, Amen. Leben Sie vergnügt und glücklich, dies ist mein Wunsch und wird immer in der Seele wohl thun

Ihrer
treuen Freundin und Gevattern
E. G.

77.

Frau Rath an Frau von Stein.
14. November 1785.

(Ebers und Kahlert a. a. O., S. 115.)

Fr. den 14. November 1785.

Gnädige Frau, theuerste Freundin!

Es hat mich sehr erfreut, daß Dero Herr Sohn mit seinem Aufenthalte bei mir so zufrieden war Ich habe wenigstens Alles gethan, um ihm meine Vaterstadt angenehm zu machen, — und bin froh, daß es mir geglückt ist. — Zwar habe ich die Gnade von Gott, daß noch keine Menschenseele mißvergnügt von mir weggegangen ist, weß Standes, Alters und Geschlechts sie auch gewesen ist, — Ich habe die Menschen sehr lieb und das fühlt Alt und Jung, gehe ohne Prätension durch die Welt, und dies behagt allen Erdensöhnen und Töchtern, — bemoralisire Niemand, — suche immer die gute Seite auszuspähen, überlasse die schlimme dem, der die Menschen schuf, und der es am besten versteht, die scharfen Ecken abzuschleifen, und bei dieser Methode befinde ich mich wohl, glücklich und vergnügt; — womit die Ehre habe zu verharren, und mich zu fernerem Wohlwollen und Freundschaft aufs Beste zu empfehlen, und mich zu unterzeichnen

Gnädige Frau

Dero gehorsamste Dienerin und Freundin
Elisabeth Goethe.

N. S. Dero Herrn Gemahl, wie auch unsern beiden Söhnen empfehlen Sie mich aufs Beste.

78.

Frau Rath an Friedrich von Stein.
10. December 1785.

(Ebers und Kahlert a. a. O., S. 93.)

Fr. d. 10. Dezember 1785.

Lieber Sohn! Das ist brav, daß Sie noch an mich denken, auch ich und meine Freunde, bester Fritz, haben Sie noch nicht vergessen, werden es auch nie. Wir haben diesen Winter drei öffentliche Concerte, ich gehe aber in keins, wenigstens bin ich nicht abonirt, das große, welches Freitags gehalten wird, ist mir zu steif, das montägige zu schlecht, in dem mittwöchichen habe ich Langeweile, und die kann ich in meiner Stube gemächlicher haben. Die vier Adventswochen haben wir kein Schauspiel, nach dem neuen Jahr bekommen wir eine Gesellschaft von Straß= burg, der Direktor heißt Koberwein. Uebrigens bin ich noch immer guten Humors, und das ist doch die Haupt= sache. In meiner kleinen Wirthschaft gehts noch immer so, wie Sie es gesehen haben, nur weils der Sonne be= liebt, länger im Bett zu bleiben, so beliebt es mir auch, vor $1/_29$ Uhr komme ich nicht aus den Federn — könnte auch gar nicht einsehen, warum ich mich strapatzen sollte,

— die Ruhe, die Ruhe, ist meine Seligkeit, und da mir sie Gott schenkt, so genieße ich sie mit Danksagung. Alle Sonntage esse ich bei Frau Stock, Abends kommen Frau Hollweg Bethmann, ihre Mutter, Demoiselle Moritz, Herr Thurneisen, Herr Graf, da spielen wir Quadrille, L'hombre u. s. w. und da jubeln wir was rechts. Die andern Tage bescheert der liebe Gott auch etwas, und so marschirt man eben durch die Welt, genießt die kleinen Freuden und prätendirt keine großen. Leben Sie wohl, lieber Sohn, und behalten die lieb, die sich nennt

Ihre

treue Freundin
E. G.

79.

Frau Rath an Friedrich von Stein.
18. December 1785.

(Ebers und Kahlert a. a. O., S. 95).

Fr. den 18. Dezember 1785.

Lieber Fritz! damit ich hübsch im Gedächtniß meines lieben Sohnes bleibe und er auch seine gute Mutter nicht vergißt, so schicke ich ihm hier ein kleines Andenken, dabei kommen auch die zwei Lieblingslieder und da ich nicht weiß ob der deutsche Figaro in Weimar Mode ist, so folgt hierbei das Liedchen auch; — lieber Fritz, erinnert Er sich noch, wie wirs zusammen sangen, und dabei so fröhlich und guter Dinge waren. Fröhlichkeit ist die Mutter aller Tugenden, sagt Götz von Berlichingen, — und er hat wahrlich recht. Weil man zufrieden und froh ist, so wünscht man alle Menschen vergnügt und heiter zu sehen und trägt Alles in seinem Wirkungskreis dazu bei. Da jetzt hier Alles sehr still zugeht, so kann ich gar nichts Amusantes schreiben — ich thue also besser, ich schreibe das Lied von Figaro ab. Ich wünsche vergnügte Feiertage und bin und bleibe

Ihre

wahre gute Freundin

E. G.

80.

Frau Rath an die Enkelein.
13. Januar 1786.

(Dorow, Reminiscenzen, S. 191. Briefe der Frau Rath u. s. w. S. 8.)

Den 13ten Jenner 1786.

Liebe Enkeleins!

Es freut mich, daß Euch mein Christgeschenk Vergnügen gemacht hat — ich höre aber auch das gantze Jahr von Eurer lieben Mutter, daß ihr geschickte und gute Mädels seyd — bleibt so — ja werdet alle Tage noch besser, so wie ihr größer werdet — Folgt euren lieben Eltern, die es gewiß gut mit euch meinen; so macht ihr uns allen Freude — und das ist denn gar hübsch, wenn vor alle Mühe die eure Erziehung kostet — eure Eltern, Groß Mutter und übrigen Freunde — Freude an euch haben — Auf den Strickbeutel freue ich mich was rechts, den nehme ich dann in alle Gesellschaften mit, und erzähle von der Geschicklichkeit und dem Fleiß meiner Louise! Ihr müßt den Bruder Eduard jetzt hübsch laufen lernen — damit wenn das Frühjahr kommt, er mit euch im Garten herumspringen kann — das wird ein Spaß werden. Wenn ich bei euch wäre, lernte ich euch allerley Spiele, als Vögel verkaufen — Tuchdiebes — Potz schimper potz schemper und noch viele andere — aber die G** müßten Das alles ja auch kennen — es ist vor Kinder gar lustig, und ihr wißt ja, daß die Großmutter gern lustig ist, und gerne lustig macht.

Nun Gott erhalte euch auch in diesem Jahre gesund, vergnügt und munter, das wird von Herzen freuen

 Eure
  treue euch liebende Großmutter
   Goethe.

81.

Frau Rath an Friedrich von Stein.
25. Mai 1786.

(Ebers und Kahlert a. a. O., S. 96.)

Fr. den 25. Mai 1786.

Ei! Ei! mein lieber Sohn! Sie scheinen ja gar böse auf Ihre Gevatterin zu seyn! Hören Sie aber erst meine Entschuldigung und ich wette, alle Fehde hat ein Ende. Wahr ists, ich habe zwei Briefe von Ihnen nicht beantwortet, aber, lieber Freund, es war Messe! Freunde und Bekannte nahmen mir meine Zeit weg. Herr Kriegsrath Merck war tagtäglich bei mir, — der berühmte Dichter Bürger, Reichardt aus Berlin, und andere weniger bedeutende Erdensöhne waren bei mir, — an Schreiben war da gar nicht zu denken — und das, was ich jetzt thue, thu ich gegen das Gebot meines Arztes, der beim Trinken der Molken (welches jetzt mein Fall ist) alles Schreiben verboten hat, — doch um meinen lieben Sohn wieder gut zu machen, will ich der ganzen medizinischen Fakultät zum Trotz doch schreiben. Der 8te Mai war wohl für mich als für Goethe's Freunde ein fröhlicher Tag, — Götz von Berlichingen wurde aufgeführt, hier schicke ich Ihnen den Zettel, — Sie werden sich vielleicht der Leute noch erinnern, die Sie bei ihrem Hierseyn auf dem Theater gesehen haben. Der Auftritt des Bruder Martin, — Götz vor den Rathsherrn von Heilbronn, — die Kugelgießerei, — die Bataille mit der Reichsarmee, — die Sterbescene von Weislingen und von Götz, thaten große Wirkung. Die Frage: „wo seyd Ihr her, hochgelahrter Herr?" und die Antwort: „von Frankfurth am Main" erregten einen solchen Jubel, ein Applaudiren, das gar lustig anzuhören war, und wie der Fürst (denn Bischöfe dürfen hier und in Maynz nicht aufs Theater) in der dummen Behaglichkeit dasaß, und sagte: „Potz, da müssen ja die zehn Gebote auch darin stehen", — da hätte der größte Murrkopf lachen müssen. Summa Summarum! ich hatte ein herzliches Gaudium an dem ganzen Spektakel. — Nun, lieber Sohn, sind Sie jetzt wieder mit mir einig? Das ist doch ein ziemlich honetter Brief vor eine Frau, der das Schreiben verboten ist. Wir sind wieder gute Freunde und in der Hoffnung unterschreibe ich mich als

Ihre
wahre und treue Freundin
E. G.

N. S. Dienstags den 30ten Mai wird auf Begehren des Erbprinzen von Darmstadt Götz von Berlichingen wieder aufgeführt. Potz, Fritzgen, das wird ein Spaß seyn!

82.

Frau Rath an Goethe in Rom.
17. November 1786.

(Die theologische Dienerschaft am Hofe Joseph II., geheime Correspondenzen und Enthüllungen ꝛc. von Sebastian Brunner
Wien 1868, S. 157 fg.)

Frankfurt den 17. November 1786.

Lieber Sohn. Eine Erscheinung aus der Unterwelt hätte mich nicht mehr in Verwunderung setzen können, als Dein Brief aus Rom. Jubiliren hätte ich vor Freude mögen, daß der Wunsch, der von frühester Jugend an in Deiner Seele lag nun in Erfüllung gegangen ist. Einen Menschen wie Du bist, mit Deinen Kenntnißen, mit Deinem großen Blick vor Alles was gut, groß und schön ist, der so ein Adlerauge hat, muß so eine Reiße auf sein ganzes übriges Leben vergnügt und glücklich machen, und nicht allein Dich, sondern alle die das Glück haben in Deinem Wirkungskreiß zu leben. Ewig werden mir die Worte der seligen Klettenbergern [1] im Gedächtniß bleiben: „wenn Dein Wolfgang nach Mainz reiset, bringt er mehr Kenntniße mit als andere, die von Paris noch London

---

[1] Fräulein von Klettenberg, vgl. die biographische Einleitung.

zurückkommen." Aber sehen hätte ich Dich mögen beim ersten Anblicke der Peterskirche. Doch Du versprichsts ja, mich in der Rückreiße zu besuchen, da mußt Du mir Alles haarklein erzählen. Vor ungefähr 4 Wochen schriebe Fritz von Stein, er wäre deinetwegen in großer Verlegenheit, kein Mensch, selbst der Hertzog nicht wüßte wo Du wärest, — jedermann glaubte Dich in Böhmen u. s. w. Dein mir so sehr lieber und interessanter Brief vom 4. November kam Mittwochs den 15. ditto Abends um 6 Uhr bei mir an. — Denen Bethmännern habe ich ihren Brief auf so eine drollige Weiße in die Händen gespielt, daß sie gewiß auf mich nicht rathen. Von meinem innern und äußern Befinden folgt hier ein genauer und getreuer Abdruck. Mein Leben fließt still dahin wie ein klarer Bach. Unruhe und Getümmelt war von jeher meine Sache nicht, und ich danke der Vorsehung vor meine Tage. — Tausend würde so ein Leben zu eintönnig vorkommen, mir nicht, so ruhig mein Körpper ist, so thätig ist das was in mir denket, — da kann ich so einen gantzen geschlagenen Tag gantz allein zubringen, erstaune, daß es Abend ist, und bin vergnügt wie eine Göttin, und mehr als vergnügt und zufrieden seyn braucht man wohl in dieser Welt nicht. Das neuste von Deinen alten Bekannten ist, daß Papa la Roche nicht mehr in Speyer ist, sondern sich ein Haus in Offenbach gekauft hat, und sein Leben allda zu beschließen gedenket. Deine übrigen Freunde sind alle noch die sie waren, keiner hat so Nißenschritte wie Du gemacht. Wir waren aber auch immer die Laqueien sagte einmahl der verstorbene Max Mohrs: Wenn Du herkommst, so müssen diese Menschen-Kinder alle eingeladen und herrlich traktirt werden, Wildprets, Braten,

Geflügel wie Sand am Meer, — es soll eben pompos hergehen, lieber Sohn, da fällt mir nun ein unterthäniger Zweifel ein, ob dieser Brief wohl in Deine Hände kommen mögte, ich weiß nicht, wo Du in Rom wohnest, Du bist halb in conito (wie Du schreibest). Wollen das beste hoffen [1], Du wirst doch, ehe Du kommst, noch etwas von Dir hören lassen, so glaube ich jede Postschäße brächte mir meinen einzig geliebten, — und betrogene Hoffnung ist meine Sache gar nicht. Lebe wohl, Bester. Und gedenke öfters an Deine treue Mutter

Elisabetha Göthe.

---

[1] Der Brief gelangte glücklich an Goethe. Unter dem 24. März 1787 legte Franz Cardinal v. Herzan einem Briefe von ihm aus Rom an Kaunitz diesen Originalbrief der Frau Rath mit dem Bemerken bei: „Was ich inzwischen von dem Herrn Göthe in Erfahrung gebracht, ist, daß die Briefe, die er an seinen Fürsten geschrieben, unter seiner eigenen Aufschrift waren, nämlich «An Herrn Göthe, geheimer Rath des Herrn Herzogs von Sachsen-Weimar», er hatte auch einen starken Briefwechsel mit verschiedenen Gelehrten und seiner Mutter in Frankfurt, von welch letzterer mein deutscher Sekretarius einen Brief in seine Hände bekommen, und ich hier beilege."

83.

Frau Rath an Friedrich von Stein.
17. December 1786.

(Ebers und Kahlert a. a. O., S. 98.)

Fr. den 17. Dezember 1786.

Lieber Sohn! Hier schicke ich Ihnen ein Christ=
geschenk um sich meiner beständig zu erinnern, ja, lieber
Sohn, thun Sie das, gedenken Sie an eine Frau, die
sich immer noch mit Vergnügen die Zeit zurückruft, wo
wir so manchen frohen Tag zusammen lebten — nur
schade, daß Alles so schnell vorübergeht und daß die
Freuden des Lebens immer auf der Flucht sind, —
darum soll man sie ja durch Grillen nicht verscheuchen,
sondern sie geschwind haschen, sonst sind sie vorbei und
eilen und schlüpfen ins Eia Poppei! — Wissen Sie denn
noch immer nicht, wo mein Sohn ist?[1] Das ist ein
irrender Ritter! nun er wird schon einmal erscheinen,
und von seinen Heldenthaten Rechenschaft ablegen, —
wer weiß wie viele Riesen und Drachen er bekämpft,

---

[1] Goethe war von Karlsbad heimlich und incognito über die
Alpen nach Italien gegangen.

wie viele gefangene Prinzessinnen er befreit hat. Wollen uns im Voraus auf die Erzählung der Abentheuer freuen und in Geduld die Entwickelung abwarten. — Neues gibt es hier gar nichts; unsere freien Reichsbürger essen, trinken, bankettiren, musiciren, tanzen und erlustigen sich auf allerlei Weise — und da sie das freut, so gesegne es ihnen Gott! Leben Sie wohl, lieber Sohn, und gedenken auch im 1787ger Jahre zuweilen an

Ihre
wahre Freundin
E. G.

84.

Frau Rath an Frau von Stein.

9. Januar 1787.

(Ebers und Kahlert a. a. D., S. 117.)

Fr. den 9. Januar 1787.

Hochwohlgeborne Frau, vortreffliche Freundin!

Wie vielen Dank bin ich Ihnen nicht vor die Mittheilung der mir so sehr interessanten Briefe schuldig — ich freue mich, daß die Sehnsucht, Rom zu sehen, meinem Sohne geglückt ist, es war von Jugend auf sein Tagesgedanke, Nachts sein Traum [1], — die Seligkeit, die er

---

[1] Von Venedig 12. October 1786 schreibt Goethe: „Jetzt darf ich es sagen, darf meine Krankheit und Thorheit bekennen. Schon einige Jahre her durft' ich keinen lateinischen Autor ansehen, nichts betrachten, was mir ein Bild Italiens erneute. Geschah es zufällig, so erduldete ich die entsetzlichsten Schmerzen. — Hätte ich nicht den Entschluß gefaßt, den ich jetzt ausführe, so wäre ich rein zu Grunde gegangen; zu einer solchen Reise war die Begierde, diese Gegenstände mit Augen zu sehen, in meinem Gemüthe gestiegen." An anderer Stelle schreibt er darüber: „Das Sehnsüchtige, das in mir lag, das ich in frühern Jahren vielleicht zu sehr gehegt und bei fortschreitendem Leben kräftig zu bekämpfen trachtete, wollte dem Manne nicht mehr ziemen, nicht mehr genügen

bei Beschauung der Meisterwerke der Vorwelt empfinden und genießen muß, kann ich mir lebendig vorstellen, und freue mich seiner Freuden. Sr. Durchlaucht der Herzog, haben mich auf das angenehmste überrascht, meine Freude war groß, unsern theuern Fürsten gesund und vergnügt zu sehen. Herr von Knebel und Graf von Lincker waren seine Begleiter, Dero Herr Bruder war nicht dabei, — die mir so lieben Briefe erhielte durch einen Jäger von Meinungen, der hier durch nach Darmstadt geschickt wurde. Ich empfehle mich und meinen Sohn aufs Beste in Dero und des Herrn Gemahls fortdauernde Liebe und Freundschaft, und verbleibe mit der größten Hochachtung

Hochwohlgeborne Frau
Dero
gehorsamste Dienerin und Freundin.
C. Goethe.

und er suchte deshalb die volle endliche Befriedigung. Das Ziel meiner innigsten Sehnsucht, deren Qual mein ganzes Inneres erfüllte, war Italien, dessen Bild und Gleichniß mir viele Jahre vergebens vorschwebte, bis ich endlich durch kühnen Entschluß die wirkliche Gegenwart zu fassen mich erdreistete."

85.

* Karl August an Frau Rath.
20. Januar 1787.

Adreße: An Frau Räthin Göthe zu Franckfurth a/M auf den Hirschgraben.

Mayntz, den 20ten Jenner 87.

Die Sichere Erfahrung Frau Räthin, welche ich so oftmals gemacht habe, daß Sie äußerst verschwiegen, vorsichtig und zuverläßig sind, giebt mir das zutrauen Sie zu bitten folgenden Auftrag zu übernehmen: Solten von hier aus Briefe unter meiner Adreße bey Ihnen anlangen, so laßen Sie den Post=Commißair der verbundenen Eisenachisch=Darmstädtischen Post zu sich kommen, welcher im Darmstädter Hof wohnt, u. dort die Expedition hat, geben Sie ihm dann die Eingelaufenen Briefe, mit Befehl von meinetwegen, solche durch eine Estaffette auf den Postcours des Eisenacher Wagens fortzuschaffen: alle Briefe welche Sie auf dieser Art besorgen werden, müßen in ein paquet gefaßt werden, und Sie versehn solches mit der Adreße, an den Hr. Geheimen Rath von Herda zu Eisenach. Sie werden dann auch Briefe von mir an einige Personen hiesiges orts erhalten, was Sie aber mit diesen zu thun haben werden, hierüber bitte ich Sich genau nach der Vorschrift zu halten welche Ihnen der in hiesigen Diensten stehende Hr. General Graf von Hatzfeld schriftl. und weitläufig geben wird. Verzeihen Sie meine Freyheit, ich traue Ihnen aber gewiß zu daß Sie mir meine Bitte nicht abschlagen, sondern gäntzl. erfüllen werden. Leben Sie wohl!

Karl August H. z. S. Weimar. [1]

---

[1] In den Februar und März desselben Jahres fallen zwei Briefe an Merck, welche hier Erwähnung verdienen. Es schreibt die Herzogin

Anna Amalia an Merck am 25 Februar 1787
(Briefe an J. H. Merck 2c., 1835, S. 499):

„— — Ich will bei der Frau Aja ein gutes Wort einlegen, daß sie Ihnen die Extracte aus ihres Sohnes Briefen, die er von Rom aus schreibt, communicirt. So viel kann ich Ihnen sagen, daß er sehr wohl ist, und sich da wie einheimisch findet; er geht fast mit keinem andern Menschen als mit dem jungen Tischbein um. Wenig Menschen gibt's und wird es geben, die Rom auf eine solche Weise sehen und studiren, wie er;"

und Fräulein von Göchhausen an Merck am 2. März 1787.
(Wagner, Briefe an J. H. Merck, S. 499):

„— — So viel ich weiß, hat meine Herzogin mit der heutigen Post an die Frau Aja geschrieben, ihr anzudeuten, die Auszüge aus Goethe's Briefen aus Italien Ihnen mitzutheilen. Meines Erachtens werden seine Briefe immer besser, je mehr alles das Große und Herrliche, was mit Einemmale auf ihn zuströmte, sich bei ihm ruhig zu setzen anfängt. Sein Genuß steigt täglich. Ob er diesen Sommer zurückkommt, ist ihm wohl selbst noch ungewiß. Am Aschermittwoch ist er von Rom nach Neapel abgegangen." —

86.

Frau Rath an Friedrich von Stein.
9. März 1787.

(Ebers und Kahlert a. a. O., S. 100.)

Fr. den 9. März 1787.

Lieber Sohn! Großen schönen und vielfältigen Dank vor die überschickten Briefe, — es war mir ein Trost, Labsal und Freude, aus der großen Entfernung so gute Nachrichten von meinem Sohne zu hören. Bitten Sie doch Ihre Frau Mutter, Alles was an sie gelangt, mir gefälligst zu übersenden — und ich will recht herzlich dankbar dafür seyn. Vor dem Abschreiben haben Sie keine Sorge, es bekommt sie Niemand zu sehen. Sie sind also nicht der Meinung, daß mein Sohn noch eine längere Zeit ausbleiben wird? Ich für meine Person gönne ihm gern die Freude und Seligkeit in der er jetzt lebt, bis auf den letzten Tropfen zu genießen, und in dieser glück=lichen Constellation wird er wohl Italien nie wieder=sehen; ich votire also aufs längere Dortbleiben, voraus=gesetzt, daß es mit Bewilligung des Herzogs geschieht. Grüßen Sie meinen lieben Sohn Wieland und Herders, besonders aber Ihr ganzes Haus von derjenigen, die unverändert ist

Ihre

wahre Freundin
E. G.[1]

---

[1] Hierauf folgte ein Brief der Frau Rath an Friedrich von Stein vom 1. Juni 1787. (Ebers und Kahlert a. a. O., S. 101.)

87.

Frau Rath an den Schauspieler Karl Wilhelm Ferdinand Unzelmann.[1]

13. Februar 1788.

(Dorow, Reminiscenzen, S. 134.)

Den 13ten Februar 1788.

Lieber Freund!

Schließen Sie nicht aus diesen wenigen Zeilen — auf etwanigen mangel an meiner Freundschaft, sondern schreiben Sies dem Wirr Warr zu mit dem ich heute umgeben

---

[1] Der geniale Schauspieler, geb. 1753, damals also 35 Jahre alt. Im Jahr 1784 war er von Berlin nach Frankfurt a. M. gekommen, hatte sich dort der Großmann'schen Truppe angeschlossen, und sich mit Großmann's Stieftochter Friederike Flittner, der später so berühmt gewordenen Bethmann, vermählt. Er genoß die wärmste Freundschaft und Gunst der für das Theater begeisterten Frau Rath. Aus mehrfachen Gründen, insbesondere wegen Intriguen und Schuldverhältnissen, ging er zum großen Schmerz seiner Freundin im Jahr 1788 nach Berlin zurück, wo er bis zu seiner Pensionirung 1823 mit größter Anerkennung wirkte und am 21. April 1832 starb. Von den Briefen, welche die Frau Rath in den Jahren 1788—93 an ihn geschrieben (Dorow, a. a. O., S. 134 fg.) können hier nur die vorzugsweise charakteristischen Stellen wiedergegeben werden.

bin. Sie wissen, daß alljährig es die Mode bey mir ist alle meine Freunde und Bekannten zu regaliren. Dieses Festein ist heute — Denken Sie Sich also die Geschäfftigkeit der Frau Aja, 40 Menschen mit Speiß und Trank zu bewirthen! Leben Sie wohl! Amen. Es muß sich in Wichs setzen

Ihre Freundin
Elisabeth.

N. S. Stegmann wollte mich vorgestern besuchen — ich war aber in der Montags-Gesellschaft — es that mir leid, ihn nicht gesehen zu haben.

88.

Frau Rath an Friedrich von Stein.
22. Februar 1788.
(Ebers und Kahlert a. a. O., S. 102.)

Fr. den 22. Febr. 1788.

Lieber Sohn! Vor die Pandora und den Hofkalender danke aufs Beste. Ich habe einen Brief vom 3ten d. aus Rom, wo mein Sohn schreibt, gegen Ostern wollte er mir kund thun, ob ich ihn dieses Jahr zu sehen bekäme oder nicht, — ich glaube daher, daß es noch höchst ungewiß ist, ob er über Frankfurth zurück geht; — daß er gegen seine Freunde kalt geworden ist, glaube ich nicht, aber stellen Sie sich an seinen Platz — in eine ganz neue Welt versetzt, — in eine Welt, wo er von Kindheit an mit ganzem Herzen und ganzer Seele dran hing, — und den Genuß, den er nun davon hat. Ein Hungriger, der lange gefastet hat, wird an einer gutbesetzten Tafel bis sein Hunger gestillt ist, weder an Vater noch Mutter, weder an Freund noch Geliebte, denken, und Niemand wirds ihm verargen können. Ich muß Ihnen noch einmal vor die Pandora danken, — es ist die Königin aller andern Calender, Almanache, Blumenlesen u. s. w., es sind ganz vortreffliche Sachen darin. Leben Sie wohl und behalten in gutem Andenken

Ihre Freundin
C. G.

89.

Frau Rath an Unzelmann.

16. März 1788.

(Dorow, a. a. O., S. 135.)

Den 16. Merz 1788.

O! Täuschen Sie mich nicht wieder! O! Blasen Sie nicht den todten Funken wieder an — überlassen Sie mich lieber meinem Gram der eine solche Höhe erstiegen hat wo schwerlich was drüber geht. — Bey einem Gewitter verkündigt doch der Donner die annäherung des Blitzes — aber hie war Blitz und schlag so eins, daß michs ewig wundern wird — daß mich meine Lebensgeister nicht den Augenblick alle verließen. Ich weiß warrlich nicht, ob ich nach so vielen vorhergegangenen Täuschungen, fehlgeschlagenen Erwartungen, mein Hertz der Hoffnung die mich so offte, so unendlich offte hintergangen hat, ob ich dieser Betrügerin es je wieder öffnen soll: oder ob es nicht besser ist sie gantz zurück zu weißen, keinen strahl davon mehr in die Seele kommen lassen — und mein voriges Pflantzenleben wieder anzufangen —

ich sage es noch einmahl — ich weiß es nicht. Die Quall die ich jetzt leide, ist unaussprechlich — da begegnen mir auf allen Ecken von dem verwünschten Volk, und machen jede Rückerinnerung neu, reißen durch ihren Basilisken Blick jede Wunde auf — suchen und spähen ob in meinen Augen Traurigkeit wahrzunehmen ist — um vielleicht daran ein gaudium zu haben — und wenn ich an die Messe denke, auf die ich mich sonst so kindisch freute, wie das großmaul die St. mit Schadenfreude auf mich bliken wird — und ich mich in dem punct so wenig verstellen kan; so weiß ich nicht was ich thun oder lassen soll. — Aber eins weiß ich — das Otterngezüchte soll aus meinem Hauß verbant seyn, kein Tropfen Tyrannenblut soll über ihre Zungen kommen — keine Hand will ich ihnen zur Ehre, oder zur Ermunterung rühren — kurz allen Schabernak den ich ihnen anthun kann — will ich mit Freuden thun — räsonniren will ich, Bürgers Frau Schnips soll ein Kind gegen mir seyn — denn Luft muß ich haben sonst erstike ich — unterstehen Sie Sich nicht noch einmahl die F. meine Freundin zu nennen — das ist prostution vor mich — sie war es nie wird nie werden — ich bin mit meiner Freundschaft nicht so freygebig es haben gantz andre Leute als solch eine darum gebuhlt und sind in gnaden fortgeschickt worden. Das mir so gütigst mitgetheilte Geheimniß werde wie einen kostbahren anvertrauten Schatz bewahren — kein Mensch auch selbst der Töffel nicht soll es erfahren — vor mich soll es nicht sowohl Hoffnung (den mit der bin ich entzweyt) sondern eine art von Tuscher seyn. Vor Ihrem herkommen fürchte ich mich — Sie können leicht begreifen warum!!! Morgen lasse ich Brandbriefe an all meine saumseelige Schuldner ergehen — und dann wird Ihrer gedenken

Ihre

Elisabeth.

N. S. An die Frau Gevatterin meinen freundlichen Gruß.[1]

---

[1] Es folgten darauf zwei Briefe an Unzelmann vom 21. März 1788. (Dorow, a. a. O., Nr. 4 und 5, S. 136 fg.)

90.

Frau Rath an Unzelmann.
29. April 1788.

(Dorow, a. a. O., S. 140.)

Den 29ten Aprill 1788.

Lieber Freund!

Ihren Brief aus Leipzig und den aus Berlin habe mit Vergnügen geleßen den aus Beyden ist klahr zu ersehen, daß Sie unsere gute Stadt und Ihre Freunde noch nicht vergeßen haben — es würde aber auch ungerecht von Ihnen seyn, denn das Glück mag Ihnen in andern Zonen noch so freundlich lächlen; so werden Sie doch nie bereuen vier Jahre bey uns gelebt und geweßen zu seyn. Den Tag Ihrer Abreiße schickte ich die dicke Iris [1] mit einem warmen prächtigen Kuchen, etwas Thyrannen Blut — einem sehr wohl stilisirten Abschiedsschreiben in Ihr Logie — aber eine mitleidige Oreade rief aus der Bretternen Wand (den es gab da keine Felsen) Er ist auf ewig dir entflohn! Was machte aber Ariadne? das sollen Sie gleich hören — So wild und

[1] Ihre Dienerin Katharina.

ungeberdig stellte sie sich nun eben nicht — die Eumeniden — die Furien wurden nicht incomodirt — und die gantze Hölle erfuhr von der gantzen Geschichte kein Wort — hätte die arme Naxoser Ariadne in unserm aufgeklährten Zeitalter gelebt — wo alle Leiden und Freuden alles Gefühl von Schmertz und Lust in Sisteme gezwängt sind — wo die Leidenschafften wenn sie in honetter Companie erscheinen wollen steife Schnürbrüste anhaben müßen — Wo Lachen und Weinen nur biß auf einen gewißen Grad steigen darf — sie hätte Zuverläßig ihre sachen anders eingerichtet. Freylich ist es etwas beschwerlich immer eine Maske zu tragen — und immer anders zu scheinen als mann ist — Doch Gott Lob bey Ihnen brauche ich das nun nicht — Ihnen kan ich sagen daß mir Ihr Weggehen leid sehr leid gethan hat, daß mein Steckenpferd total ruinirt ist — daß mir beim Eßen die Zeit unausstehlich lang wird mit einem Wort, daß mein Mährgen im Brunen liegt, und wohl schwerlich wieder heraus gezogen werden wird. Auch sey Ihnen ohnverholen daß ich öffters bitter böße auf Ihnen bin, daß Ihr Ehrgeitz, Ihre falsche Chimären Sie von hie weggetrieben haben da mann jetzt gantz das Gegentheil von allem sieht........

Leben Sie wohl! und gedenken ferner an Ihre zurückgelaßnen Freunde — und an diejenige, die biß in Carons Nachen ist

Ihre Freundin

Elisabeth.

91.

Frau Rath an Unzelmann.

9. Mai 1788.

(Dorow, a. a. D., S. 142.[1])

Den 9ten May 1788.

Lieber Freund

— — — — Nun habe ich genug von Ihnen geschwatzt nun noch ein Wort von mir. Mein Schauspielschuß ist seinem Ende nahe — weder an meinem sonst so lieben Fenster im Schauspiel Hauß weder unter den Spielenden noch unter den Stummen sehe ich was ich sonst sehe und wenn mir einfält daß es auf immer und ewig so bleibt und wenig Wahrscheinlichkeit vors Gegentheil ist; so packts michs bey der Brust, daß ich denke der Odem bleibt mir aus und dann fält mir immer der Brief (O! Elisabeth was habe ich gethan) aufs neue ein — Ja wohl hätten Sie doch ein klein bißgen Rücksicht

---

[1] Wo der nur auf Unzelmann's Verhältnisse bezügliche Eingang des Briefes zu lesen.

auf Ihre Freundin und auf die Zukunft nehmen sollen.
Mein einziger Trost ist noch, daß es Ihnen dort wohl=
geht — und daß Sie diejenige doch nie gantz vergeßen
werden — die Ihnen so viele Proben gegeben hat —
daß sie war, und ist, und bleibt

Ihre Freundin

Elisabeth.

92.

Frau Rath an Unzelmann.
13. Mai 1788.

(Dorow, a. a. O., S. 146.)

Geschrieben am 2ten Pfingſtag krank an Leib und Seele, fortgeſchickt den 13ten May 1788.

Lieber Freund!

Ich ſoll mich nicht beunruhigen — nicht ängſtigen — ſoll auf die Zukunft bauen! Ich! die ſo klahr und deutlich ſieht, daß alles darauf angelegt iſt, Sie auf ewig von uns zu entfernen — ſo offte mir eine Zeitung zu Geſichte kommt zittern mir alle Glieder Ihren Nahmen auf eine ſchimpfliche Weiße drinnen zu finden — und iſt nur die kleinſte Drohung — der minſteſte trotz in dem Schreiben der dortigen Commiſſion enthalten; ſo iſt das Unglück gewiß, und Sie ſind vor uns auf immer verlohren — Ein Haußareſt wäre Ihnen lange lange nicht ſo ſchimpflich geweßen — wie wenig Menſchen hätten das erfahren — aber Zeitungen die in alle Welt laufen — vom großen und kleinen Pöbel geleßen werden, in Gegenden, wo Ihnen jedes Kind kent; ſo was geht über alles! und nun das Gerede in allen Gesellschaften und Ihre Freundin mitten drunter — was soll die nun machen oder welche Rolle soll sie spielen! Habe ich nicht schon genung um Ihrent willen gedultet — vergeben, getragen, gelitten, und nun noch dieses schreckliche alles schrecklichen — O! Schicksahl womit habe ich das verdient! Meine Meinung war so gut, so bieder — ich wollte das Glück eines Menschen machen — und that gerade das Gegentheil — hätte ich Ihn gelaßen wie und wer Er war — Er wäre noch bey uns das bin so fest überzeugt als von meinem eigenen Daseyn — Verzeihen Sie Lieber Freund! daß meine Briefe keines beßern und vergnügerns Inhalts sind, gegen Ihnen kan und mag ich mich nicht verstellen — Sie müßen mir vergönnen mein Hertz auszuschütten — Diese Freundschaftsprobe verdiene ich doch — nicht wahr? Drey Tage war ich bettlägrig heute stunde ich mit dem Trost auf einen Brief von Ihnen zu erhalten — aber es kam keiner — Es ist zweyter Feyertag, alles fährt und läuft — ich sitze einsam in meiner Wohnstube — und weiß meine Zeit nicht beßer anzuwenden als an Ihnen zu schreiben — Wären Sie hie so wüßte ich wohl — daß ein klein Bouteilligen Tyrannen Blut würde genoßen werden Aber die Zeiten sind vorbey! Diese berühmte Wohnstube hat Ihnen doch manchen gram von der Stirne gewischt — es war so ein Asilum wenn die Winde tobeten und der Donner in den Lüften rollte — Es war gar ein sicherer Haven wenn das Schifflein von den Wellen um und um getrieben wurde — Erinnern Sie Sich noch der Dose die ich Ihnen vor 3 Jahren nach Cassel schickte wo ein Mann mitten im Schiefbruch einen Fels ergliemte, und die Worte die ich dabey schrieb? nun sind Sie wieder zur See gegangen — Gott lasse Ihnen immer einen sichern port finden wo Sie Anker werfen können. .... Es ist doch eine herrliche Sache um das schreiben — Zumahl an einen Freund — nur ists ein unglück daß so ein Brief siebentage braucht um an ort und stelle zu kommen — so weit haben Sie Sich noch nicht von mir verlaufen gehabt wie jetzt und Ihre Zurückkunft konte man doch mit strichen ausrechnen — Lieber Freund! Nur eins mögte ich wißen — haben Sie denn gar nicht an mich gedacht — da Sie den Contrakt von dort unterschrieben? auch gar nicht an die folgen und an die Wirkung die so was auf mich nothwendig machen müßte — Sie wußten doch bei Gott alles! Das ist mir immer das unbegreiflichste bey der gantzen Sache gewesen und ist es noch — denn ich gestehe Ihnen, so ein Schritt wäre mir nicht im Schlaf eingefallen Grüßen Sie die Frau Gevatterin — von

Ihrer Freundin

Elisabeth.

93.

Frau Rath an Unzelmann.
27. Mai 1788.

(Dorow, a. a. O., S. 150.)

Dinstags den 27ten May 1788.

Lieber Freund!

Es ist ein großer Fehler an mir, daß ich mehr an die Vergangne Zeit als an die gegenwärtige denke, und daß ich mir die Ideen, Träume und Mährgen die ich mir mit Ihnen in Kopf gesetzt hatte, noch nicht gantz aus dem Gedächtnüß tilgen kan — aus dieser trüben Quelle sind auch noch meine zwey letzten Briefe geflossen — aber ich verspreche Ihnen hiemit feyerlich ins künftige alle Jeremiaden aus meinen Briefen zu verbannen zumahl da Ihnen Ihre Feinde anstatt böses, gutes gethan, und Sie ins Glück hineingetrieben haben — Eine solche Ehre hätten Sie und die Frau Gevatterin hir nicht erlebt, und wenn ihr wie die Engel gespielt hättet — das Königliche Hauß ließe sich bedanken! Das hätte hir der Burgemeister nicht gethan — überhaupt scheint mirs daß Berlin der Ort ist wo Sie endlich einmahl glücklich seyn

werden — Ich bitte Ihnen daher um alles was Sie
lieben und Ihnen werth ist, stoßen Sie dieses Glück
nicht wieder von sich — Das Schicksahl ist nicht immer
so gut gelaunt, daß wenn eine Thür sich schließt, es
gleich wieder eine aufthut — mein Trost wird dann doch
immer seyn — daß ich doch den Grundstein gelegt habe
— worauf nun andere, größre, und geschicktere Bau=
meister fortbauen mögen — Diese kleine Eitelkeit werden
Sie mir nicht übel nehmen — denn sie macht mich
glücklich. . . .

Lieber Freund! Sie haben vermuthlich vergessen daß
ich auf Bitten und gleichsam auf Caution von Freund
Heinrich meinen Credit verwendet habe um 76 Louidor
zu Ihrer Reise aufzutreiben, diese müßen im Julius be=
zahlt seyn — den meine Ehre und gegebenes Wort geht
mir über alles — ich kan und werde mich also in nichts
neues von der art einlaßen . Viermahl haben
wir hier die Woche Schauspiel es geht wies kan — mir
ists jetzt so gleichviel ob sie den Hanßwurst im Schlaf=
rock oder den Don Carlos spielen — aber ich muß auch
nicht unbillig seyn wenn mann 12 Jahre ein Steckpferd
geritten hat so kan auch einmahl ein anders seinen platz
einnehmen — in der Welt bleibt ja nichts ewig an seinem
fleck. Wir sollen ja das Glück haben Ihren guten König
zu sehen — den muß ich mir doch auch beschauen — das
verdient doch eine Fahrt nach Hanau! Grüßen Sie die
Frau Gevatterin und sagen Ihr, Sie sey eine plitz Hexe
im Verdrängen — Die armen Theaterdamen!

Elisabeth.

94.

Frau Rath an Unzelmann.
24. Juni 1788.
(Dorow, a. a. O., S. 152.)

Den 24ten Juni 1788.

Lieber Freund!

Krank bin ich nun eben im eigenblichen Verstand des Worts nicht — aber traurig — mißmüthig — Hoffnungsloß — niedergeschlagen das ist vor jetzt mein Looß — und die Ursach meines nicht schreibens. Wenn Orsina recht hat, daß die unglücklichen sich gern aneinander ketten, so ist der Gegensatz eben so wahr, daß der Glückliche die Gefühle des unglücklichen selbst mit dem besten Hertzen und Willen, doch nicht mitempfinden kann — Ein Armer wird den Druck der Armuth nie stärker fühlen, nie unzufriedener mit seinem Schicksahl seyn, als in Gesellschaft der Reichen — da, da erniedriget, da beugt ihn sein Mangel doppelt — und jedes Wort sey es noch so unschuldig — noch so unbedeutend wird ihm als Spott als Satire auf seine Armuth vorkommen — jedes lächlen wird ihm Hohn über sein Elend dünken — denn nie ist der unglückliche gerecht — sieht alles durch ein gefärbtes Glaß — beurtheilt alles schief. Meine eigne Erfahrung meine getzige Gefühle leisten mir die Gewähr daß vorstehendes Gleichnüß überaus passend und trefendent ist: denn lieber Freund! Können Sie wohl glauben daß einige Ihrer Briefe mich so niedergedrückt so traurig gemacht haben, daß ich Mühe hatte wieder empor zu kommen   Hieraus können Sie sehen wie übel gestimt die Saiten meines Gemüths sind — und daß ich deßwegen nicht schriebe, um Ihren Humor nicht zu trüben — um Ihr Glück nicht zu stöhren . . . Meine Schauspiel=Freude ist vorüber und alles ist vorbey! . . Vor Zeiten hätte mir so eine Dramaturgi großen Spaß gemacht — aber dazu gehört gute Laune — Vergnügtes Hertz — Hoffnung die Leib und Seele erfreut — Wehen des Geistes der den todten Buchstaben Leben gibt — Dieses ist aber einem Todten (und Moralisch ist das jetzt mein Fall) ohnmöglich

Elisabeth. [1]

---

[1] Es folgten hierauf Briefe der Frau Rath an Friedrich von Stein 4. Juli 1788 (Ebers und Kahlert, a. a. O., S. 103) und an Unzelmann vom 15. Juli 1788. (Dorow, a. a. O., S. 155).

95.

Frau Rath an Unzelmann.
18. Juli 1788.

(Dorow, a. a. O., S. 156.)

Den 18. Juli 1788.

. Laßen Sie mich nie wieder so unausstehlich lang auf Nachrichten von Ihnen warten — sondern bedenken, daß es ja das einzige ist — und daß alle meine ehemahlige Hoffnungen Erwartungen Mährgen u. s. w. sich ja leider nur auf das kleinste und geringste auf — tobe Buchstaben einschränken müssen — und solche Brosämlein werden sie doch einer an allem übrigen so verarmten Freundin nicht versagen. Sie bezeugten in einem Ihrer Briefe ein Verlangen Nachrichten von der hiesigen Bühne zu erhalten — Von mir würden sie sehr unvollständig seyn — Den ich gehe ofte in der mitte des Stücks auf und davon — so machte ich es vorige Woche in der glücklichen Jagt — ben wer konte Große Ihre Rolle spielen sehn — und nicht vor ärger das Gallenfieber kriegen — Freylich wars ein Scandal vor das organ[1], der nebst dem Mesies mutterseelen

---
[1] Das Organ: Der Director Tabor.

allein auf dem parterre saß — daß die Frau Rath an=
statt auf Theater zu schauen — die paar Juden im dritten
Rang lornigirte — und dann mitten im Stück nach ein
paar hem, hems auf und davon lief . . Die Ehre,
die Ihnen der Monarch erzeigt hat — freut mich so, daß
ich Deckenhoch springen möchte — Sie wissen daß ich keine
politica bin — und der Kayser und die Türken, und die
Türken und der Kayser mich so vill Intereßiren, als der
Mann im Mond — Aber jetzt leße ich die Zeitung —
aber nichts als den Artikel Berlin. —

Elisabeth.

96.

Frau Rath an Unzelmann.

1. August 1788.

(Dorow, a. a. O., S. 158.)

Abgegangen Freytags den 1. August.

Lieber Freund!

Hier schicke ich Ihnen den 5ten Band von Goethens Schriften. Herr Göschen hat sich mächtig mit schönem Einband angegriffen — nur schade daß die vier ersten Bände nicht auch so Elegant sind .. ... Ich bewundre nichts mehr, als das gute Bestandhaben meiner Gesundheit, die muß von Stahl und Eißen seyn — Vorigen Sonnabend vermuthete ich wenigstens daß ein gallenfieber im anmarsch seye — aber dank seys meiner guten Natur, es verwandelte sich in etwas minder gefähr= liches — Und die Ursach? Fragen Sie — ja denken Sie nur meinen Hans Zenger die Rolle in die ich so verliebt bin, spielt Herr Chike!!! So geht mirs nun tagtäglich! Ach! Mein armes Steckenpferd! Es war so ein gutes wohlthätiges niemand beleidigendes Thiergen — und wird nun aus mangel der nahrung so klapper dür wie der Papst im Baßler Todentantz. Ihr Brief vom 22. Juli hat meinen Glauben wieder gestärkt — meine Hoffnung auf neue belebt — So weit Ihre Entfernung — so wenig Wahrscheinlichkeit bey der Sache ist daß ich Ihnen je in meinem Leben wieder sehe; so ist das einzige worann ich mich noch halte, daß das Andenken an Ihre Freundin doch nicht gäntzlich verlöschen wird — und wie mann ein Gemählde von Zeit zu Zeit durch Firnüß erfrischen muß, daß die Farben nicht gantz verbleichen; so muß unser Briefwechsel der Firnüß seyn, daß die Freundschaft nicht verbleicht — oder gar erlöscht. Ich begreife gar wohl, daß Sie viel zu thun haben — und thue auf lange Briefe gern Verzicht — aber ein paar Zeilen — so einen kleinen Tuscher — das können — das werden Sie gewiß Ihrer Freundin nicht versagen. Daß die Geschwister so wohl in Berlin gefallen haben — hat mich sehr gefreut — Es ist ein klein Stück aber eben deßwegen gehört von seiten der Schauspieler mehr Kunst dazu jeden Caracter ins rechte Licht zu setzen und mit Wärme und Wahrheit darzustellen — als in einem großen Prachtstück mit Trommlen und Pfeifen — Aber Leute wie die — die auf dem mir überschickten Zettel stehn — heben das Stück und machen dem Autor Ehre. Bei der erstaunlichen Hitze, die wir auch hir gehabt haben habe ich Ihnen 100 mahl unsern Mayn in Ihre dortigen Gegenden gewünscht — Die Ihnen so bekandten Baadhäußer waren von früh um 5 biß abens 9 nie lehr — und im Mayn sahe es aus, wie bey der Auferstehung der Todten. Aber das gibt auch ein Wein!! Wenn Sie 1798 wieder kommen — und der Tod die Höfflichkeit hat mich biß dahin da zu laßen; so sollen Sie in

meinen Hauß, aus einem schön vergoldenen Glaß meine
Gesundheit in diesem Anno Domini trinken — auch
sollen Sie auf Ihrem Stuhl mit dem doppelten Kißen
sitzen — Summa Summarum es soll gehen wie ehemahls
— und ich will wenn mir biß dahin der Stimmhammer
nicht fält eben so laut (als da Sie 1785 den 6ten Sep=
tember von Cassel kamen) rufen — Ist Er da! Vorige
Woche habe ich meinen Keller wieder in Ordnung ge=
bracht — da fielen mir bey den alten Herrn von 1706.
1719. allerley Gedanken ein — Sie werdens leicht errathen können was ich alles dachte — denn sie kennen
zur gnüge meine Schwärmerische Einbildungs Kraft. Jetzt
ists hohe Zeit daß ich aufhöre — den die Feinde meiner
Glückseligkeit und Ruhe sind im Anmarsch — Leben Sie
wohl! Grüßen die Frau Gevatterin, und schicken bald
wieder einen Tuscher

    Ihrer Freundin
        Elisabeth.

97.

Frau Rath an Unzelmann.
12. September 1788.

(Dorow, a. a. O., S. 161.)

Den 12ten September 1788.

Lieber Freund!

Freylich ists sonderbahr daß ich die ehedem so schreibe=
seelig war — die keinen Posttag versäumte — die ehnder
alles, als so was unterlaßen hätte — jetzt in 4 Wochen
keine Feder ansetzt — Aber Lieber Freund! Was kan
eine Frau der in der Welt alles gleichgültig geworden
ist — die keine Gefühle vor nichts mehr hat — die in
allen ihren Hoffnungen auf das schrecklichste getäuscht
worden ist — die den Glauben an Menschen verlohren
hat — Was soll die schreiben? soll ich andern mit meinem
Kummer beschwerlich fallen — Was nutzt das? soll ich
immer noch Schlößer in die Luft bauen — dem Irlicht
Hoffnung auf neue trauen um aufs neue betrogen zu
werden? Nein Mein trauter Freund! Vor mich ist alles
vorbey — mit mir ist aus — Daß es Ihnen wohl geht,
daß Sie auch zu Ihren andern anerkandten Verdiensten

noch in kommischen Opern brilliren freut mich — den so tief bin ich noch nicht gefallen — daß mich das Glück meines Freundes nicht vergnügen solte — aber es ist eine bitter süße Freude — andre die nicht gesät haben ernbten — und die den Saamen ausstreute leidet Hunger — den Baum den ich pflanzte von dem eßen andre die nun reifen Früchte — Aber ums Himmels Willen! Wozu all das — laß gut seyn — es hat ja so viel ein Ende genommen — mit dir wirds doch auch nicht ewig wer= den . . Blanchard[1] ist in Berlin! vor drey Jahren war er hir! Muß ich denn alles mahnen, sagt Elisa= beth im Carlos — Das war die glücklichste Zeit, in meinem gantzen Leben — Aber dahin ist sie geflohen die goldne Zeit . . . . . . Nun leben Sie wohl Lieber Freund! Möge Ihr Glück in Berlin recht groß und glänzend und von fester Dauer seyn. Erfreuen Sie mich von Zeit zu Zeit mit guten Nachrichten, und glauben, daß weder Entfernung noch Zeit Ihr Andenken erlöschen wird, bei

Ihrer Freundin

Elisabeth.

---

[1] Der bekannte Luftschiffer François Blanchard (geb. 1738, gest. 1809.)

98.

Frau Rath an Unzelmann.
14. November 1788.
(Dorow, a. a. O., S. 164)

Den 14. November 1788 Abens 5 Uhr.

— — — — Diese Nacht träumte ich von Fetten Hämlen, großen Kufen mit alten Wein — Die dicke Iris als eine große Traumterin provezeiht großes Glück — vor der Hand ists gerade das Gegentheil — ich habe in dieser Nacht, ein so entsetzlich geschwollenes Gesicht gekriegt — und sehe so fürchterlich aus wie Atzor — Schlucke Arzeney die wie der Teufel und seine Großmutter schmeckt.

Den 16.

. Don Carlos! Ey ey! Aber die Rollen? Mein schöner Mandel spielt der auch mit?? Daß die Frau Gevatterin bei der Königin so in gnaden steht freut mich — Ihro Majestät sollen auch eine große Freundin vom deutschen Theater sein — Hier gabs ehemahls auch so eine Frau die zwar freylich keine Monarchin aber doch sonst eine gute Art von Frau war — und die sich

ergötzte wenn die Frau Gevatterin bey ihr am kleinen
klimper kleinen Tisch saße und die trinne den Reißauf=
lauf oder die Gelee Paßtete wohl und schmackhaft zu be=
reitet hatte . . Alle 4. 5. Wochen einen Brief —
das ist mir eine saubre Wirthschaft! Da sitze ich und
trinke Wasser wie der Senecka und morgen steht mir
eine Lackfirung zu Diensten — Da kan mann sich ja
freuen . . Eine Feder ist rund abgeschrieben —
Diesen langen Brief haben Sie meinem Affengesicht zu
danken — das Schreiben thut mir heute wohl
Das ist wahrhaftig ein Brief nach dem alten stiel —
als wenn es nach Caßel sollte. Alles grüßt Ihnen —
und die Frau Gevatterin — das thue ich nun auch und
zwar mit der Versicherung, daß ich mit Wahrheit bin

Ihre Freundin
Elisabeth.

N. S. Jetzt ists 1 uhr da will ich meine Suppe eßen
dann schlafen gehn und Morgen als den 17. November
dieses fortschicken. Laßen Sie einem nicht wieder 5 Wochen
warten, sonst gibts ein Unglück.

99.

Frau Rath an Unzelmann.
19. December 1788.
(Dorow, a. a. O., S. 169.)

Den 19ten December 1788.

Lieber Freund!

— — — — Daß die Frau Gevatterin über die Willmann den Sieg davon getragen hat, das war mir nichts unerwartetes das glaubte hir das Publicum und die Schauspieler obendrein — Ich fragte Stegmann, ob wohl die W. in Berlin gefallen würde — Sie wird ausgepfiffen sagte er — Ihr hiesiges Publicum war Herr Arbauer, der sich in jeden Weiberrock verschamarirt, und einige von unserer Nobleße, wo die älste W. Clavier Informationen gibt — und dann der Noble Papa der im Parket herum schlich um ablaudirer zu sammlen — und was ist denn außer ihrem Ha, Ha, Ha — und Hi, Hi, Hi an ihr — sie sieht aus wie eine Jüdin, spricht deutsch wie der Casperle in Wien — aber das plus ultra das die Berliner versäumt haben, und deßwegen sehr zu beklagen sind ist der Töffel in der Operette

Töffel und Dorgen — den in Hoßen muß mann sie sehen — kein Hintergestell! Keine Waden! sie gleicht dem kranken Löwen in der Fabel — der war vom Kopf biß auf den Schwantz — so mager wie der Pabst im Baaßler Todtentantz. Ey, Ey wie ist mein Mandel zu so großen Ehren gelangt! Gar die Schultern und Lenden eines Kaysers zu schmücken — was doch aus den sachen werden kann, wenn sie in die rechten Hände gerathen — bey mir wäre er in der Dunkelheit geblieben, da ihn hingegen sein jetziger Besitzer zu Ruhm und Ehren ge=bracht hat

Elisabeth.

N. S. Dem kleinen Karl geben Sie von mir einen Schmatz — und lernen ihn hübsch meinen Nahmen — damit wenn er wieder herkommt — ihm derselbe nicht Fremmdt ist.

100.

Frau Rath an Unzelmann.

3. Februar 1789.[1]

(Dorow, a. a. O., S. 173.)

Den 3ten Februar 89.

Lieber Freund!

— — — — Wenn die Zeiten der Schreibseligkeit nicht bey mir vorbey wären; so könte ich Ihnen von der Koberweinischen Gesellschaft die jetzt 3 mahl die Woche hir spielt mancherley erzählen — Aber mein neues Steckenpferd[2] ist ein abgesagter Feind von allem was Dinte Feder und Papier ähnlich sieht. Leben Sie also wohl! Grüßen die Frau Gevatterin und sagen Ihr, daß,

---

[1] Vorher Briefe der Frau Rath an Friedrich von Stein vom 2. Januar 1789 (Ebers und Kahlert, a. a. O., S. 104), an die Enkelein vom 7. Januar 1789 (Briefe der Frau Rath u. s. w. S. 9) und an Unzelmann vom 19. Januar 1789 (Dorow, a. a. O., S. 172) von weniger charakteristischem Inhalt.

„Mein größtes Steckenpferd ist jetzt Clavierspielen — das macht mich sehr glücklich" (Frau Rath an Friedrich von Stein, 2. Januar 1789.)

da ich in der Zeitung von dem Benefitz Concert die prächtige Einnahme gelesen, ich im stillen meine Gratulation bey Ihr angebracht hätte — das wäre alles nicht geschehen, wenn Sie beyderseits in unsern Gegenden geblieben wären. Es bleibt dabey — das von hir Weggehn ist und bleibt ein Meisterstreich — das glaubt gantz gewiß

Ihre Freundin

Elisabeth.

101.

Frau Rath an die Enkelein.

23. Februar 1789.

(Briefe der Frau Rath 2c., S. 9.)

Den 23ten Februar 1789.

Liebe, liebe, gute brave Enkeleins!

O! was habt Ihr mir vor Freude gemacht! und das alles kam so gantz unerwartet! Liebe Louise! Es war ja als wenn Du es gewußt hätteſt, daß ich in großer Strickbeutels Noth mich befände — mein allerbeſter ist 9 Jahr alt, und so unmuſterhaft als nur möglich — und da es doch sehr oft der Fall ist, daß ich in Gesell=
schaften gehe, wo gearbeitet wird: so war es höchſt nöthig einen neuen anzuſchaffen — und da kommt mir so gantz von ungefähr ein schöner, prächtiger, von meinem lieben Enkel selbſt verfertigter — so lieb wäre mir doch kein andrer geweßt — Aber den will ich auch in Ehren halten — allen meinen Bekannten sagen von wem er iſt — und stolz auf mein geschicktes und fleißiges Enkel sein — Habe also meinen besten Dank davor. Meine liebe Julia! auch Dir danke ich vor Dein schön gearbeitetes Angebinde

— auch zu Deinem Andenken soll es Parade machen — damit jedermann sieht, daß auch Du liebe Juliette an die Großmutter denkst. Und mein liebes Jettchen! mit seinem schönen Körbchen — so zierlich als man's nur machen kann — potz fickerment! Jetzt muß die Großmutter fleißig sein und N. B. auch schöne Arbeiten machen wie es sich zu so einem eleganten Körbgen schickt — ich will wenigstens mein möglichstes thun, um ihm keine Schande zu machen — danke Dir hiermit hertzlich vor Deine Liebe zur Großmutter.

Treuer, biederer Ritter Eduard! auch Du denkst an mich — Ha aus dem Glas da schmeckts — habe sogleich meines lieben Ritters Gesundheit getrunken, und werde das oft thun, danke danke danke lieber Eduard. Die dicke Catharine fragt alle Tage ob Eduard und Jettgen recht bald wiederkämen — sie möchte gar zu gern mit ihnen die Wachtparade aufziehen sehen — und die Elisabeth möchte gern wieder gebrannte Mehlsuppen machen — Kommt doch ja bald wieder — hörst Du!

Nun liebe Enkeleins! Nochmals meinen Dank — fahrt ferner fort Euren lieben Eltern und mir Freude zu machen — und glaubt, daß ich allezeit von gantzem Hertzen bin

Eure

Euch zärtlich liebende Großmutter
Elisabeth Goethe.

102.

Frau Rath an Unzelmann.
9. März 1789.
(Dorow, a. a. O., S. 174.)

fortgeschickt den 9ten Mertz 1789.

Lieber Freund!

— — — — Göschen ist ein L........b da schickt er den 8ten Band wieder in Papier gebunden wie die 4 ersten theile — was ihn nur vor ein Narr gestochen hat den 5ten theil so prächtig einbinden zu laßen? Aber er soll sein Fett kriegen, ich habe eine Epistel an ort und stelle geschickt, und mich gegen dieses unmusterhafte Betragen höchlich beschwert. Ich hoffe daß Ihnen dieser theil einige vergnügte Stündger verschafen wird. Wie ist denn die Teufels Oper mein großes Leibstück aufgenommen worden?

Ihre Freundin
Elisabeth.[1]

---

[1] Es folgten hierauf Briefe der Frau Rath an Unzelmann vom 12. März 1789 (Dorow, a. a. O., S. 178), an Friedrich von Stein vom 30. März 1789 (Ebers und Kahlert, a. a. O., S. 106) und wieder an Unzelmann und dessen Frau vom 2. Mai, 15. Mai und 1. September 1789 (Dorow, a. a. O., S. 179 fg.).

103.

Frau Rath an die Enkelin Luise.

14. October 1789.

(Briefe der Frau Rath 2c., S. 10.)

Den 14ten October 1789.

Liebe Louise!

— — — — Daß Du meine gutgemeinte aber sehr gekritzelte Briefe so werth hälst daß Du sie so wohl auf=hebst freut mich gar sehr — denn Schreiben ist eben so eigentlich meine Sache nicht — und meine Briefe haben wen ich nicht gantz besonders dazu aufgelegt bin — gar oft weder Muster noch geschick — destomehr schmeichelt es mir, daß Du sie so viel Werth hälst um sie auf=zuheben. Ja wenn ich so schön schriebe wie meine Louise! Potz Fischen! Da solte die gantze Christenheit Briefe von mir erhalten — nun nun jeder hat so seine eigne Gabe — und wen ich in den langen Winter=Abenden bey Euch wäre wolte ich mein Licht schon leuchten laßen und Euch durch anmuthigen Geschichten, schöne Mährlein die Zeit so vertreiben — daß es eine Art und schick haben solte.

Jetzt muß ich noch an die liebe Julia schreiben, Lebe also vordießmahl wohl und behalte lieb

Deine

treue Großmutter
Elisabetha Goethe. [1]

---

[1] Es folgten hierauf Briefe der Frau Rath an Unzelmann vom 27. December 1789 (Dorow, a. a. O., S. 181), an die Enkelein vom 10. Januar 1790 (Briefe der Frau Rath ꝛc., S. 11), an Friedrich von Stein vom 1. März 1790 (Ebers und Kahlert, a. a. O., S. 108) und vom 22. April 1790 (daselbst S. 110).

104.

Frau Rath an Unzelmann.
11. Mai 1790.

(Dorow, a. a. O., S. 183.)

Werthgeschätzter Herr Gevatter!

— — — — An ein Nationahl Theater ist hir nicht zu denken — so lange von der Obrigkeit die Advents und Fastenzeit das Schauspiel untersagt, ist so was ein frommer Wunsch — der nicht in Erfüllung gehen kan. Das größte Hindernüß (alle die eben erzählten abgerechnet) Ihnen jemahls wieder hir zu sehen, ist wohl, daß Dahlberg immer noch sehr über Ihnen aufgebracht ist — und ich weiß von sicherer Hand daß Sie mögten wiederkommen über lang oder kurz Ihnen die Strafe noch bevor steht — Wie ist es also glaublich, daß Er Ihnen wieder herberufen wird! Setzen Sie Sich also nicht wieder zwischen zwey Stüle, und fangen doch einmahl an zu überlegen, ehe Sie handlen. Aber in aller Welt sagen Sie nur wies zugeht daß Sie wieder weg wollen? Ihre ersten Briefe, auch die von der Frau Gevatterin, waren ja alle so voll Entzücken, Jubel, Freudengeschrei, Königlicher Gnade u. s. w. Wir arme Schelmen

ommen ja mit all unserer erwißenen Freundschaft, Dienst=
leistungen und gutem Willen; als gantz unbedeutende
Figuren in den Hintergrund, daß das beste Auge uns
nicht gewahr werden konte! Sie hätten wenigsten aus
Delicateße Ihr Paradieß nicht so Vortreflich ausmahlen
sollen — und die Endschädigung vor die 3 Jahre Elend
(wie sich die Frau Gevatterin in einem Brief ausdruckte)
lieber verschweigen sollen. Glauben Sie, daß dieser
Posaunen=thon Ihre Freunde recht gekränkt hat` — Nun
das alles bey seite — Gott schenke Ihnen noch viele
glückliche Tage, ists gleich nicht bey uns, so ist die Welt
groß und Gottes Himmel überall und Ihre beyderseitige
Talente machen überall ihr Glück. Grüßen Sie Ihre
Liebe Frau — den kleinen Sänger Carl — das kleine
Mädelein von

Ihrer

es aufrichtig meinenden Gevatterin

Den 11ten May 1790.

Elisabeth.

105.

Frau Rath an Friedrich von Stein.
12. Juni 1790.
(Ebers und Kahlert, a. a. O., S. 111.)

Fr. den 12. Juni 1790.

Lieber Sohn! Eine Berechnung, wie viel der Aufenthalt während der Krönung hier kosten möchte, ist beinahe ohnmöglich zu bestimmen, so viel ist gewiß, daß eine einzige Stube den Tag ein Carolin kosten wird, das Essen den Tag unter einem Laubthaler gewiß nicht. Zudem ist auch die Frage, ob ein Cavalier, der unter keiner Begleitung eines Churfürstlichen Gesandten ist, Platz bekommt, denn unsre besten Wirthshäuser werden im Ganzen vermiethet, dem Dick im rothen Hause sind schon 30000 Flor. geboten, aber er giebts noch nicht davor. Wenn Leopold Kaiser werden sollte, so mag Gott wissen, wo die Leute alle Platz kriegen werden — denn da kommen Gesandten, die eigentlich nicht zur Krönung gehören, als der Spanische, Neapolitanische, von Sicilien einer u. s. w. — Der Päbstliche Gesandte, weil er in der Stadt keinen Raum gefunden, hat ein Gartenhaus vor 3000 Carolin gemiethet. Bei mir waren die Quartierherren noch nicht, —

ich) traue mir deswegen nicht vor die Thür zu gehen und sitze bei dem herrlichen Gotteswetter wie in der Bastille, — denn wenn sie mich abwesend fänden, so nähmen sie vielleicht das ganze Haus, denn im Nehmen sind die Herren verhenkert fix, und sind die Zimmer einmal verzeichnet, so wollte ich's keinem rathen, sie zu anderem Gebrauche zu bestimmen.[1] — Nun muß ich Ihnen noch was Spaßhaftes erzählen. Diesen Winter hats hier kein Eis gegeben — und die galante Welt hat diese Herrlichkeit entbehren müssen, ein einziger Mann, der S.... heißt, hat von 88 noch eine Grube voll. Diese Grube ist ohngefähr so groß, wie meine Wohnstube, doch nur 3 Schuh hoch, — diesem Mann hat der Churfürst von Cöln 19000 Floren davor geboten, er giebts aber nicht anders, als 30000 Flor. O, wer doch jetzt Eis statt Wein hätte! Wenn nur die Krönung sich nicht bis in den Winter verzieht — davor ist mir angst und bange — müssens eben in Geduld abwarten! — Sie werden doch mit meinem Sohne kommen? Eine Stube sollen Sie haben, aber freilich müßten Sie sich begnügen, wenns auch drei Treppen hoch wäre, — was thäte das, wir wollen doch lustig seyn, — in dieser angenehmen Hoffnung verbleibe wie immer

Dero

treue Freundin

E. G.

---

[1] Frau Rath erhielt die beiden Mecklenburgischen Prinzessinnen, die spätern Königinnen von Preußen und Hannover, zur Einquartierung.

106.

Frau Rath an Friedrich von Stein.
20. December 1790.
(Ebers und Kahlert, a. a. O., S. 113.)

Fr. den 20. Dezember 1790.

Lieber Sohn! Nach dem großen Wirrwarr, den wir hier hatten, ists jetzt, wie ausgestorben — mir ist das ganz recht, — da kann ich meine Steckenpferde desto ruhiger gallopiren lassen, — ich habe deren vier — wo mir eins so lieb ist wie's andere, und ich ofte nicht weiß, welches zuerst an die Reihe soll. Einmal ists Brabanter Spitzenklöppeln, das ich noch in meinen alten Tagen gelernt, — und eine kindische Freude darüber habe, — dann kommt das Clavier, — dann das Lesen, — und endlich das lange aufgegebene aber wieder hervorgesuchte Schachspiel, — Ich habe die Gräfin von Isenburg bei mir logiren, der das oben benannte Spiel auch große Freude macht, wenn wir beide Abends zu Hause sind, welches, Gottlob, oft passirt, dann spielen wir, und vergessen der ganzen Welt, — und amusiren uns königlich. Da es einmal Sitte ist, daß mir zu Ende des Jahres allemahl ein Stück Merkur fehlen muß, so fehlt mir vor diesmahl

Nro. 2. — Bitten Sie doch den lieben Gevatter Wieland, daß er es mir zuschicken läßt, danken ihm auch vor alle in diesem Jahre abermals erzeigte Freundschaft, und Sie, lieber Sohn, empfangen meinen herzlichen Dank vor alle Liebe und glauben, daß ich immer und allezeit mit Wahrheit bin

Ihre

wahre Freundin und Mutter
E. G.[1]

[1] Es folgte ein Brief der Frau Rath an ihre Enkelin Luise vom 1. Mai 1791 (Briefe der Frau Rath ꝛc., S. 12.)

107.

Frau Rath an Unzelmann.
21. Mai 1791.

(Dorow, a. a. O., S. 185.)

Den 21ſten May 1791.

Werthgeſchätzter Herr Gevatter!

— — — — Rathen was Sie thun ſollen, das kan ich auf keine Weiße, da ich ja wegen Ihrer dortigen Ver=hältnüße ganz unwißend bin — und eben ſo unwißend bin ich was das hieſige neue Theater Weßen anbelangt. Ich bekümmere mich jetzt Gott ſey Lob und Dank!!! um all des Zeugs nichts mehr — denn Niemand weiß beßer als Sie wie ich vor meine Mühe Sorgen und Wohl=thaten bin belohnt worden — Ein gebrandes Kind ſcheut das Feuer — Da haben Sie meine jetzige Geſinnungen und Gelehrten iſt gut predigen . Auch würde ich der Frau Gevatterin auf Ihren lieben Brief geant=wortet, und Ihr meine Freude über die ſchöne Einnahme bezeigt haben — aber Tauſend Verhinderungen und dann eine Krankheit die mann Tintenſcheu nent hat mich von Zeit zu Zeit abgehalten — Sie muß es mir verzeihen und dem ohngeachtet versichert seyn daß ich Ihr und Ihnen werthgeschätzer Herr Gevatter alles mögliche gute von gantzem Hertzen wünsche — und mich mit Wahrheit unterzeichne

Ihre

Freundin und Gevatterin
Elisabetha.

108.

Frau Rath an die Enkelin Luise.

8. Januar 1792.

(Briefe der Frau Rath ꝛc., S. 12.)

Den 8ten Jenner 1792.

Liebe Louise!

— — — — Mich freuts daß das liebe Clärchen und Du einander so lieb haben — bewahret diese Freundschaft in Euren Hertzen — denn es ist eine köstliche Sache mit einer erprobten Freundin so durch Erdeleben zu wandlen! In meiner Jugend war mirs auch eine große Freude das neue Jahr an Singen — an trommlen — an Schießen zu hören — aber jetzt ist mir mein Bett lieber — um halb 10 Uhr schliefe ich dißmahl schon so fest, daß weder der Nachtwächter mit seiner holden Stimme, noch pfeifen und trommlen mich in meinen 7 Kißen incommodirten. Wenn ich nun schon bey Euch mit dem Leibe nicht gegenwärtig war; so wünschte ich Euch allen doch die Fortdauer Eures Wohlseyn — nebst Glück — Heil und Seegen — und dieses seye denn hiemit nochmahls wiederholt. — Lebe wohl! behalte lieb

Deine

Dich liebende Großmutter
Elisabetha Goethe.[1]

---

[1] Am 13. Febr. 1792 folgte ein weiterer Brief an die Enkelin Luise (Briefe der Frau Rath ꝛc., S. 13.)

109.

* Goethe an seine Mutter.

24. December 1792.[1]

(Vgl. auch Riemer, Mittheilungen über Goethe, II, S. 332.)

Die Hoffnung Sie, geliebte Mutter, und meine werthen Franckfurter Freunde bald wiederzusehen ist mir nunmehr verschwunden da mich die Umstände nötigten von Düsseldorf über Paderborn und Cassel nach Weimar zurückzukehren.

---

[1] Goethe erzählt von dem damaligen Feldzug: „Mitten in diesem Unheil und Tumulte fand mich ein verspäteter Brief meiner Mutter, ein Blatt das an jugendlich ruhige, städtisch häusliche Verhältnisse gar wundersam erinnerte. Mein Oheim Schöff Textor war gestorben, dessen nahe Verwandtschaft mich von der ehrenhaft wirksamen Stelle eines frankfurter Rathsherrn bei seinen Lebzeiten ausschloß, worauf man herkömmlich löblicher Sitte gemäß, meiner sogleich gedachte, der ich unter den frankfurter Graduirten ziemlich weit vorgerückt war. Meine Mutter hatte den Auftrag erhalten, bei mir anzufragen: ob ich die Stelle eines Rathsherrn annehmen würde, wenn mir, unter die Losenden gewählt, die goldene Kugel zufiele? Vielleicht konnte eine solche Anfrage in keinem seltsamern Augenblicke anlangen als in dem gegenwärtigen; ich war betroffen, in mich selbst zurückgewiesen; tausend Bilder stiegen vor mir auf und ließen mich nicht zu Gedanken kommen u. s. w." Obiges war die Antwort, treu nach dem Originale.

Wieviel Sorge habe ich bißher um Sie gehabt! wie sehr die Lage bedauert in der sich meine Landsleute befinden! Wie sehr habe ich aber auch das Betragen derselben unter so kritischen Umständen bewundert! Gewiß hätte mir nichts schmeichelhafter seyn können als die Anfrage: ob ich mich entschließen könne eine Rathsherrnstelle anzunehmen wenn das Loos mich träfe? die in dem Augenblicke an mich gelangt, da es vor Europa, ja vor der ganzen Welt eine Ehre ist als Franckfurter Bürger gebohren zu sein.

Die Freunde meiner Jugend die ich immer zu schätzen so viele Ursache hatte, konnten mir kein schöneres Zeugniß Ihres fortdaurenden Andenckens geben als indem sie mich in dieser wichtigen Epoche werth halten an der Verwaltung des gemeinen Wesens Theil zu nehmen.

Ihr Brief, den ich mitten im Getümmel des Kriegs erhielt, heiterte mir traurige Stunden auf, die ich zu durchleben hatte und ich konnte nach den Umständen die Hoffnung fassen in weniger Zeit meine geliebte Vaterstadt wiederzusehen.

Da war es meine Absicht mündlich für die ausgezeichnete Ehre zu dancken die man mir erwieß, zugleich aber die Lage in der ich mich gegenwärtig befinde umständlich und aufrichtig vorzulegen.

Bey der unwiderstehlichen Vorliebe die jeder wohldenckende für sein Vaterland empfindet, würde es mir eine schmerzliche Verläugnung seyn eine Stelle auszuschlagen die jeder Bürger mit Freuden übernimmt und besonders in der jetzigen Zeit übernehmen soll, wenn nicht an der andern Seite meine hießigen Verhältniße so glücklich und ich darf wohl sagen über mein Verdienst günstig

wären. Des Herzogs Durchl haben mich seit so vielen
Jahren mit ausgezeichneter Gnade behandelt, ich bin
ihnen so viel schuldig geworden daß es der größte Un=
danck seyn würde meinen Posten in einem Augenblicke
zu verlassen da der Staat treuer Diener am meisten
bedarf.

Dancken Sie also, ich bitte, auf das lebhafteste den
würdigen Männern die so freundschaftliche Gesinnungen
gegen mich zeigen, versichern Sie solche meiner aufrich=
tigsten Erkänntlichkeit und suchen Sie mir ihr Zutrauen
für die Zukunft zu erhalten.

Sobald es die Umstände einigermaßen erlauben werde
ich den Empfindungen meines Herzens Genüge thun und
mündlich und umständlich dasjenige vorlegen was in
diesem Briefe nur oberflächlich geschehen konnte. Möge
alles was meinen werthen Landsleuten gegenwärtig Sorge
macht weit entfernt bleiben und uns allen der wünschens=
werthe Friede wieder erscheinen. Leben Sie wohl.

Weimar d. 24. Dec. 1792.

Goethe.

110.

Frau Rath an ihre Enkel.
31. December 1792.

(Briefe der Frau Rath ꝛc., S. 14.)

Den letzten Tag im Jahre 1792.

Liebe Enkelein!

An Euch alle ist dieser Brief gerichtet — wollte ich jedem von Euch sein liebes Schreiben einzeln beantworten; so mögte mir die Zeit mangeln, und Ihr müßtet lange auf meine Danksagung vor die Freude, so Ihr mir durch Eure lieben und hertzlichen Briefe gemacht habt, warten. Liebe Kinder! Das Christgeschenk kann Euch ohnmöglich mehr Freude gemacht haben, als mir Eure Briefe. Sagt selbst — was mir tröstlicher und erquickender sein könnte, als Enkel zu haben, die so dankbahr gegen mich sich betragen — die so liebevoll meiner gedenken — die mit warmem Gefühl trotz der Entfernung mich so lieben und ehren. Liebe Enkelein! Machet mir in dem kommenden Jahr eben so viele Freude wie im zu Ende gehenden — behaltet mich in gutem Andenken — nehmet auch in diesem Jahr, so wie an Alter

— also auch an allem was Eure lieben Eltern, mich und alle guten Menschen erfreuen kann, immer mehr und mehr zu; so wird Euch Gott segnen und alle die Euch kennen werden Euch lieben und hochschätzen — besonders aber diejenige die beständig war, ist und bleibt Eure

Euch

Herzlich liebende Großmutter
Elisabetha Goethe.

---

[1] Es folgten Briefe der Frau Rath an Unzelmann vom 22. Januar und 28. März 1793. (Dorow, a. a. O., S. 186 fg.)

111.

Frau Rath an Goethe.

25. Juni 1793.

Franckfurt, den 25ten Juny 1793.

— Ich habe ein gutes Brieflein an Dein Liebchen geschrieben — das ihr vermuthlich Freude machen wird.

112.

* **August Prinz von Sachsen-Gotha an die Frau Rath.**
25. Juli 1793.

Eu. Wohlgeb. gütige und für mich sehr schmeichelhafte Zeilen habe ich vor wenig Stunden mit den dankbarsten Empfindungen erhalten, und ich schätze mich glücklich, durch die Einnahme von Mainz mit der Frau Mutter eines solchen Freundes in Verbindung gekommen zu seyn. Keine Nachricht in der Welt hätte mich so innig erfreuen können, als die Art selbst, wie ich die gegenwärtige erfuhr. Möchte uns doch auch der Inhalt derselben einem friedlicheren Ziele nähern! Dieß ist jetzt der heisseste Wunsch den ich mir erlauben kann, da mich die Kriegsunruhen so fern von Franckfurt halten, und mir inzwischen alle Hoffnung benehmen, die Ehre zu haben Eu. Wohlgeb. deren Verdienste mir längst bekannt sind, persönlich meine Dankbarkeit zu sagen. Ihren Herrn Sohn werde ich nächstens schriftlich für diese Freude doppelt und dreyfach umarmen, an dem mein ganzes Herz, seit vielen Jahren, so zärtlich und treu hanget. Ich habe die Ehre mit der vorzüglichsten Achtung und Ergebenheit zu seyn,

Eu. Wohlgeb.

Gotha den 25. Julius 1793

ergebenster
August P. z. Sachsen Gotha.

113.

Frau Rath an die Enkelin Luise.
24. März 1794[1].

(Briefe der Frau Rath 2c., S. 14.)

Den 24ten Mertz 1794.

Liebe Louise!

Siest Du nun wie Gott gute Kinder schon hie belohnt — ist Deine Heyrath nicht beynahe ein Wunderwerk — und daß sich alles so schicken muß, daß Deine lieben Eltern und Geschwister nun mit Dir gehen — das würde doch nicht so leicht gegangen seyn, wäre kein Krieg ins Land gekommen — merke Dir das auf Dein gantzes Leben — der Gott der dem Abraham aus Steinen Kinder erwecken kan, kan auch alles was wir mit unsern blöden Augen vor Unglück ansehen zu unserm Besten wenden. Nun liebe Louise Du einzige die mir von einer theuren und ewig geliebten Tochter übriggeblieben ist — Gott seegne Dich! Sey die treue Gefährtin Deines zukünftigen braven Mannes — mache Ihm das Leben so froh und glücklich

---

[1] Luise Schlosser verlobte sich im Frühjahr 1794 mit G. H. L. Nicolovius, nachherigem Kammersecretär in Eutin, und wurde mit ihm am 5. Juni 1795 vermählt.

als nur in Deinem Vermögen steht — Sey eine gute Gattin und deusche Haußfrau, so wird Deine innere Ruhe, den Frieden Deiner Seele nichts stöhren können — Behalte auch in der weiteren Entfernung Deine Groß=mutter lieb — mein Seegen begleite Dich wo Du bist — und ich bin immer

Deine
treue Großmutter
Goethe.[1]

---

[1] Es folgte ein Brief der Frau Rath an die Enkelin Luise vom 20. September 1794 (ebendaselbst S. 15.)

114.

Frau Rath an Goethe.
19. Januar 1795.

Den 19t. Jan. 1795.

— — — — — — — — — —

— Lebe wohl! Küße den kleinen August — auch Deinen Bettschatz.

115.

Frau Rath an Goethe.
24. September 1795.

Den 24ſten Sept. 1795.

Lieber Sohn!

Hier kommt der Judenkram — Wünſche damit viel
Vergnügen! Auch gratuliere zum künftigen neuen Welt=
bürger — nur ärgert mich daß ich mein Enkelein nicht
darf ins Anzeigeblättchen ſetzen laſſen — und ein öffent=
lich Freudenfeſt anſtellen — Doch da unter dieſen Mond
nichts vollkommenes anzutreffen iſt, ſo tröſte ich mich
damit, daß mein Häſchelhans vergnügt und glücklicher
als in einer fatalen Ehe iſt — Küße mir den kleinen
Auguſt — und ſage letzterem — daß das Chriſtkindlein
ihm ſchöne Sachen von der Großmutter bringen ſoll. Das
Inliegende von Bethmann Wetzlar habe ſogleich beſorgt
— Auch von Koppel ſollſt Du Nachricht haben — ſchickt
Bethmann ſo lang der Kaſten offen iſt den Credit Brief
ſo kommt er mit, ſonſt ſchicke ich ihn mit der reiten=
ten Poſt.

Hier iſt alles aufs neue in großer Unruhe. Die Kaiſer=
lichen retirieren ſich — die Franzoſen werden bald wieder
bey uns ſeyn — nun tröſten uns zwar die ſich noch
hier befindlichen Preußen und ſagen die Francken gingen
nur durch — und wir hätten unter ihrer Obhut nicht

zu befürchten — Müßens eben abwarten — ich bin fröhlich und gutes Muths — habe mir über den ganzen Krieg noch kein grau Haar wachsen lassen — schaue aus meinem Fenster wie die Oestreicher ihre Krancken auf Wagen fortbringen — sehe dem Getümmel zu — speiße bey offenem Fenster zu Mittag — besorge meine kleine Wirthschafft — laße mir Abends im Schauspiel was daher tragiren und singe, freut euch des Lebens, weil noch das Lämpchen glüth u. s. w.

Arbeiten thue ich vor der Hand nicht viel und wer jetzt einen Brief von mir erhält kann dick thun — die Witterung ist zu schön — meine Aussicht zu vortrefflich — wärst Du nicht der Wolfgang — Du hätteft warten können.

Nur einen Augenblick wünsche ich Dich jetzt her — Vor getümmel konnte ich beynahe nicht fortschreiben — Der ganze Roßmarckt steht voll Bauernwagen die Stroh und Heu zu Marckte gebracht haben — die Wachtparade der Preußen soll aufziehen es ist auf dem großen Platz kein Raum — die Bauern kriegen Prügel u. s. w. Von den Bockenheimer Thor herein kommen Wagen mit Betten — die Mainzer flüchten — genug es ist ein Schreierei das curios anzuhören ist. So eben kommt von Herrn Koppel die Antwort, daß er Burgunder Wein erwartete — sobald er ankommt — will er die Proben schicken. Lebe wohl! grüße alles was Dir lieb ist

von

Deiner treuen Mutter!
Goethe.

N. S. Mit Verlangen und großen Vergnügen erwarte die Fortsetzung von Wilhelm.

116.

Frau Rath an ihre Enkelin Luise Nicolovius.
30. Januar 1796.
(Briefe der Frau Rath an ihre lieben Enkeleins, S. 16.)

D. 30ten Jenner 1796.

Liebe — Gute Louise — und brave Haußfrau.
Hier komt das Machwerk der Urgroßmutter. Tausend gegen eins gewettet bin ich die erste Urgroßmutter die die Spitzen an ihres Urenkels Kinds Zeug geklöppelt hat — und hier wie der Augenschein darthut nicht etwann lirum larum sondern ein sehr schönes Brabanter Muster — Was wird das kleine Wesen so schön darinnen sich ausnehmen! Ehe Du dieses bekomts — schreibe ich noch an Dich und an Deinen vortreflichen Mann auf deßen Enkelschaft ich Stoltz bin. Jetzt lebe wohl! Denn nun muß die Raritet gepackt und eilig fortgeschickt werden — damit das Urenkelchen nicht ehnder als die Sachen ankome — Grüße Deinen lieben Mann von Deiner

treuen Großmutter
Goethe.[1]

An
Frau Louise Nicolovius.

---

[1] Es folgte diesem Briefe unmittelbar ein zweiter Brief an die Enkel, vom 1. Februar 1796 (Briefe der Frau Rath 2c., S. 16.)

117.

* Philotis[1] an Frau Rath.

19. Februar 1796.

„An Frau Räthin Goethe zum 19ten Februar 1796." [2]

Dämmer-Nebel umflossen den Olympos,
Wo die Götter nach reiner'n Freuden lechzten,
Bis zur Erden entschwunden Zeus, Latonen
  Sah' und umarmte.

Nektarfunkelnd entfloh itzt Phöbe's Tochter
Hin durch Felsen und Au'n und Wogen, wo das
Meerentstiegene Delos sie umfieng, und
  Ihre Gebornen.

Beyde sogen an ihrer Brust die Anmuth,
Die das Leben versüßt; die Lust des Guten,
Die das Schöne erhöht; so wuchsen sie voll
  Schöpfrischer Kraft auf.

---

[1] Vermuthlich Johann Isaak Freiherr von Gerning (vgl. den folgenden Epilog), geboren 1769 in Frankfurt a. M., Diplomat und Dichter, mit Frau Rath und Goethe befreundet.

[2] Geburtstag der Frau Rath.

Willkomm sey uns der Tag der Dich Latona!
Des entschwebeten Götter Sohnes Mutter,
Dich, Thaliens, Melpomena's Vertraute,
    Liebend der Welt gab.

Leb' o Freundin! noch lang' ein Götterleben,
Sanftumkränzet, umschwebt von ew'gen jungen
Freuden, laß uns die schönsten in der Musen
    Zirkel umarmen! —

Lächle mir und der Mus' am steilen Pfade;
Ihren freundlichen Trunk nimm, und verwandelt,
Tönt' ich schönere Tage kündend noch, Dein
    Lob zum Olympos. —

                                Philotis.

118.

* Epilog

nach: Maske für Maske.

20. März 1796.

Gestrenges Publicum! — nein, nachsichtsvolle Zeugen
Des neugebohrnen Erstlings unsrer Pfuscherkunst:
Mit Schüchternheit seht Ihr vor Euch mich tief und
  ehrbar neigen
Zu danken Euch für diese Gunst.

Ihr habt zwar zu viel Welt, um laut die Rüg' zu sagen,
Doch geht in Euch zurück, da regt sich die Censur,
Wie konnten heißt es da vermessen sie es wagen
Zu wandeln auf Thaliens Flur?

So seh ich Euch, Ihr Freunde Deutscher Sitten
Die Stirne runzeln ob der Wahl von unserm Stück
Wir brauchen nicht sagt Ihr die Franzen und die Britten
Zeigt uns des Deutschen Hymens Glück!

Ist Sie nicht unter uns, der wir den Mann verdanken,
Der kühn weit über Frankreichs Dichter flog,

Verzeihung Göthin[1], denk! für unsers Geistes Schranken
Ist Deines Sohnes Flug zu hoch!

So könnt Ihr andern nicht die große Bühn vergeßen,
Wo Porsk's und Ambergs Spiel man mit
                            Bewunderung sah.
Wie konnt selbst Weißenfels[2] mit Demmer sich nur
                            messen?
Und Formey sich mit Schmidt Papa?

Ein ungedrucktes Stück und fremd am Mayngestade
Wo kein Vergleich zu Boden tief euch drückt
Wo Wahrheit nur und keine Hof=tirade
so oft den Hauptzweck ganz verrückt.

Habt Recht, Ihr Freunde, denn wir fühlten wirklich alle
Wie schwer, selbst nur im Scherz Verstellung fällt
Die Maske ist vorbey — man trägt sie wohl im Balle
Wo sie nur das Gesicht verstellt.

Ihr jungen Krieger dort, saht keine Schwerdter blitzen
Ihr fordert ein Turnier und blut'gen Ritterkampf!
Ihr wollt im Waltron gar der Bürger Blut versprützen?
Hier liebt man nicht den Pulverdampf.

Ihr Meister, in der Kunst Thaliens auserkohren[3]
Die uns in Fränkischer Zung so frohe Stunden gebt!

---

[1] Mutter des Hrn. Geheimten Raths von Göthe. (Anm. des Manuscripts).

[2] Rolle des Epilogisten. (Anm. des Manuscripts).

[3] Das Französische Dilettanten=Theater der Frau v. Vrints. (Anm. des Manuscripts).

Denkt nicht an Marevaux[1] (da hätten wir verlohren)
An nichts, daß Euer Spiel belebt!

Ein Nachspiel sollte Euch mit unsrer Wahl versöhnen!
Es war schon einstudirt, mit Pauken und Gesang
Im Singstück wagten wir der Welschen Kunst zu höhnen
Und sangen, daß der Saal erklang.

Da griff uns ein Katharr, wie Krüger[2] ihn einst spürte
Bey Gott, wir husteten, — Tenor und Baß ward
stumm!
Gescheitert das Projekt — ach wenn es Euch doch rührte!
— Gewiß, der Einfall war nicht dum.

Doch Ihr habt's noch zu gut; die Bühn ist nicht geschlossen
Den ersten Schritt gethan, — der zweyte fällt nicht
schwer.
Der Stamm ist jetzt gepflanzt, bald treibt er Zweig und
Sprossen
Dann kommt Ihr sämmtlich wieder her.

Im Kriege, wie Ihr wißt, giebts Scrupel und viel Zweyfel
Man meidet Tanz und Scherz und hält sich fein zu Haus
Vielleicht holt das Gezänk, (Gott sey bey uns) der Teufel
Und froher wird dann jeder Schmaus.

Dann wollen freudig wir ein Friedens=Schauspiel geben
Sechs volle Akte lang und tobend—lustig—toll

---

[1] Der Verfasser des Französischen Originals (Anm. des Manuscripts.)

[2] Ein Schauspieler. Bezieht sich auf eine hiesige komische Theater=Scene. (Anm. des Manuscripts).

Dann wird Frau Metzler nicht — nicht Jenny [1]
                widerstreben —
Das halbe Dutzend wird dann voll.

Du, Gerning-Philotis! wirst Friedens-Oden singen
Statt Siegeshymnen, Deines Herders werth!
Dir, Brittin Williams, werd ich ein Vivat bringen
God save the king (with all my heart).

So seyd Ihr feyerlich zum Friedensfest geladen!
Glaubt's Diplomatico nur auf sein Ehrenwort
Zwar hängt die Hoffnung noch an einem seid'nen Faden
Drum schleich ich — schleich ich schüchtern fort.

---

[1] Beyde wollten dießmahl nicht mit spielen. (Anm. des Manuscripts).

119.

Frau Rath an Luise Nicolovius.

5. April 1796.

(Briefe der Frau Rath an ihre Enkeleins, S. 17.)

Den 5ten Aprill 1796.

Nun danket alle Gott! Mit Hertzen Mund und Händen, der große Dinge thut — Ja wohl — an Euch, an mir, an uns allen hat Er Sich auf neue als den Manifestirt der Freundlich ist und deßen Güte ewiglich wäret — gelobet seye Sein heiliger Nahme Amen. Lieben Kinder! Gott seegne Euch in Eurem neuen stand![1] Der Vater und Mutter Nahme ist Ehrwürdig — O! Was vor Freuden warten Eurer — und glückliches Knäbelein! Die Erziehung solcher vortreflichen Eltern und Groß= eltern zu genüßen — wie sorgfältig wirst Du mein kleiner Liebling nach Leib und Seele gepflegt werden — wie frühe wird guter Samme in Dein junges Herz gesäht werden — wie bald, alles was das schöne Ebenbild Gottes was Du an Dir trägst verunziren könte aus=

---

[1] Der Urenkel Johann Georg Eduard Nicolovius war geboren.

gerottet seyn — Du wirst zunehmen an Alter — Weiß=
heit und Gnade, bey Gott und den Menschen. Die Ur=
großmutter kann zu allem diesem guten nichts beytragen,
die Entfernung ist zu groß — Sey froh lieber Johann
Georg Eduart die Urgroßmutter kan keine Kinder er=
ziehen schickt sich gar nicht dazu — thut ihnen allen
Willen wenn sie lachen und freundlich sind, und prügelt
sie wann sie greinen, oder schiefe Mäuler machen, ohne
auf den Grund zu gehen — warum sie lachen — warum
sie greinen — aber lieb will ich Dich haben, mich hertz=
lich Deiner freuen — Deiner vor Gott ofte und viel
gedencken — Dir meinen Urgroßmütterlichen Seegen
geben — ja das kan, das werde ich. Nun habe ich dem
jungen Weltbürger deutlich gesagt — was er von
mir zu erwarten hat, jetzt mit Euch meinen lieben
großen Kindern noch ein paar Worte. Meinen besten
Dank vor Eure mir so viele und theure Briefe — sie
thun meinem Hertzen immer wohl und machen mich überaus
glücklich — besonders die Nachricht daß das päckgen wohl
angekommen wäre, (den darüber hatte ich große Be=
sorgnüß) machte mich sehr froh — den denckt nur!!
wenn der Urgroßmutter ihr Machwerk worüber die gute
Matrone so manchen lieben langen Tag gesessen und ge=
klüppelt hat wäre verlohren gegangen, oder zu spät ge=
kommen, das wäre mir gar kein Spaß gewesen — aber
so, gerade zu rechter Zeit, vier Tage (den ich guckte gleich
in Calender) zuvor ehe das Knäbelein ankam das war
scharmandt. Der kleine junge hat mir den Kopf vor
lauter Freude so verrückt, daß die eigendtliche Gratulation
die doch nach der ordtenlichen Ordnung zu Anfang stehen
sollte, jetzt hintennach kommt — bedeutet aber eben so viel,

und geht eben so aus dem Hertzen. Gott! Laße Euch Freude und Wonne in großem Maaß an Eurem Kindlein erleben — Es sey Eure Stütze auch in Eurem Alter — Es seye Euch das, was Ihr Euren Eltern und der Groß= mutter seidt das ist der beste Wunsch beßer weiß ich keinen. Liebe Frau Gevatterin! (der Titel macht mir großen Spaß) wenn dieses zu Ihren Händen kommt da ist Sie wieder frisch und flink — aber höre Sie, seye Sies nicht gar zu sehr — gehe Sie nicht zu frühe in die Aprill Luft den der hat seine Nücken wie die alte Gertraudt im Wansbecker Boten. Bleibe Sie hübsch in ihrem Kämmer= lein biß der May kommt — damit kein Catar und Husten Sie beschweren möge — nun ich hoffe Sie wird guten Rath annehmen. Nun lieber Herr Gevatter! Tausendt Dank nochmahls vor alle Eure Liebe — vor Eure schönen Briefe (der Louise ihre mit eingeschlossen) vor die gute hertzerfreuende Nachricht — vor die Gevatterschaft, vor alles Liebes und gutes womit Ihr schon so manchmahl mein Hertz erfreut habt — Gott! Lohne Euch dafür — Behaltet mich lieb — Ihr lebt und schwebt in dem Hertzen derjenigen die ist und bleibt

Eure

treue Groß und Urgroßmutter
Goethe.

N. S. Der vortrefflichen Frau Gräfin von Stoll= berg — wie nicht minder der lieben Tante Jajobi meinen besten Dank vor Ihre Liebe und Freundschaft gegen meine Louise — Gott! Seegne Sie davor. Der Scharlot habe sogleich den Brief überschickt — Himmel! was wird die vor Freude greinen! Das ist ein hertzgutes aber curioses Geschöpf — die greint bei Freude — die greint bei Leide — wenns regnet und wenn die Sonne scheint — verdirbt Ihre Augen gantz ohne Noth und macht dem Urenckelein keine Spitzen!

120.

Frau Rath an Goethe.
1. August 1796.

D. 1. August 1796.

Unsre jetzige Lage [1] ist in allem Betracht sehr fatal und bedenklich. Doch vor der Zeit sich grämen, oder gar verzagen, war nie meine Sache — Auf Gott vertrauen — den gegenwärtigen Augenblick nutzen — den Kopf nicht verlieren — sein eignes werthes Selbst vor Krankheit (denn so was wäre jetzt sehr zur Unzeit) zu bewahren — da dieses Alles mir von jeher wohlbekommen ist, so will ich dabey bleiben. — —

---

[1] Die Kriegsunruhen mit Bombardement und Contribution, Frankfurt war noch von den Franzosen besetzt.

121.

Frau Rath an Goethe.
4. December 1797.

Den 4t. Dec. 1797.

Das erste ist daß ich Dir danke, daß Du diesen Sommer etliche Wochen mir geschenkt hast — wo ich mich an Deinem Umgang so herrlich geweidet und an Deinem so auserordentlichen guten An und Aussehen ergötzt habe! Ferner daß Du mich Deine Lieben hast kennen lernen[1], worüber ich auch sehr vergnügt war, Gott erhalte euch alle eben so wie bisher und ihm soll davor Lob und Dank gebracht werden. Amen. Daß Du auf der Rückreise mich nicht wieder besucht hast, thut mir in einem Betracht leid.

[1] Im August 1797 brachte Goethe seine kleine Freundin Christiane Vulpius und seinen Sohn August zur Mutter nach Frankfurt.

122.

Frau Rath an Goethe.
12. März 1798.

Den 12ten März 1798.

— Nun ein Wort über unser Gespräch bey Deinem
Hierseyn über die lateinischen Lettern. Den Schaden den
sie der Menschheit thun will ich Dir ganz handgreiflich
darthun. Sie sind wie ein Lustgarten der Aristokraten
gehört, wo niemand als Nobleße — und Leute mit Stern
und Bändern hinein dürfen, unsere deutsche Buchstaben
sind wie der Prater in Wien wo der Kayser Joseph drüber
schreiben ließ Vor alle Menschen — wären Deine
Schriften mit den fatalen Aristokraten gedruckt, so all=
gemein wären sie bey all ihrer Vortrefflichkeit nicht ge=
geworden — Schneider — Nähterinnen — Mägde alles
ließt es — jedes findet etwas das so ganz vor sein ge=
fühl paßt, gehen mit der Literatur Zeitung — Doctor
Hufnagel u. a. m. pele mele im Prater spatzieren ergötzen
sich seegnen den Autor und lassen ihn hoch leben!!! Was
hat Hufland übel gethan sein vortreffliches Buch mit den
vor die größte Menschenhälfte unbrauchbaren Lettern

drucken zu laſſen — ſollen den nur Leute von Standt aufgeklärt werden? ſoll den der Geringe von allen guten ausgeſchloßen ſeyn — und daß wird er — wenn dieſer neumodiſchen Fratze nicht einhalt gethan wird. Von Dir mein lieber Sohn hoffe ich daß ich nie ſolches menſchenfeindliches Produkt zu ſehen bekomme. —

123.

Frau Rath an Goethe.
20. Juli 1799.

Den 20ſten July 1799.

Herzlich hat mich die Nachricht von Euer aller Wohl=
ſeyn erfreut — So wie mir meine Tochter [1] ſchreibt —
war ein etwas ſtarcker Rumor in Eurem Haußweſen
wegen Anweſenheit der Königlichen Majeſtät! Die Franck=
furter haben auch alles mögliche gethan um ihren ehe=
maligen Bekannten zu beleben — er hat es auch recht
freundlich auf und angenommen — mir iſt eine Ehre
wiederfahren die ich nicht vermuthete — die Königin
ließ mich durch ihren Bruder einladen zu ihr zu kommen.
Der Prinz [2] kam um Mittag zu mir und ſpeißte an
meinem kleinen Tiſch — um 6 Uhr holte er mich in
einem Wagen mit 2 Bedienten hintenauf in den
Taxiſchen Pallaſt — Die Königin unterhielt ſich mit mir

---

[1] Chriſtiane Vulpius.
[2] Jedenfalls Erbprinz Georg, ſpäter regierender Großherzog
von Mecklenburg=Strelitz, Bruder der Königin Luiſe von Preußen.
(Vgl. Nr. 138.)

von vorigen Zeiten — erinnerte sich noch der vielen Freuden in meinem vorigen Hauß [1] — der guten Pannekuchen [2] u. s. w.

---

[1] Am 1. Mai 1795 hatte Frau Rath, durch die Kriegsunruhen veranlaßt, das Goethe'sche Haus an den Weinhändler Blum und dessen Braut verkauft, mit miethweisem Vorbehalt gewisser Zimmer bis zur Ermiethung einer anständigen und schicklichen anderweiten Wohnung; sie hatte es später geräumt und ein schönes Quartier am Roßmarkt, der Hauptwache gegenüber, im sogenannten „Goldenen Brunnen", bezogen.

[2] Erinnerung an die Bewirthung, welche von der Frau Rath bei der Kaiserkrönung 1790 den beiden bei ihr einquartierten mecklenburgischen Prinzessinnen: der spätern Königin Luise von Preußen und der spätern Königin von Hannover, gastlich zutheil geworden war.

124.

Frau Rath an Goethe.
1. December 1799.

Den 1ſten Dec. 1799.

Lieber Sohn nach der Rückkehr der Mama La Roche empfinde ich erſt recht, wie Du mir zu liebe Dich in meiner kleinen Wohnung beholfen haſt — Ey! Was hat die mir und allen Deinen Freunden vor eine herrliche Beſchreibung Deines Haußes und Deiner ganzen Einrichtung gemacht. Das deliziöſe Gaſtmahl daß Du ihr gegeben haſt — das prächtige grüne atlasne Zimmer — der herrliche Vorhang — das Gemälde das dahinter war[1] — Summa Summarum — einen ganzen Tag hat ſie mich davon unterhalten[2] — was mir daß vor ein Tag war kanſt Du dencken!! Gott! erhalte und

---

[1] Die Meyer'ſche Copie der Aldobrandiniſchen Hochzeit.
[2] Frau von Laroche ſagt darüber in ihrer Schrift „Schattenriſſe abgeſchiedener Stunden in Offenbach, Weimar und Schönebeck im Jahre 1799": „Wir ſpeiſten bei Goethen und genoſſen wirklich ein Feſt der Seelen, wie einſt ein Britte ſich ausdrückte. Die mit Blumen und Früchten aller Art ſo reich verzierte Tafel war gar nicht nach dem gewöhnlichen Geſchmack der Gaſtmahle, und die

segne Dich laße Dirs wohlgehen — und lange mögest Du leben auf Erden — und das wird geschehen, den der Mutter Seegen bauet den Kindern Häußer. Amen.

Gegenwart der Verfasserin der reizenden «Agnes von Lilien», der Dichterin der Gesänge von Lesbos, Wieland und Goethe, lauter Lieblinge des Apoll, konnten diese Vermuthung rechtfertigen. Eine aus dem Garten zwischen schönen Gewächsen ertönende Musik und die Erscheinung eines Amorino dienten zum Beweise, daß ich bei einer Art von Götterfest zugegen war."

125.

Frau Rath an Goethe.
31. Januar 1801.

D. 31ten Jenner 1801.

Lieber Sohn!

Dancke meiner lieben Tochter vielmahls vor Jhren lieben Brief vom 22ſten Jenner — Gott ſey lob und danck! daß er die Dir getrohte große Gefahr [1] ſo gnädig und bald abgewendet hat — Ach was iſt die Unwiſſenheit eine herrliche Sache! hätte ich das Unglück daß Dich betroffen gewußt ehe die Beſſerung da war, ich glaube ich wäre in Elend vergangen.

---

[1] Die ſchwere Erkrankung Goethe's am Schluſſe des Jahres 1800.

126.

* Goethe an seine Mutter.

1. Februar 1801.

Dießmal, liebe Mutter, schreibe ich Ihnen mit eigner Hand, damit Sie Sich überzeugen daß es wieder ganz leiblich mit mir geht.

Das Uebel hat mich freylich nicht ganz ungewarnt überfallen, denn schon einige Zeit war es nicht völlig mit mir wie es seyn sollte. Hätte ich im vorigen Jahre ein Bad gebraucht wie ich in früheren Zeiten gethan; so wäre ich vielleicht leiblicher davon gekommen; doch da ich nichts eigentliches zu klagen hatte; so wußten auch die geschicktesten Aerzte nicht was sie mir eigentlich rathen sollten und ich lies mich von einer Reise nach Pyrmont, zu der man mich bewegen wollte, durch Bequemlichkeit, Geschäfte, und Oekonomie abhalten, und so blieb denn die Entscheidung einer Crise dem Zufall überlassen.

Endlich, nach verschiednen katharralischen Anzeigen, zu Ende des vorigen Jahres, brach das Uebel aus, und ich erinnere mich wenig von den gefährlichen neun Tagen und Nächten, von denen Sie schon Nachricht erhalten haben.

Sobald ich mich wieder selbst fand ging die Sache sehr schnell besser, ich befinde mich schon ziemlich bey körperlichen Kräften und mit den geistigen scheint es auch bald wieder beym alten zu seyn.

Merckwürdig ist daß eine ähnliche Kranckheit sich theils in unsrer Nähe, theils in ziemlicher Entfernung in diesem Monate gezeigt hat.

Wie gut, sorgfältig u. liebevoll sich meine liebe Kleine bey dieser Gelegenheit erwiesen werden Sie Sich dencken, ich kann ihre unermüdete Thätigkeit nicht genug rühmen. August hat sich ebenfalls sehr brav gehalten und beyde machen mir, bey meinem Wiedereintritt in das Leben viel Freude.

Auch war mir der Antheil sehr tröstl., den Durchl. der Herzog, die Fürstl. Familie, Stadt und Nachbarschaft bey meinem Unfalle bezeigten. Wenigstens darf ich mir schmeicheln daß man mir einige Neigung gönnt u. meiner Existenz einige Bedeutung zuschreibt.

So wollen wir denn auch hieraus das Beste nehmen und sehen wie wir nach und nach die Lebensfäden wieder anknüpfen.

Ich wünsche daß Sie diesen Winter recht gesund u. munter zubringen mögen und da ich weder gehindert bin Gesellschaft zu sehen noch mich zu beschäftigen; so dencke ich die Paar traurigen Monate nicht ohne Nutzen und Vergnügen zuzubringen.

Hier die Affiche des Tancred. Kurz vor meiner Kranckheit war ich damit fertig geworden. Grüßen Sie alle Freunde.

Weimar d. 1 Febr 1801.

G.

127.

Goethe's Genesung.

(Dem vorstehenden Briefe beiliegend, von unbekannter Hand.)

Musen! klaget nicht mehr, laßt Freuden Lieder ertönen,
Euern Liebling und Freund bringet Hygea [1] zurück.
Freue Dich bildende Kunst! und Ihr, o Freunde des Schönen
Und des Guten erhebt Euern gesunkenen Blick.
Denn es lebet nun wieder, es ist uns wiedergegeben,
Was dem bangen Gefühl ach! zu verschwinden gedroht.
Prüfung war's vom Geschick, ob werth auch wäre die Mitwelt
Ihn zu besitzen — wie schön wurde die Prüfung besiegt!
Würdig dem Geiste bestand sein Körper den Kampf mit dem Tode,
Und von des Acherons Rand riß Ihn Apollo hinweg.
Nein! Er sollte noch nicht hinunterwallen zum Orkus,
Welcher ja reich genug, reich an Unsterblichen ist.
Musen! klaget nicht mehr, vernehmet die Stimme Hygea's:
„Göthe lebet, es lebt wieder sein Genius Euch."

---

[1] Hygea, die Göttin der Gesundheit.
Note: Die bange Besorgniß um Göthe's körperliches Leben hat sich jüngst hier und in der Gegend durch allgemeine Theilnahme, von den Fürstenhäusern bis in die Wohnungen aller Bürger, im schönsten und rührendsten Einklange gezeigt.

(Anm. des Manuscripts.)

128.

Frau Rath an Goethe.
7. März 1801.

D. 7ᵗ März 1801.

Vor die große Freude die Du mir an meinen Geburtstag den 19ᵗ Februar mit den paar Zeilen von Deiner eigenen Hand und mit der vortrefflichen Zeichnung der alten und neuen Zeit gemacht hast, dancke ich Dir von Herzensgrund — jetzt ist mir im lesen Deines kleinen Drama [1] alles recht anschaulich — Die Masken! Das ist ein herrlicher Gedancke — ich laße einen schönen Rahmen dazu verfertigen — ein Glas darüber und hänge es in mein Schlafzimmer zum beständigen Anschauen auf.

---
[1] Goethe's Festspiel „Paläophron und Neoterpe".

129.

Frau Rath an Goethe.

1. October 1802.

(Briefwechsel zwischen Goethe und Zelter, III. Thl., S. 397.)

Den 1. October 1802.

Lieber Sohn!

Meinen besten Dank vor die Bereitwilligkeit Herrn Schöff Mellecher seinem Steckenpferd hülfreiche Hand zu leisten. Mir thuts immer wohl wenn Du einem Frankfurther Gefälligkeiten erweisen kannst, denn Du bist und lebst noch mitten unter uns — bist Bürger — trägst alles mit — stehst in Varrentraps Calender unter den Advocaten, Summa Summarum gehörst noch zu uns und Deine Compatrioten rechnen es sich zur Ehre, so einen großen berühmten Mann unter ihre Mitbürger zählen zu können. Eduard Schlosser hat mir Deinen lieben Gruß ausgerichtet — ich hoffe er wird brav — auch Fritz Schlosser, nur vor Christian ist mir manchmal bange — Dieser junge Mann ist so sehr über=spannt — glaubt mehr zu wissen als beynahe alle seine Zeitgenossen, hat wunderbare Ideen u. s. w. Du giltst viel bey ihm, kannst Du ihn abspannen so thue es. Daß Ihr mir wieder Geistesproducte schicken wollt, daran thut Ihr ein gutes Werk, es ist eine große Unfruchtbarkeit bey uns — und Euer Brünnlein, das Wasser die Fülle hat, wird mir Durstigen wohl thun. Wegen Deines Herkommen aufs künftige Jahr habe ich Pläne im Kopf wo immer einer luftiger ist als der andere — es wird schon gut werden. — Gott! erhalte uns alle hübsch gesund — und das übrige wird sich schon machen. Lebe wohl!. Grüße meine liebe Tochter und den lieben August von

Eurer alten

treuen Mutter und Großmutter

Goethe.

130.

Frau Rath an Goethe.
12. October 1802.

D. 12ᵗ Oct. 1802.

— Zu dem noch unsichtbaren Wesen wünsche von Herzen Glück, Heil und Seegen — Gott bringe es gesund ans Tageslicht; so wird er auch Kleidung und Nahrung bescheeren — und es wird mir ein wahres Vergnügen seyn etwas beyzutragen den kleinen Graßaffen in etwas heraus zu staffiren.

131.

Frau Rath an Goethe.

3. December 1802.

D. 3ᵗ Dec. 1802.

— Dein letztes Schreiben hat mich sehr betrübt ge=
täuschte Hoffnungen thun weh — nichts hilft als die Zeit
die wohlthätig den Schmerz in den Hindergrund stellt. —

132.

Frau Rath an Goethe.

10. November 1803.

Den 10ᵗ Nov. 1803.

— lieber Sohn die natürliche Tochter¹ hat mir sehr frohe Stunden gemacht davor ich Dir herzlich dancke.

---
[1] Goethe's Drama.

133.

Frau Rath an Goethe.

13. Januar 1804.

D. 13ᵗ Jenner 1804.

— Frau von Stael ist wie ich höre jetzt in Weimar, mich hat sie gedrückt als wenn ich einen Mühlstein am Hals hängen hätte — ich ging ihr überal aus dem Wege schlug alle Geselschaften aus wo sie war und athmete freyer da sie fort war. Was will die Frau mit mir?? ich habe in meinem Leben kein ABC Buch geschrieben und auch in Zukunft wird mich mein Genius davor bewahren.

grüße Deine lieben.

134.

Frau Rath an Christiane Vulpius.
24. Januar 1804.

Franckf. a/M. d. 24 Jenner 1804.

Liebe Tochter!

Tausend Dank vor Ihren lieben Brief. Sie haben sehr schön und klug gehandelt mir von der (Gott Lob und Dank) wiederkehrenden Gesundheit meines Sohnes mich zu benachrichtigen, denn es giebt aller Orten Menschen die sehr gerne Unglück verbreiten und es zum Schrecken noch vergrößern, also nachmals meinen besten Dank! Auch bin ich auf Ihre liebe Zusage ganz beruhigt, doch erbitte mir bald die Fortdauer der mir so theuren Gesundheit zu berichten, denn des Menschen Herz ist, wie längst bekannt, trotzig und verzagt. — Es hat hier verlautet, daß Frau von Stael sich sehr vergnügt in Weimar befindet — und daß diese fürstliche Residenz den Ruhm über alle Orte wo sie bisher war den Preis davon tragen und durch sie verewigt werden wird. — — Bald wird es in Weimar prächtig hergehen, wenn der Erbprinz mit seiner Gemahlin seinen Einzug halten wird 2c.

135.

Frau Rath an Goethe.

9. März 1804.

Frkf. d. 9. März 1804.

Lieber Sohn!

—— Aber was treibt Ihr denn in aller Welt mit der Frau von Stael!! Der ist ja Weimar das Paradies! Die wird Euch einmal loben und preisen. — Wer hier von Damen nur ein wenig vom gelehrten Ton ist, z. B. Fräulein Louise von Barkhauß — Frau Geheimde Räthin von Wiesenhütten, — Frau von Schwarzkopf u. s. w. erzählen Wunderdinge — wie vergnügt die Dame dort ist. So was freut mich von Herzen wenn ich davon wegbleiben kann. Lebe wohl! Grüße meine liebe Tochter und den lieben August, von

Der Euch liebenden Großmutter
Goethe.

N. S. Vergangenen Mittwoch hatte ich bey Schwarz=
kopf einen sehr vergnügten Abend. Torquato Tasso

wurde vorgelesen. Alfons Herr Willmer[1], Leonore von Este Frau v. Schwarzkopf, Leonore Sanvitale Frau von Holzhausen, Tasso Herr von Schwarzkopf, Antonio Frau Räthin Goethe.

Diese Menschenkinder grüßen Dich alle herzlich.

---

[1] Goethe's Freund, der Geheime Rath von Willemer, später Gatte von Goethe's „Suleika" Marianne von Willemer.

136.

Frau Rath an Goethe.
9. April 1804.

Den 9ᵗ April 1804.

— Grüße Schiller! und sage ihm, daß ich ihn von Herzen hochschätze und liebe — auch daß seine Schriften mir ein wahres Labsal sind und bleiben — Auch macht Schiller und Du mir eine unaussprechliche Freude daß ihr auf allen den Schnick=Schnack — von Rezensirer Gewäsche — Frau Baaßen=Geträtsche nicht ein Wort antwortet; da mögten die Herren sich dem sey bey[1] ergeben — das ist prächtig von Euch — hätte das Herr von Mayer verstanden; so hätte er sich nicht so viel Aerger zugezogen! fahrt in diesem guten Verhalten immer fort — Eure Wercke bleiben für die Ewigkeit — und diese armseligen Wische zerreißen einem in der Hand — sind das planiren nicht werth puncktum.

---

[1] sic. (Gott=sei=bei=uns, dem Teufel.)

137.

Klinger[1] an Frau Rath.
18. September 1804.

S. Petersburg 18 Sept. 1804.

Ihr Andenken, Vortrefliche, hat mir so viel Freude gemacht, daß ich mich gern dem jugendlichsten Enthousiasmus überlassen möchte, sie zu beschreiben. Aber wenn ich Ihnen sage, daß ich denke und empfinde wie damals, als ich so glücklich war Sie zu sehen, zu verehren und zu lieben, daß sich nur mein äußres verändert hat, so werden Sie leicht empfinden, welch einen glücklichen Tag mir Ihr Briefchen machen mußte. Ich danke Ihnen herzlich dafür, und getrau mir zu sagen, daß ich noch heute nach aller WeltErfahrung und Erprobungen Ihrer Freundschaft so werth bin, als damals, da ich erst zu leben begann. Ich hoffe Sie davon noch persöhnlich zu überzeugen, u Sie so gesund und glücklicher Laune zu finden, als ich Sie zu jenen schönen Zeiten sah. Dem Obrist Lieut. konnt' ich nicht dienen, weil er als Speculant nach Moskau gieng und auf ein Geschäft sann, das

---
[1] Goethe's Jugendfreund, nun Generalmajor und Director des Cabettencorps zu Petersburg.

außer mein Kreiß liegt. Sollt ich ihm dienen können, so zweifeln Sie gewiß nicht an mein Willen. Ich danke Ihnen für die Ueberschickung der Silhouette des alten Bekanndten — ich hoffe er ist mir immer Freund geblieben, wie ich es ihm geblieben bin. Sollten Sie den alten Freund Riese sehen und Willemer[2], so bitt ich, Sie im alten Sinn zu grüßen. Von Riese hab ich nie wieder gehört, u hätte so gern von ihm gehört. Leben Sie so wohl, glücklich und zufrieden, als Sie es nach Ihrem Geist und Herzen verdienen. Ich bin mit der innigsten Freundschaft und Verehrung

Ihr
Klinger.

[1] Vgl. die Anm. zu Nr. 134.

138.

* Goethe an seine Mutter.
6. Mai 1805.

Nehmen Sie, liebe Mutter, tausend Danck für alles das Gute, das Sie unserm August erzeigt haben![1] ich wünsche daß die Erinnerung seiner Gegenwart Ihnen nur einen Theil der Freude geben möge die uns jetzt seine Erzählung verschafft. Wir werden dadurch ganz lebhaft zu Ihnen und meinen alten Freunden versetzt. Dancken Sie herzlich allen die ihn so gütig aufnahmen. Dieser erste Versuch in die Welt hinein zu sehen ist ihm so gut gelungen daß ich für seine Zukunft eine gute Hoffnung habe. Seine Jugend war glückl. und ich wünsche daß er auch heiter und froh in ein ernsteres Alter hinüber gehe. Seine Schilderung Ihres fortdauernden Wohlbefindens macht uns das größte Vergnügen, er muß sie oft wiederhohlen. Auch ich befinde mich, bey mehrerer Bewegung in diesen bessern Tagen recht wohl.[2] Wir grüßen alle zum schönsten, besten u. danckbarsten.

W. d. 6. May 1805.   G

---

[1] Goethe's Sohn war vom 8. April bis Anfang Mai 1805 bei der Großmutter in Frankfurt gewesen.
[2] Hier verschweigt Goethe der Mutter, daß er krank war. Wenige Tage darauf starb Schiller.

139.

Herzog Georg von Mecklenburg-Strelitz[1] an die Frau Rath.

20. August 1805.

(Abr.: An die Frau Räthin Göthe.)

Charlottenburg d. 20. August
1805.

Da ich weiß daß Sie Ihrem alten Freunde Gerechtigkeit wiederfahren laßen, so würde es mir unmöglich seyn Ihnen meine Freude Ihres lieben Briefes wegen, mit den gewöhnlichen Schnirkeln vorzumahlen. — Ich sage Ihnen lieber, daß ich darin ganz meine alte liebe Räthin erkannt habe, die Frau von der es mich nie gewundert hat, daß sie uns Goethe gebahr — denn Alles dieß habe ich nicht allein dem Sinn, sondern auch beynah den Worten nach so empfunden — und nur auf diese Weise können Worte den Weg zu Ihrem Herzen finden — das weiß ich — u darum schreibe ich an Sie. Denn

---

[1] Erbprinz Georg, später Großherzog von Mecklenburg-Strelitz, Bruder der Königin Luise, Kunstfreund und seit 1810 naher Freund Goethe's, welchem er zum Geburtstage die große Uhr aus dem väterlichen Goethe-Hause schenkte. (Vgl. Großherzog Georg von Mecklenburg. Ein Lebensbild. Neustrelitz, ohne Jahrzahl.)

an die Menschen die einst Maſſenweiß in Elyſium
wandeln werden, ohne Geſtalt und Nahmen, — wie Ihr
Sohn in seiner Euphroſine ſagt — an die ſchreib ich
gewiß nicht — und wenn ſie auch hier um deſto ſtrah=
lender daſtünden. Bleiben Sie mir nur immer recht
gut, u recht lang noch hier auf Erden — damit wir
noch oft die Gläſer anklingen können, wenn ich durch
Frankfurth komme, zum Angedenken der ſchönen alten
Zeit, denn ich glaube nun mit ziemlicher Gewißheit be=
ſtimmen zu können, daß ich wohl immerdar der Alte
bleiben werde. — Die Königin, welche mich verſichert
Sie mit herzlicher Freude in Frankfurth wiedergeſehen
zu haben, grüßt Sie ſchönſtens; und ich — wenn Sie's
erlauben — umarme Sie nach alter Uebereinkunft auf
alte deutſche Weiſe. —

Georg.

140.

Aus einem angeblichen Briefe der Frau Rath an Bettina Brentano.

14. März 1807.

(Goethe's Briefwechsel mit einem Kinde, I. Thl. S. IX.)

Am 14. März 1807.

Ich habe mir meine Feder frisch abknipsen lassen und das vertrocknete Tintenfaß bis oben vollgegossen, und weil es denn heute so abscheulich Wetter ist, daß man keinen Hund vor die Thür jagt, so sollst Du auch gleich eine Antwort haben. Liebe Bettine, ich vermisse Dich sehr in der bösen Winterzeit; wie bist Du doch im vorigen Jahre so vergnügt dahergesprungen kommen? — wenn's kreuz und quer schneite, da wußt ich das war so ein recht Wetter für Dich, ich braucht nicht lange zu warten, so warst Du da. Jetzt guck ich auch immer noch aus alter Gewohnheit nach der Ecke von der Katharinenpfort, aber Du kommst nicht, und weil ich das ganz gewiß weiß, so kümmert's mich. Es kommen Visiten genug, das sind aber nur so Leutevisiten, mit denen ich nichts schwätzen kann.

Die Franzosen hab' ich auch gern, — das ist immer

ein ganz ander Leben, wenn die französische Einquartierung hier auf dem Platz ihr Brod und Fleisch ausgetheilt kriegt, als wenn die preußische oder hessische Holzböck einrücken. — —

Amüsire Dich recht gut und sei lustig, denn wer lacht, kann keine Todsünd thun.

Deine Freundin

Elisabeth Goethe.

141.

Aus einem angeblichen Briefe der Frau Rath an Bettina Brentano.

11. Mai 1807.

(Goethe's Briefwechsel mit einem Kinde, I, S. 2.)

Am 11. Mai 1807.

Was läßt Du die Flügel hängen? Nach einer so schönen Reise schreibst Du einen so kurzen Brief, und schreibst nichts von meinem Sohn, als daß Du ihn gesehen hast; das hab ich auch schon gewußt und er hat mir's gestern geschrieben. Was hab ich von Deinem geankerten Schiff? Da weiß ich so viel wie nichts. Schreib doch was passirt ist. Denk doch daß ich ihn acht Jahr nicht gesehen hab, und ihn vielleicht nie wieder seh; wenn Du mir nichts von ihm erzählen willst, wer soll mir dann erzählen? — hab ich nicht Deine alberne Ge= schichten hundertmal angehört, die ich auswendig weiß, und nun, wo Du etwas Neues erfahren hast, etwas Einziges, wo Du weißt, daß Du mir die größte Freud machen könntest, da schreibst Du nichts. Fehlt Dir denn was? — es ist ja nicht über's Meer bis nach Weimar. Du hast ja jetzt selbst erfahren, daß man dort sein kann, bis die Sonne zweimal aufgeht. — —

Deine treue Freundin
Elisabeth Goethe.

Vor die Tasse bedank' ich mich.

142.

Frau Rath an Goethe's Frau.[1]
16. Mai 1807.

d. 16. May 1807.

— Da hat denn doch die kleine Brentano ihren Willen gehabt und Goethe gesehen; ich glaube im entgegengesetzten Fall wäre sie toll geworden. Denn so was ist mir noch nicht vorgekommen. Sie wollte als Knabe sich verkleiden, zu Fuß nach Weimar laufen. Vorigen Winter hatte ich oft eine rechte Angst über das Mädchen. Dem Himmel sey Danck daß sie endlich auf eine musterhafte Art ihren Willen gehabt hat. Sie ist noch nicht wieder hier, ist soviel ich weiß in Cassel. Sobald sie kommt, sollt Ihr alles was sie sagt erfahren. —

---

[1] Die Trauung Goethe's mit Christiane Vulpius hatte bekanntlich am 19. October 1806 stattgefunden. Zwei Tage vorher, am 17. October, hatte Goethe an Herder's Nachfolger, den Oberconsistorialrath Günther in Weimar, den von Düntzer vor kurzem in der Kölnischen Zeitung veröffentlichten Brief geschrieben:

„Dieser Tage und Nächte ist ein alter Vorsatz bei mir zur Reife gekommen; ich will meine kleine Freundin, die so viel an mir gethan und auch diese Stunden der Prüfung mit mir durchlebt, völlig und bürgerlich anerkennen als die Meine.

Sagen Sie mir, würdiger geistlicher Herr und Vater, wie es anzufangen ist, daß wir so bald möglich, Sonntag oder vorher, getraut werden. Was sind deßhalb für Schritte zu thun? Könnten Sie die Handlung nicht selbst verrichten? Ich wünschte, daß sie in der Sakristei der Stadtkirche geschähe.

Geben Sie dem Boten, wenn sich's trifft, Antwort. Bitte.
Goethe."

Demgemäß wurde die Trauung, aber in der Sakristei der Schloßkirche, vollzogen.

143.

Frau Rath an Goethe.
19. Mai 1807.

d. 19 May 1807.

— Hierbey kommt ein Briefelein von der kleinen Brentano. Hieraus ist zu sehen, daß Sie noch in fremden Landen sich herumtreibt. Auch beweisen die Ausdrücke ihres Schreibens mehr wie ein Alphabet wie es ihr bey Euch gefallen hat. Auf ihre mündliche Relation verlangt mich erstaunlich. Wenn sie nur die allerkürzte Zeit bey Euch war, so weiß ich zuverlässig daß kein ander Wort von ihr zu hören ist als von Goethen. Alles was Er geschrieben hat, jede Zeile ist ihr ein Meisterwerk, besonders Egmont. Dagegen sind alle Trauerspiele, die je geschrieben worden, nichts, gar nichts. Weil sie nun freylich viele Eigenheiten hat, so beurtheilt man sie wie ganz natürlich ist, ganz falsch. Sie hat hier im eigentlichen Verstand Niemand wie mich. Alle Tage die an Himmel kommen, ist sie bey mir. Das ist beynahe ihre einzige Freude. Da muß ich ihr nun erzählen. Von meinem Sohn, alsdann Mährchen. Da behauptet sie denn, so erzähle kein

Mensch u. s. w. Auch macht sie mir von Zeit zu Zeit kleine Geschenke, läßt mir zum heiligen Christ bescheeren. Am ersten Pfingstfest schickte sie mir mit der Post zwey Schachteln, mit zwey superben Blumen auf Hauben so wie ich sie trage, u. eine prächtige porzelänene Schocolade Tasse, weiß u. gold. Jetzt ein großen Sprung von Bettinen zu den gläsernen Obstflaschen 2c.

144.

Frau Rath an Goethe.
8. September 1807.

d. 8 Septbr. 1807.

— — Bettine Brentano ist über die Erlaubniß Dir zuweilen ein Blättgen zuschicken zu dürfen, entzückt. Antworten sollt Du nicht — das begehre sie nicht. — Dazu wäre sie zu gering. — Belästigen wolle sie Dich auch nicht, nur sehr selten — ein Mann wie Du hätte Größeres zu thun, als an Sie zu schreiben. Sie wolle die Augenblicke die der Nachwelt und der Ewigkeit gehörten, nicht an sich reißen. —

145.

Frau Rath an Goethe.
6. October 1807.

d. 6 Oct. 1807.

— Diese Messe war reich an Professoren!!! Da nun ein großer Theil Deines Ruhmes und Rufes auf mich zurückfällt und die Menschen sich einbilden, ich hätte was zu dem großen Talent beygetragen, so kommen sie denn um mich zu beschauen. Da stelle ich denn mein Licht nicht unter den Scheffel, sondern auf den Leuchter, versichre zwar die Menschen daß ich zu dem was Dich zum großen Manne und Tichter gemacht hat nicht das allermindeste beygetragen hätte (denn das Lob das mir nicht gebührt nehme ich nie an) zu dem weiß ich gar wohl wem das Lob und der Danck gebührt, denn zu Deiner Bildung im Mutterleibe da alles schon im Keim in Dich gelegt wurde, dazu habe ich wahrlich nichts gethan — vielleicht ein Gran Hirn mehr oder weniger und Du wärst ein ganz ordinärer Mensch geworden, und wo nichts drinnen ist, da kann nichts rauskommen. Da erziehe Du — das können alle Philantropine in ganz Europa nicht geben. Gute, brauchbare Menschen, ja das lasse ich gelten;

hier ist aber die Rede vom Außerordentlichen. Da hast Du nun, meine liebe Frau Aja mit Fug und Recht Gott die Ehre gegeben, wie das recht und billig ist. Jetzt zu meinem Licht das auf dem Leuchter steht und den Professoren lieblich in die Augen scheint. Meine Gabe die mir Gott gegeben hat ist eine lebendige Darstellung aller Dinge die in mein Wissen einschlagen, Großes und Kleines, Wahrheit und Mährchen u. s. w. Sowie ich in einen Cirkel komme wird alles heiter und froh weil ich erzähle. Also erzählte ich den Professoren und Sie gingen und gehen vergnügt weg. Das ist das ganze Kunststück. Doch noch eins gehört dazu: ich mache immer ein freundlich Gesicht, das vergnügt die Leute und kostet kein Geld, sagte der selige Merck.

Auf den Blocksberg verlange ich sehr — dieser Ausdruck war nichtsnutz — man könnte glauben ich erwartete mit Schmerzen auf den 1ten May — also auf die Beschreibung Deines Blocksbergs[1] warte ich, so war's besser gesagt. Alte Freunde sollen gegrüßt werden. — —

---

[1] Goethe's Walpurgisnacht im ersten Theil des „Faust".

146.

Frau Rath an Goethe.

27. October 1807.

d. 27 Octbr 1807.

— Seit dem 24ten dieses haben wir hier ein prächtiges Schauspiel. Die Kaiserl. Garden ziehen hier durch nach Mainz in ihr Vaterland. Den 24 kamen 1821 Jäger zu Fuß, vorgestern 1767 Grenadier zu Fuß. Gestern hielten sie Revue auf dem Roßmarkt. Heut kommen 2372 Füselier; Mittwoch 1091 Jäger zu Pferd; Donnerstag 657 Dragoner und den 31ten 1051 Grenadier zu Pferde. Nein so was hat die Welt noch nie gesehn — alle wie aus einem Glasschrank kein Schmützgen, kein Fleckchen, und die prächtige Musik. Mir gehts wie dem Hund in der Fabel: abwehren kann ichs nicht — zerzausen mag ich mich nicht lassen — gerade wie Hunde, ich — esse mit. Das ist verdolmetscht — Ich freue mich des Lebens weil noch das Lämpchen glüht, suche keine Dornen, hasche die kleinen Freuden, sind die Thüren niedrig so bücke ich mich, kann ich den Stein aus dem Wege thun, so thue ich's — ist er zu schwer, so gehe ich um ihn herum, und so finde ich alle Tage etwas das mich freut, und der Schlußstein — der Glaube an Gott! der macht mein Herz froh und mein Angesicht fröhlich. Ich weiß daß es mir und den Meinen gut geht und daß die Blätter nicht einmal verwelken, geschweige der Stamm. Heute ist uns starke Einquartirung angekündigt worden die oben genannten 2372 Mann, sie sollen bey mir mit Schweinebraten regalirt werden. —

147.

Frau Rath an Goethe's Frau.
14. November 1807.

d. 14 Novbr 1807.

— Die Familie Brentano sind (bis auf die Betine, die noch in Cassel ist) wieder hier — die können nun mit rühmen, lobpreisen, Danksagungen nicht zu Ende kommen. — Sowie es Ihnen bey Euch ergangen ist, so ist nichts mehr — die Ehre die Ihnen wiederfahren — das Vergnügen so sie genossen — Summa Summarum — solche vortreffliche Menschen, so ein schönes Haus, so eine Stiege; so ein Schauspiel — das ist alles nur bey Goethe anzutreffen. — Das ist alles nur Stückweise erzählt worden, denn der Betine dürfen Sie nicht vorgreifen, die will mir alles selbst erzählen. — Ihr meine Lieben könnt leicht denken welchen Freudentag Sie mir dadurch gemacht haben, und welche Freude mir durch Betinens Erzählung bevorsteht. Auch vor diese Freude danke ich Euch von Herzen. —

148.

Frau Rath an Goethe's Frau.
25. December 1807.

den 25 December, als am heiligen Christtag 1807.

Es überschickt Demoiselle Meline Brentano inliegendes Käppchen nebst vielen herzlichen Empfehlungen. Bettine ist noch nicht hier, sondern in Kassel. —

149.

Frau Rath an Goethe.
15. Januar 1808.

Freytags d. 15. Jenner 1808.

— Bettine ist vor Freude außer sich über Deinen Brief. Sie brachte mir ihn im Triumphe — auch über Herrn Riemers Verse. Weimar ist ihr Himmel — und die Engel (das ganze Land gehört dazu) seyd Ihr!!! Betine sagte mir Fräul. von Göchhausen wäre gestorben, ist das wahr? — — —

Meline freut sich sehr daß das Käppchen so gut ist aufgenommen worden.

———

150.

Frau Rath an ihren Enkel August Goethe.
28. März 1808.

d. 28. März 1808.

— Wir haben jetzt auch ein Museum. Da steht Deines Vaters Büste neben unserm Fürsten Primas seiner. Der Ehrenplatz zur Linken ist noch nicht besetzt, es soll von Rechtswegen ein Frankfurter seyn. Ja, könnt eine Weile warten! Bey so einer Occasion oder Gelegenheit fällt mir immer das herrliche Epigramm von Kästner ein: Ihr Fürsten, Grafen und Prälaten — auch Herrn und Städte insgemein — vor 20 Species Ducaten — denk doch!!! soll einer Goethe seyn. —

151.

Frau Rath an Goethe's Frau.
22. April 1808.

d. 22. April 1808.

— Bey unserm Fürsten (Primas) hat August nebst mir gespeist. Der Fürst trank meines Sohnes Gesundheit und war ganz allerliebst. Ein großes Vergnügen war das Schauspiel, da war Er alle Abend. Schlossers; Brentano, Gerning, Leonhardi erzeigten ihm viele Freundschaft. —

152.

Aus einem angeblichen Briefe der Frau Rath an Bettina Brentano.

12. Mai 1808.

(Goethe's Briefwechsel mit einem Kinde, I, S. 25.)

Frankfurt am 12. Mai 1808.

Liebe Bettine, Deine Briefe machen mir Freude, und die Jungfer Lieschen, die sie schon an der Adresse erkennt, sagt: Fr. Rath, da bringt der Briefträger ein Plaisir. — Sei aber nicht gar zu toll mit meinem Sohn, alles muß in seiner Ordnung bleiben. — —

Sonst ist noch alles auf dem alten Fleck. Um Deinen Schemmel habe keine Noth, die Liese leidets nicht daß jemand drauf sitzt.

Schreib recht viel und wenns alle Tag wär, Deiner wohlgeneigten Freundin

Goethe.

153.

Aus einem angeblichen Briefe von Frau Rath an Bettina Brentano.

25. Mai 1808.

(Goethe's Briefwechsel mit einem Kinde, I, S. 27.)

Frankfurt am 25. Mai.

Ei Mädchen, Du bist ja ganz toll, was bildst Du Dir ein? — Ei, wer ist denn Dein Schatz, der an Dich denken soll bei Nacht im Mondschein? — meinst Du der hätt nichts Bessers zu thun? — ja proste Mahlzeit.

Ich sag Dir noch einmal: alles in der Ordnung, und schreib ordentliche Briefe, in benen was zu lesen steht. — Dummes Zeug nach Weimar schreiben; — schreib was Euch begegnet, alles ordentlich hinter einander. Erst wer da ist, und wie Dir jeder gefällt, und was jeder an hat, und ob die Sonne scheint, oder ob's regnet, das gehört auch zur Sach.

Mein Sohn hat mir's wieder geschrieben, ich soll Dir sagen daß Du ihm schreibst. Schreib' ihm aber ordentlich.

154.

Frau Rath an Goethe's Frau.

3. Juni 1808.

D. 3 Juni 1808.

— Meinem Sohne werde ich auch ein paar Zeilen ins Carlsbad schreiben.

Bettine ist im Rheingau. Die Grüße müssen also warten bis sie wieder kommt.

155.

Frau Rath an Goethe.
3. Juni 1808.

D. 3 Juni 1808.

Dein Brief vom 9ten May hat mich erquickt und hoch erfreut. — Ja ja man pflanzt noch Weinberge an den Bergen Samaria — man pflanzt und pfeift![1] So oft ich was Guts von Dir höre, werden alle in meinem Herzen bewahrte Verheißungen lebendig. — Er! hält Glauben ewiglich Hallelujah!!! Er! wird auch dießmal das Carlsbad segnen und mich immer gute Nachrichten von Dir hören lassen. —

Betine ist im Rheingau, Sie soll aber alles das Gute das Du von ihr geschrieben hast, treulich erfahren. —

---

[1] Vgl. die Einleitung „Katharine Elisabeth Goethe", wo dieser Bibelstelle und ihrer Auffindung durch Frau Rath gedacht ist, sowie die Briefe Nr. 34 und 55.

156.

Frau Rath an Goethe.
1. Juli 1808.

D. 1 Juli 1808.

— Dein liebes Briefgen vom 22. Juni war mir wieder eine treffliche — liebliche — herrliche Erscheinung. Gott! segne die Cur ferner u. lasse das alte Uebel völlig verschwinden. —

Deinen lieben freundlichen Brief an Betinen habe ich Ihr noch nicht können zustellen: Sie fährt wie ein Irrwisch bald ins Rheingau — bald anderswo herum. Sobald sie kommt soll Ihr dieses Glück werden.

Herr Werner[1] ist hier — Frau von Staell geb. Necker war hier. —[2]

---

[1] Der Dichter Zacharias Werner, der 1807 und 1808 in Jena und Weimar in Goethe's Umgang gelebt hat. Er hielt sich vom 28. Juni bis 4. Juli 1808 in Frankfurt auf, im Kreise von Gerning, Leonhardt, Willemer. In Heidelberg suchte er Goethe's Sohn auf, ebenso wird er in Frankfurt die Mutter besucht haben, obschon er sie in seinem Tagebuche nicht nennt. (Vgl. Zacharias Werner's Biographie und Charakteristik, herausgegeben von Schütz, Grimma 1841.)

[2] Dies sind die letzten Zeilen von der Hand der Frau Rath, deren Echtheit über jeden Zweifel erhaben. Bettina aber führt in ihrem Briefwechsel aus dem Sommer und Herbst 1808 fünf Briefe derselben an, von denen einige Stellen der drei ersten hier noch folgen mögen.

157.

Aus einem angeblichen Briefe der Frau Rath an Bettina Brentano.

28. Juli 1808.

(Briefwechsel mit einem Kinde, I, S. 39.)

Frankfurt am 28. Juli.

Gestern war Feuer am hellen Tag hier auf der Hauptwach, grad mir gegenüber, es brannte wie ein Blumenstrauß aus dem Gaubloch an der Kathrinenpfort. Da war mein best Plaisir die Gassenbuben mit ihrem Reffs auf dem Buckel, die wollten alle retten helfen, der Hausbesitzer wollt nichts retten lassen, denn weil das Feuer gleich aus war, da wollten sie ein Trinkgeld haben, das hat er nicht geben, da tanzten sie und wurden von der Polizei weggejagt. — Es ist viel Gesellschaft zu mir kommen, die wollten alle fragen wie ich mich befind auf den Schreck, und da mußt ich ihnen immer von vorne erzählen, und das ist jetzt schon drei Tag daß mich die Leut besuchen und sehen ob ich nicht schwarz geworden bin vom Rauch. Dein Melinchen war auch da und hat mir ein Brief gebracht von Dir, der ist so klein geschrieben daß ich ihn hab' müssen vorlesen lassen, rath einmal von wem? — —

158.

Aus einem angeblichen Briefe der Frau Rath an Bettina Brentano.

1808.

(Briefwechsel mit einem Kinde, I, S. 41)

Da kommt der Fritz Schlosser aus dem Rheingau und bringt nur drei geschnittne Federn von Dir und sagt: er hätt geschworen daß er mir keine Ruh lassen will, ich müßt schreiben wer's gewesen ist der Deine Brief gelesen hat. — Was hat's denn für Noth, wer sollt's denn gewesen sein? — in Weimar ist alles ruhig und auf dem alten Fleck. Das schreiben die Zeitungen schon allemal voraus lang eh es wahr ist, wenn mein Sohn zu einer Reis' Anstalt macht, der kommt einem nicht mit der Thür in's Haus gefallen. Da sieht man aber doch recht daß Dein Herz Deinem Kopf was weiß macht. —

— Das hätt ich bald vergessen zu schreiben wer mir Deinen Brief gelesen hat, das war der Pfarrer Hufnagel der wollt auch sehen was ich mach' nach dem Schreck mit dem Feuer, ich sagt: Ei Herr Pfarrer, ist denn der Katharine Thurm grad so groß, daß er

mir auf die Naſ' fällt wenn er umſtürtzt? — Da hat
er geſeſſen mit ſeinem dicken Bauch im ſchwarzen Ta=
lar mit dem runden weißen Kragen im doppelten Fal=
ten, mit der runden Stuckperück und den Schnallenſchuh
auf Deiner Schawell, und hat den Brief geleſen, hätt's
mein Sohn geſehen er hätt' gelacht.
Katharina Goethe.

159.

Aus einem angeblichen Briefe der Frau Rath an Bettina Brentano.

1808.

(Briefwechsel mit einem Kinde, I, S. 46.)

— — Der Prediger hat mir Deinen Brief vorgerumpelt wie ein schlechter Postwagen auf holperichem Weg, das schmeißt alles Passagiergut durcheinander; Du hast auch Deine Gedanken so schlecht gepackt, ohne Komma ohne Punkt, daß wenn es Passagiergut wär keiner könnt das seinige heraus finden; ich hab den Schnuppen und bin nicht aufgelegt, hätt ich Dich nicht so lieb so hatt ich nicht geschrieben, wahr Deine Gesundheit.

Ich sag' allemal wenn die Leut fragen was Du machst: Sie fängt Grillen, und das wird Dir auch gar nicht sauer, bald ist's ein Nachtvogel der Dir an der Nas' vor bei fliegt, dann hast Du um Mitternacht wo alle ehrliche Leute schlafen etwas zu bedenken, und marschierst durch den Garten an den Rhein in der kalten feuchten Nachtluft, Du hast eine Natur von Eisen, und eine Einbildung wie eine Rakete, wie die ein Funken berührt, so platzt sie los. Mach daß Du bald wieder nach Haus kommst. Mir ist nicht heuer wie's vorige Jahr, manch=

mal krieg ich Angst um Dich, und an den Wolfgang muß ich Stundenlang denken, immer wie er ein klein Kind war, und mir unter den Füßen spielte, und dann wie er mit seinem Bruder Jacob so schön gespielt hat, und hat ihn Geschichten gemacht; ich muß einen haben dem ich's erzähl, die andern hören mir alle nicht so zu wie Du; ich wollt' wirklich wünschen, die Zeit wär' vorbei und Du wärst wieder da.

Adieu, mach das Du kommst, ich hab' alles so hell im Gedächtniß als ob's gestern passiert wär', jetzt kann ich Dir die schönsten Geschichten vom Wolfgang erzählen, und ich glaub' Du hast mich angesteckt, ich mein immer das wär kein rechter Tag an dem ich nichts von ihm gesprochen hab'.

Deine Freundin Goethe.

Noch zwei Briefe der Frau Rath führt Bettina im „Briefwechsel mit einem Kinde" an, den einen vom 21. September, den andern vom 7. October 1808 (I, S. 53, 71), von denen der erste die Sätze enthält:

„Mein Sohn hat gesagt: was einem drückt, das muß man verarbeiten, und wenn er ein Leid gehabt hat, da hat er ein Gedicht draus gemacht. — Der Mensch wird begraben in geweihter Erd', so soll man auch große und seltne Begebenheiten begraben in einen schönen Sarg der Erinnerung, an den ein jeder hintreten kann und dessen Andenken feiern. Das hat der Wolfgang gesagt, wie er den Werther geschrieben hat";

der andere aber die Sätze:

„Die Beschreibung von Deinen Prachtstücken und Kostbarkeiten hat mir recht viel Plaisir gemacht; wenn's nur auch wahr ist, daß Du sie gesehen hast, denn in solchen Stücken kann man Dir nicht wenig genug trauen. Du hast mir ja schon manchmal hier auf Deinem Schemel die Unmöglichkeiten vorerzählt, denn wenn Du, mit Ehren zu melden, in's Erfinden geräthst, dann hält Dich kein Gebiß und kein Zaum. — Ei, mich wundert's, daß Du noch ein End' finden kannst und nicht in einem Stück fortschwäzst, blos um selbst zu erfahren, was alles noch in Deinem Kopf steckt. Manchmal mein ich aber doch es müßt wahr sein, weil Du alles so natürlich vorbringen kannst. Wo solltest Du auch alles herwissen?

— — Mach doch daß Du bald wieder herkommst, Du hast den ganzen Sommer verschwärmt, mir ist es gar nicht mehr drum zu thun mit dem Schreiben, und ich hab' Dich auch so lange nicht gesehen, es verlangt mich recht nach Dir";

beide Briefe sind jedoch offenbar nur erfunden, oder es ist doch das Datum falsch, denn zu jener Zeit lebte die Frau Rath nicht mehr; schon am 13. September 1808 war sie mit derselben Heiterkeit und demselben Gottvertrauen, welche sie durch die 77 Jahre ihres Lebens treu begleitet hatten, entschlafen und am 15. September auf dem alten frankfurter Friedhof bestattet worden, dort rechter Hand vom Eingang, wo ein von dankbarer Nachwelt erneuter Grabstein mahnt, daß unter ihm die Frau Rath schlummert.